HUMAN BEHAVIOR AND SOCIAL ENVIRONMENT

인간행동과 사회환경

- 사회복지실천을 향하여 -

김현경

YANGSEOWON
양서원

머리말

본 도서는 사회복지 분야의 입문서로서 인간에 대한 이해를 사회환경과 동시에 이해하려는 목적으로 집필되었습니다. 인간은 각 개인이 처한 가정, 조직, 지역, 국가의 환경에 노출되고 영향을 받으며 살아가게 됩니다. 하여 인간 개인의 심리정서만 탐색하고 초점을 둔다면 그 존재가 경험하게 되는 사회환경의 영향을 배제한 상태에서 개인의 문제로 전환시키는 그야말로 큰 문제의 근본을 놓치게 된다고 할 수 있습니다.

본 서는 바로 환경 속의 인간을 이해하는 능력을 함양할 수 있도록 돕는 데 기여하고자 총 4부 16장으로 구성되었으며, 특히 인간의 성장발달 단계와 그에 요구되는 역사적 이론들과 당면한 우리 사회의 이슈들 안에서 사회복지 영역에서 요구되는 비판적 의식을 가지도록 하는 데 중점을 두었습니다.

끝으로 본 서를 출간해 주신 양서원 출판사와 출판 직원 선생님들께 깊이 감사드리며, 본 서를 대하시는 분들의 일상에서도 최소한의 마음의 여유와 잠시의 쉼을 놓치지 마시길 바랍니다. 감사합니다.

2025. 5.

저자 김현경 드림

차 례

| Part 02 | 성격이론

Chapter 03 정신역동이론 Ⅰ / 95

Chapter 04 정신역동이론 Ⅱ / 119

Chapter 05 정신역동이론 Ⅲ / 201

Chapter 06 행동주의이론 / 207

Part 01

인간의 발달과 성장 단계

Chapter 01

인간의 발달과 성장 단계의 이해

1. 인간의 발달과정

1) 사회복지영역에서의 인간 발달과정의 중요성

인간은 태어나서 죽음에 이를 때까지 다음의 일련에 발달 과정을 경험하게 되는데 사회복지영역에서 인간의 발달과정을 알아야 하는 이유는 다음의 측면에서 중요하다(나눔의집, 2024; 구혜경, 2022; 김수정 외, 2023; 최옥채 외, 2023).

① 인간의 전 생애를 통해 일어나는 변화와 특정 단계에서 발생하는 특징적인 변화를 알게 된다.

② 이는 다양한 연령층의 클라이언트를 이해할 수 있는 기반을 제공할 수 있게 한다.

③ 인간의 사회적 기능과 적응 수준을 평가할 수 있는 근거를 제공하며, 개인의 적응과 부적응을 판단할 수 있는 기준을 설정하는 데 유용하다.

④ 인간과 환경 간의 상호작용을 파악할 수 있다.

⑤ 개인의 성장 과정에서 나타나는 문제의 원인을 이해하는 데 도움을 준다.

⑥ 개인의 발달에 영향을 주는 다양한 신체적 · 심리적 · 사회적 요인들과의 관계를 파악하여 인간이 출생부터 사망에 이를 때까지 변화하거나 지속되는 과정을 이해할 수 있게 된다.

⑦ 개인의 적응과 부적응을 판단하기 위한 기준을 제공하여 발달에 영향을 미치는 사회적 영향력을 평가할 수 있는 준거 틀을 제공할 수 있게 되며, 클라이언트의 발달과업과 문제를 파악할 수 있는 준거 틀의 제공이 가능하게 된다.

⑧ 따라서 각 발달단계에서 발달 내용을 구성하는 신체적, 심리적, 사회적 그리고 이전 단계의 결과가 각 발달단계의 성공이나 실패에 미치는 영향을 인식 가능하게 되며 각 발달단계에 적합한 발달과업을 성취할 수 있도록 지원 가능하게 된다.

2) 인간 발달의 주요 특징

① 시간이 경과함에 따라 양적 또는 질적으로 변화한다.

② 인간발달은 기능과 구조가 발달해가는 상승적 변화와 기능이 위축 · 약화되는 하강적 변화로 구분되며 발달에는 상승적 · 하강적 측면이 모두 포함된다.

③ 인간의 발달은 유전적 요소와 환경적 요소의 상호작용으로 이루어진다.

④ 인간의 발달은 성숙, 성장, 노화, 학습의 모든 측면을 반영한 개념이다. 발달은 전 생애를 통해 다양한 영역에 걸쳐 일어나지만 각 발달단계별로 특히, 중요하고 의미 있는 변화를 보이는 영역이 있다는 것이다(나눔의집, 2024; 구혜경, 2022; 김수정 외, 2023; 최옥채 외, 2023).

3) 인간발달의 전제

① 인간발달은 삶의 모든 단계에서 발생한다.

② 이전 단계의 발달을 기반으로 현재의 경험이 융합되어 이루어지므로 지속성과 변화를 보인다.

③ 신체적 · 인지적 · 사회적 · 정서적 영역들의 상호작용으로 인간발달이 이루어진다.

④ 인간행동은 개인이 처한 상황과 관계의 맥락 속에서 이해되고 분석되어야 한다.

⑤ 인간발달은 일정한 순서대로 진행되는 경향이 있기 때문에 체계적이고 예측이 가능하다.

⑥ 인간의 신체적 · 심리적 · 사회적 발달은 밀접한 상호연관성을 가지고 있으며, 통합적으로 기능한다.

4) 인간발달의 원리

① 상부에서 하부로, 중심 부위에서 말초 부위로, 전체 운동에서 특수운동으로 진행한다. 손바닥 전체를 움직이다가 손가락을 쓰게 되는 것을 예로 들 수 있다.

② 전 생애를 통해 이전 발달에 이어 연속적으로 계속 누적 진행된다. 발달 순서는 일정하지만 발달 속도는 항상 일정한 것은 아니다.

③ 유전적 요인과 환경의 영향은 비중이 다르지만, 양쪽의 상호작용으로 진행한다.

④ 인간의 발달은 보편적인 성장의 과정을 거치지만 개인차가 존재한다.

⑤ 인간의 발달은 분화와 통합을 거친다. 점진적으로 분화해가고 전체로 통합되어 가는 과정이며 이전 단계의 발달을 토대로 다음 단계의 발달이 진행한다.

⑥ 신체 및 심리발달이 가장 용이하게 이루어지는 결정적 시기(critical period: 최적의 시기)가 있다.

⑦ 어릴 때의 발달이 이후 모든 발달의 기초가 된다. 발달은 가역성의 특성을 갖는다. 특정 시기의 발달이 잘못되면 그 이후에 충분히 보상적 자극이나 경험을 제공받는다고 하더라도 원래의 발달 상태로 회복되기가 어렵다. 어떤 시기의 결손은 계속 누적되어 다음 단계에 영향을 미친다.

5) 인간의 발달과 성장의 의미

그렇다면 인간의 발달과 성장이란 무엇인가?

인간의 발달은 이전에 없던 양상이 유전자와 환경의 상호작용에 의해 차례대로 새롭게 만들어지면서 발달단계와 발달과제를 거쳐 점차 진행된다. 인간의 행동은 감각, 운동, 지각, 인지, 정서, 사회성, 도덕성, 독립성 등 여러 영역의 기능들에 걸쳐 발달한다. 이들 영역은 각기 독립적인 발달의 경로(developmental pathway)를 밟게 되는데 생물·심리·사회적 차원의 복합적 요소에 의한다. 기본적으로는 중추신경계의 발달과 밀접하게 연관된다. 24개월까지 아기의 뇌는 어른 수준에 육박하는 부피 성장을 한다. 뇌세포는 수가 늘어나고, 분화하여 필요한 위치로 이동하며, 기본적인 네트워킹이 일어난다. 학령기 이전까지 뇌세포의 축색과 가지 돌기가 늘고, 연접의 수가 폭발적으로 늘어 연결성이 급증한다. 학령기 동안에는 감각, 운동, 행동과 정신 활동에 효율적으로 자주 사용되는 것이 아니면 예정된 세포 사멸 및 가지치기가 이루어진다. 어린이는 정신과 신체가 미분화된 상태이므로 성인에서 보이는 행동과 그 기준을 같게 할 수는 없다. 나이와 성, 각 개인이 처한 발달단계에 따라서 달리 이해하여야 한다(나눔의집, 2024; 구혜경, 2022; 김수정 외, 2023; 최옥채 외, 2023).

6) 영유아 행동발달의 특성

어린 아이에게서 보이는 행동발달의 특성은 다음과 같다.

① 정상 행동의 폭이 넓고 개인차가 심하다.

② 정상의 기준도 발달 시기에 따라 다르며, 같은 행동도 몇 살 때인가에 따라 의미가 다를 수 있다.

③ 문제행동이지만 발달과정에 비추면 정상인 경우도 흔하다.

④ 발달은 언제나 거침없이 진행되기만 하는 것이 아니라, 때로는 멈춘 듯, 후퇴되는 듯할 때도 있다.

7) 정상과 비정상의 정의

그렇다면, 정상과 비정상이란 어떻게 정의될 수 있는가? 기본적으로 신체적 발달이 건강함은 필수적이고, 여기에다 그 발달 단계에 맞는 발달을 하고 있는 아동은 정신적으로 건강하다고 할 수 있을 것이다. 그러나 신체적인 발달이나 심리적 발달은 항상 그가 처하고 있는 환경, 즉 사회에의 적응을 목적으로 함으로써 신체적, 심리적, 사회적인 통합적인 존재로서 이해되어야 한다. 일반적으로 정상의 의미는 다음과 같다.

① 질병이나 병적 상태가 없는 상태
② 가장 이상적인 상태란 발달이 모든 분야에서 골고루 잘 이루어지고 있고, 조화적이고 통합적인 발달과정일 때
③ 통계학적인 정의로서 표준편차 안에 속하는 행동이나 특성, 그 문화권에서 받아들일 수 있는, 보통 내지 규범(norm)이라고 생각되는 행동들이고 그 이외의 행동은 비정상이다.
④ 인간의 발달학적 견해에 의한 정의에 의하면 2~3세 유아가 보이는 생떼쓰기(temper tantrum)와 학령기 아동에서 보이는 생떼쓰기는 질적으로 다르고 3세라도 그 정도가 아주 지나칠 때는 비정상이라 할 수 있다.
⑤ 인간의 발달 자체가 정상이냐 아니냐를 판단하는 방법은 특정 발달 단계의 잘 알려진 행동 특성이 제때에 나타나면서 여러 영역의 발달이 조화롭고 통합적으로 잘 진행된다면 정상, 그렇지 않고 발달이 정상 궤도에서 벗어나 일탈하거나 어떤 특정한 발달단계에 고정되는 경우, 또는 아예 일어나지 않는 경우는 비정상이라 할 수 있다. Thomas와 Chess는 행동발달의 특성을 활동수준, 규칙성, 자극에 대한 접근성과 회피성, 적응성, 반응을 일으키는 데 필요한 자극의 정도, 반응하는 강도, 기분이 즐겁고 우호적인가의 여부, 주의가 산만한 정도, 주의집중 시간과 지속 정도의 9가지로 분류하였는데, 다루기 쉬운 아기는 40%, 까다로운 아기는 10%, 천천히 반응하는 아기 15% 정도로 양육이 순조로울지 아닐지는 아이와 양육자의 조화로움에 따라 결정된다고 한다(Thomas & Chess, 2025).

2. 정상발달과 발달단계에 따른 특징

인간은 태아기, 영아기, 유아기(걸음마기), 학년 전기, 학년기에 이르는 발달 순서를 거쳐 성장하게 된다(정옥분, 2023; 이대목동병원, 2008; 위키피디아 백과사전, 2024).

1) 태아기

태아기는 내시경 등의 개선된 기술을 이용하여 빛과 소리 자극에 대한 반응, 손가락 빨기, 표정 등 관찰할 수 있는데, 산모의 심리적 · 신체적 상태는 태아의 발달에 직, 간접적으로 영향을 줄 수 있음을 알 수 있다. 이때 태아의 발달을 저해하는 요인들이 있으면 반드시 피해야 한다. 임산부의 질병(풍진, 독감, 매독 등), 약물복용, 흡연, 음주(태아알코올증후군), 방사선 노출, 영양부족, 스트레스, 임부의 나이(특히 30대 후반의 초산인 경우) 등이 요인들이다. 태아기와 출산 시 발생되는 신체 이상과 정신병리에는 염색체 이상, 유전자의 이상, 뇌손상과 기형, 출산 시 위험, 조산과 미숙아 등이 있다.

2) 영아기

영아기는 출생에서 18개월까지로 본능적 반사행동이 처음 1년 사이 발달에 따라 사라지는데, 흔히 사라지는 시기보다 늦게까지 반사행동이 남아있다면, 신경계 발달의 이상을 의심해야 한다. 1개월에서 4개월까지는 소리 나는 쪽으로 돌아볼 수 있고, 눈을 마주치면 방긋방긋 웃고, 머리를 가눌 수 있게 된다. 6개월이 되면 엄마 얼굴과 낯선 얼굴을 가리고, 6개월에서 8개월이 되면 낯가리기(stranger anxiety)가 일어난다. 이전까지는 주로 모음을 사용(cooing)하다가, 6개월 무렵부터는 쉬운 자음을 사용하며 옹알이(babbling)가 생긴다. 12개월이 되면 엄마, 아빠, 물과 같은 간단한 명사를 사용한다. 9개월에서 11개월이 되면 정상 이별불안(normal separation anxiety)이 생긴다. 12개월이 되면 한발 두발 걸음마를 시작하고 잼잼, 곤지곤지, 까꿍 등 모방

놀이를 할 수 있다. 이때 대상영속성(object permanence)이라 하는 현상이 생기는데, 즉 · 엄마가 시야에서 사라져도 여전히 존재한다는 것을 알게 되는 인지기능으로 12개월에서 24개월 사이에 발달하며, 물체가 시야에서 사라져도 그 잔상이 마음속에 남게 된다. 이 시기에 또 중요한 것이 애착(attachment)이다. 영아기 동안 아기와 엄마는 애착을 형성한다. 첫 1년 동안 아기와 엄마가 본능적으로 이루어 가는 신체적, 심리적 친밀 행동으로, 애착은 아기에게 안정감을 주어 건강하게 성장하고 활발하게 놀도록 한다. 안전기지 구실을 하고, 다른 사람에 대한 기본 신뢰감 형성에 초석이 되며, 만일 이 시기에 애착이 잘 이루어지지 않으면, 성장이 잘 안된다(failure to thrive). 이 시기에 부모와의 결별과 사별이 있으면 급성격리 반응이 올 수 있는데, 저항의 단계, 절망의 단계, 무관심의 단계를 거쳐 정신병리의 원인이 될 수 있다. 모성박탈은 발달지체, 지능의 장해, 성장중단(왜소증), 청소년 비행, 반사회적 인격 등을 초래할 수 있고, 모자관계 이상은 신체적 질병이 없는데도 수유상의 문제, 수면장애, 극심한 외인불안증 및 분리불안증을 가져올 수 있다. 아동학대와 방임은 신체적 질병, 신체적 기형의 원인이 된다. 기타 뇌손상, 경련, 뇌기능장애가 있으면 언어발달이나 섬세운동의 장애, 판단력 등의 이상, 학습장애, 과잉행동 등이 초래된다.

3) 유아기(걸음마기)

유아기(걸음마기)란 18개월에서 36개월까지이며, 섬세한 운동기술의 발달로 숟가락질을 할 수 있고, 손가락 사용기술이 발달하고, 상징놀이, 평행놀이를 할 수 있고, "안 돼", "싫어" 등의 주장이 강하고, 분노발작이 잦아 소위 미운 세살(terrible two's)로 불리운다. 훈육이 시작되어 대소변 가리기가 시작되는데, 먼저 대변가리기가 밤, 낮의 순으로, 다음 소변 가리기가 낮, 밤의 순으로 24개월에서 36개월 사이에 일어난다. 고유 감각이 발달되고 골격근 운동의 조절능력도 늘어난다. 이 시기에 이루어야 할 주요 발달과제는 통제와 조절이다. 즉, 자율성의 성취, 수치감과 자신에 대한 의구심, 대상 항상성 성취 등이 생기고, 화난 엄마나 기분 좋은 엄마가 결국은 같은 엄마로 인식된다. 분리-개별화가 완성되어 정신적으로 아주 중요한 심리적 탄생이 생긴다. 이 시기에 흔히 관찰되는 행동상의 문제는 엄지손가락 빨기, 호흡정지 발작, 생떼, 분노발작, 식욕부진 및 음식 거부, 과식과 비만증, 이식증 등이다. 부모가 양육 시 고려할 것은 과잉보호, 과잉통제로 어느 것이든 지나치면 문제행동을 초래할 수 있다.

4) 학령전기

학령전기란 3세에서 6세까지이며, 3세가 되면 두 발을 번갈아 계단 오르기할 수 있고, 세발자전거, 동그라미 그리기를 할 수 있다. 4세가 되면 네모 그리기, 두 발 번갈아 계단 내려가기를 할 수 있다. 5세가 되면 세모 그리기, 단추를 채우고 뺄 줄 안다. 6세가 되면 보조 바퀴가 있는 두발자전거 타기, 연필 잡기할 수 있다. 언어가 3세경부터 눈부시게 발달하여 1,000개의 낱말이 가능하고, 단순문장을 할 수 있고, 4세경이면 어른과 같은 형태로 질문하고, 미래 시제 사용할 수 있고, 6세까지 대부분 기본적 언어발달이 끝난다. 따라서 이 시기까지 발달이 안 되면 언어장애가 지속된다. 말을 이해하는 수용성 언어가 표현성 언어보다 대개 앞선다. 사고는 자기 중심적이고, 직관적 사고를 사용하고, 상상력이 풍부하여 때로는 현실과 상상을 구분하지 못해 생각한 것을 사실처럼 이야기하기도 하여 부모를 놀라게 만들기도 한다. 정서적으로 두려움이 커져서 어두운 곳을 무서워하거나 도깨비, 귀신 등을 상상하고, 악몽이나 야경증 같은 수면장애가 올 수 있다. 사회성이 증가하고, 엄마를 자신과 완전히 분리된 대상으로 인식하고, 아빠와 상호작용이 증가하며, 초보적인 대인관계가 시작된다. 상상력과 사회성을 바탕으로 한 놀이, 소꿉놀이를 하며, 엄마, 아빠놀이(as if play), 협동놀이, 공상놀이를 할 수 있다. 성주체성과 주도권이 생겨 성 적역할을 배우면서 남자다운 행동, 여자다운 행동 등이 생겨나고, 드물게 자위행위가 있으나 일시적이다. 특히 신체적 손상의 두려움이 크다. 이 시기에 나타나는 문제들은 유뇨증(오줌싸개), 유분증(대변 지리기), 정신지체와 자폐장애, 반응성 애착장애, 발달성 언어장애 등이 있다. 그 외 정신건강 문제들로 불안장애와 공포, 악몽, 야경증, 몽유증, 자위행위, 형제자매 간의 시기와 질투, 유아원, 유치원생활 적응의 어려움 등이 있다. 이 시기엔 주도성 형성이 중요하다.

학령기란 6~12세까지로, 대근육 운동과 소근육 운동이 발달하고, 언어발달이 완성되어 읽기와 쓰기, 학습 증진, 정규 교육 시작, 귀납 논리 가능, 보존성 이해, 말판 놀이와 같은 규칙을 따라하는 놀이를 즐길 수 있다. 아직 추상적 개념을 다루지는 못한다. 심리 · 사회적 발달로, 부모보다도 선생님과 또래를 중요시하고, 집단을 통해 자신의 정체성을 확인하고자 하며, 같은 성별, 비슷한 또래 집단과 모이고, 동질화한다. 동질의 집단에서 안정감을 찾는 이른바 또래 압력을 받기도 하는데 그 극단적이고 폭력적인 형태가 집단따돌림이다. 근면성 획득 아니면 열등감이 초래된다. 이 시기의 문제들은 학교거부증(분리불안증, 무단결석, 품행장애), 학교부적응, 학습부진, 학습지진, 집단따돌림과 학교폭력 등이다. 아동의 발달단계를 이해하고, 만일 정상보다 극도의 이상 행동 등이 나타날 때는 전문가의 도움이 필요하다. 아동의 문제행동은 그 가정의 전체적인 역동과 아주 밀접한 관련이 있으므로 반드시 부모상담이나 부모치료도 필요하다. 평가와 진단은 철저하게 자세히 하고, 아동의 수준에 맞게 치료하여야 한다.

Chapter 02

인간성장의 단계별 이해와 특징

1. 태내기

임신은 생명이 시작되는 과정으로 난자와 정자의 결합으로 만들어진 수정란이 태아로 성장해 가는 것이다. 이때 여성은 아빠 염색체 23개 그리고 엄마 염색체 23개가 만나 총 46개의 염색체를 가진 아기를 출산하는 것이다. 모체의 태내 수정란에서 신생아로 출생하기까지의 변화 과정을 태내 발달(prenatal development)이라고 한다(차병원, 2025; 서울여성병원, 2025; 아이사랑보육포털, 2025; 위키피디아 백과사전, 2024).

1) 태내 발달

태내 발달은 평균 9개월, 약 36~38주에 걸쳐 일어나며 배란기, 배아기, 태아기의 3단계로 구분된다. 배란기는 수정 후 수정란이 자궁벽에 착상되는 2주까지를 말한다. 여성 자궁 내 2주 동안 수정란은 세포분열을 하는데 1주 후부터 2개 층으로 나뉘어 발달한다. 안쪽 층은 낭포라 부르고 배아로 발달한다. 바깥층은 배아를 보호하고 영양을 공급해 주는 역할을 하게 된다. 배란기는 임신 초기로 생리를 하지 않는 것 이외에는 여성이 임신을 자각하기 어렵다. 배아기는 엄밀히 말하면 2주부터 8주까지의 수정체를 말한다. 이 시기는 태아의 신체 주요 기관과 조직이 형성된다. 하여 태내 환경의 영향을 가장 많이 받는 시기이다. 이 시기는 아직 태아가 아닌 배아라고 부르는 시기인데 배아란 수정란이 세포분열을 반복하여 하나의 완전한 개체인 태아가 되기 전까지를 일컫는다. 배아기도 임신 초기에 해당하며 임신 증상으로 약 6주부터 입덧이 시작되고 16주경에 대부분 사라진다.

태아기는 9주부터 출생까지 시기를 말한다. 이 시기는 태아 성장이 급속도로 이루어지며 약 15주경 이후 태아의 최초 운동(태동)을 느낄 수 있다. 초기에는 태아의 움직임을 감지하기 어렵지만 시간이 경과하면 태아의 발길질을 확실히 느낄 수 있다. 태아기에 균형 있는 영양섭취를 하지 않으면 사산 및 미숙아 출산을 초래하게 된다. 따라서 임산부는 태아의 성장을 위해 균형 있고 양질의 영양 섭취에 관심을 가져야 한다.

2) 임신 중 태아의 발달특성 이해

표 2-1 임신 개월 수에 따른 태아의 발달특성

임신 개월 수	태아의 발달특성
1개월	• 나팔관에서 정자와 난자가 만나서 수정되는 순간이 바로 새 생명의 시작 • 수정란은 수정 후 1주일 정도면 자궁 내막에 착상 • 착상된 수정란은 3개의 세포 그룹으로 뇌와 척수의 기초가 되는 신경관, 이어서 혈관계와 순환기계가 발생하여 혈액을 보내기 시작 • 외형적으로 아직 인간다운 특징은 보이지 않음
2개월	• 머리가 몸 전체의 1/3을 차지하며, 눈의 색소 침착도 확실해짐 • 아직 인간의 태아처럼 보이지는 않지만 뇌가 커지기 시작하고 손이 생기는 시기
3개월	• 서서히 사람의 모습을 갖춰 감 • 태반과 탯줄을 통해 양분을 흡수하게 됨 • 머리와 몸, 다리 등의 모양이 구체적으로 형성되며 빠르게 성장함 • 얼굴의 모양이 갖춰지면서 코, 입술, 턱, 치아 뿌리인 치근 등이 자리를 잡아감 • 11주에 들어서면서 초음파 도플러법으로 심박동을 들을 수 있음 • 외부 성기가 발달하면시 성기의 구별이 가능해짐
4개월	• 기관이 모두 형성되면서 심장과 간장이 활동하게 됨 • 태아의 기관형성이 이루어지고 손과 발의 뼈와 근육이 성장 • 손가락이나 발가락을 조금씩 움직이거나 자신의 몸을 만지기도 함 • 양수의 양이 늘고 태아를 감싸고 있는 난소 막이 견고해지면서 태아의 움직임도 활발해짐

임신 개월 수	태아의 발달특성
	• 투명하던 태아의 피부는 더욱 두꺼워지고 얼굴에 표정을 지을 수 있게 됨 • 생식기가 외부로 드러나면서 초음파를 통해 성별의 구분이 가능해짐
5개월	• 망막이 발달하여 강한 빛을 의식할 수 있고 외부의 소리를 들을 수 있을 정도로 청각이 발달함 • 머리카락과 체모가 자라고 손톱과 발톱이 만들어짐 • 산모가 청진기로 태아의 심장 소리를 들을 수 있을 정도로 심장박동이 강해짐 • 표정이 다양해지고 눈동자를 움직일 수도 있게 됨 • 신경계통이 더욱 발달하게 되어 시각, 청각 등에 이어 미각이 생기기 시작함 • 신체 비율이 3~4등신 정도가 되어 체형의 균형이 잡혀감
6개월	• 호르몬 분비 기관이 활동을 시작함. 그리고 눈꺼풀은 위아래로 분리되면서 눈썹과 속눈썹이 자람 • 태아의 몸은 태지로 둘러싸여 있어 피부를 보호받음 • 눈꺼풀이 분리되어 눈을 떴다 감았다 하는 모습이 관찰되기도 함 • 청력이 더욱 발달하여 자궁 밖의 소리까지 듣게 되고, 리듬이나 멜로디에 따라 반응을 보이기도 함 • 양수의 양이 늘어나 태아는 자세를 바꾸면서 위치가 바뀌기도 함 • 뇌하수체, 부신, 갑상선 등에서 호르몬 분비가 시작되고 남자 아이는 정소가, 여자 아이는 난소가 활동하기 시작함
7개월	• 손가락을 빠는 모습이 관찰됨 • 폐가 발달하기 시작하면서 호흡 연습을 시작하게 됨 • 태아의 피부는 지방 분비가 늘어 태지로 덮이며 주름이 많음 • 뇌가 발달하여 몸을 어느 정도 스스로 제어할 수 있게 됨 • 엄마로부터 받는 멜라토닌이라는 물질을 통해 밤과 낮을 구분하게 됨 • 팔과 다리도 길어지고 이목구비도 선명해져 태아가 누구를 닮았는지 가늠이 가능함 • 폐가 발달하기 시작하고 콧구멍도 뚫려 호흡하는 시늉을 하면서 호흡 연습을 시작함 • 입에 무엇인가 닿으면 반사적으로 고개를 돌리게 됨
8개월	• 태아가 크게 자라 움직일 수 있는 공간이 줄어들게 됨에 따라 활동이 둔해짐 • 출산에 대비해 태아는 스스로 머리를 아래로 두게 됨. 머리를 거꾸로 두고 있는 경우도 있지만 아직 자세를 바꿀 수 있는 시간은 충분하므로 크게 걱정할 사항은 아님 • 뇌와 신경, 근력 등이 발달하고 시각과 청각 등의 감각기관도 거의 완성되어 강한 빛과 소리에 움찔하기도 함 • 피하지방이 늘어 몸이 통통해지고 머리카락도 길게 자람 • 횡격막을 움직여 폐를 부풀리는 등 호흡을 위한 준비가 활발해짐

임신 개월 수	태아의 발달특성
9개월	• 피하지방도 늘어나고 주름이 없어져서 몸 전체가 아기다워짐 • 손과 발의 움직임이나 외부 자극에 반응하는 것을 느낄 수 있음 • 폐의 기능이 거의 완성되어 외부 생활도 가능하지만 아직 미숙한 부분이 있어 엄마 뱃속이 안전함 • 태아의 자세가 분만을 위해 머리를 아래쪽으로 향하게 됨. 여전히 머리를 위로 향하고 있는 경우도 있지만 10개월에 들어서면서 제자리를 찾는 경우도 있음 • 체내의 호르몬 분비선들이 성인과 비슷한 크기로 발달하고 왕성하게 호르몬이 분비됨. 하지만 출산 후에는 호르몬 분비가 감소됨
10개월	• 36주에 들어서면 내장 기능도 원활해지고 근육도 제법 발달함 • 감염에 대한 저항력도 강해짐 • 손톱이 길게 자라며 머리카락도 길이는 3cm 정도가 됨 • 37주 이후에는 언제 태어나도 문제없는 상태가 됨. • 모체 밖에서 생활이 가능할 만큼 완전히 성숙함

3) 태교의 중요성

(1) 태교의 의미와 중요성

태아의 신체 부위 중 가장 먼저 발달하는 감각기관은 바로 '청각기관'이다. 따라서 임산부와 태아의 대화인 태담, 태교는 임신 초기부터 시작하는 것이 바람직하다. 하루 중 언제든 상관이 없다. 임신 중 자궁 내 태아를 교육한다는 의미는 임산부가 몸, 마음, 감정, 행동, 언어 등을 정화해 태아에게 좋은 환경을 만들어 주는 것이다. 전통적으로 한국의 태교 사상은 임산부뿐만 아니라 태아도 하나의 인격체로 존중하는 것이며 오늘날은 부성태교의 중요성도 강조하고 있다. 이렇게 남편, 가족, 지역, 국가 전체의 관심과 협조가 요구되는 사회적 태교로 강조되고 있다. 태교는 오늘날에도 많이 이어져 오고 있으며 과학적으로 타당한 것으로 밝혀졌기에 실천 가능한 요소들로 프로그램화하여 산부인과나 사설기관의 출산교실에서 산모들에게 자신의 신체 변화나 태아의 발달에 바탕을 두고 출산을 중심으로 전후에 행해야 하는 다양한 지식을 전달하며 실습하는 형태가 주를 이루고 있다.

(2) 태교의 종류

태교의 종류에는 태아의 청각을 이용한 태교, 시각적 상상을 통한 태교, 운동을 통한 태교, 그 외의 다양한 태교 등으로 설명될 수 있다.

① 청각을 이용한 태교

일상에서 겪는 소소한 사건과 느낌 또는 태아에게 하고 싶은 말들을 태아에게 대화하듯이 이야기하는 태교방법

- 음악태교: 임신 중 태아에게 음악을 들려주는 청각 태교방법
- 동화태교: 태아에게 좋은 영향을 주기 위하여 동화를 읽거나 듣는 태교 방법

② 시각적 상상을 통한 태교

- 숲태교: 아름다운 풍경이나 소리 및 피톤치드 등 산림의 다양한 치유 인자를 활용해 자연 속에서 엄마와 함께 정서적 · 신체적으로 교감하는 활동
- 미술태교: 임산부가 좋아하는 그림을 보거나 감상을 통해 감정을 태아와 공유하고 다양한 색채와 재료를 이용하여 그림을 그려보는 모든 활동

③ 운동을 통한 태교

- 요가태교
- 수영태교
- 무용태교 등

④ 기타 태교

- 임산부 교실
- 라마즈 호흡법 및 소프롤로지 호흡법: 라마즈 분만법과 소프롤로지 분만법의 가장 큰 차이점이 호흡법에 있음. 라마즈는 흉식호흡을 하지만 소프롤로지는 복식호흡으로 이루어짐. 복식호흡을 하면 횡경막이 10cm 정도 오르락내리락 하면서 폐 세포의 구석구석까지 많은 산소가 가게 됨. 체내 가스교환 효율이

좋아 태아에게 산소를 충분히 보낼 수 있으며 자궁 활동을 촉진해서 태아가 가사 상태에 빠지는 상태도 줄여줌. 또한 장을 눌러주므로 변비에도 효과적임. 소프롤로지 호흡법을 적용한 분만법은 독특한 영상훈련을 병행함. 임산부가 잔잔한 영상음악을 들으며 태아와 산모의 변해 가는 모습, 분만하는 장면 등을 상상하며 마음속에 영상을 떠올리는 것임. 임산부는 긍정적이며 평온하게 분만과정에 대해 생각하도록 노력한다. 영상훈련은 자율신경계에서 부교감 신경이 우위가 된 상태, 다시 말해서 마음이 평안해지는 상태로 임산부를 이끌어 줌. 마인드 컨트롤을 위한 일종의 이미지 트레이닝이라고 할 수 있음.

- 부드러운 출산(gentle birth)과 같은 건강한 출산을 위한 교육: 부드러운 출산(Gentle birth)은 가능한 한 고통과 괴로움을 적게 하는 분만을 일컫는 것으로 분만 시 산모와 태아에게 스트레스를 적게 주는 것을 목적으로 함. 즉, 산모가 주체가 되는 분만이며, 산모의 의식이 포함된 분만임. 산과의 발전과 함께 도입된 각종 인위적인 조작을 가능한 한 적게 하는 분만 환경임. 이런 Gentle birth가 추구하고자 하는 것은 산모에게 편안한 진통과 분만자세를 제공하고(다양한 분만 방법 제공) 분만환경을 개선하여 (특히 강한 조명과 어수선한 소음을 차단하여) 산모의 정서적인 안정을 도모하고 각종 인위적인 조작들(인공양막 파막술, 자궁수축제의 투여 등)을 최소화하자는 것임. 보조분만으로 라마즈분만, 르봐이예분만, 아로마분만, 스윙체어분만이 있음.
- 모유 수유 방법
- 아기 양육 방법에 대한 선행 교육 수업

⑤ 음식태교

태아의 성장과 발달을 고려하여 필요한 영양소를 공급해 주고 아토피 등 출생 후 발생할 수 있는 건강상 문제를 사전에 관리하는 태교

(3) 태내기의 중요성과 부모의 역할

태내기와 생후 초기는 두뇌발달의 기초와 체계가 확립되는 시기로서 그 중요성이 더욱 강조되고 있다. 뇌는 식물과 달리 움직일 수 있는 동물에게만 존재하는 것으로서, 이는 활발한 움직임과 자극이 두뇌발달에 중요한 영향을 미칠 수 있음을 시사한다. 그리고 태내기 부모의 역할은 다음과 같다.

① 부모는 출산 및 양육의 책임자이다.

② 부모는 자녀의 신체적, 심리적 보호 및 적절한 훈육의 책임자이다.

③ 부모는 자녀를 교육하는 교육자 역할을 해야 한다.

④ 부모는 자녀에게 동일시 모델의 역할 수행을 강조하고 있다.

특히 모성역할이란 어머니로서 정체성을 확립하고 아기의 요구에 따른 행위를 수행하는 것을 의미한다(Mercer, 2004). 모체는 태아에게 산소, 포도당, 아미노산, 단백질, 호르몬, 모체의 항체뿐 아니라 바이러스나 약물 성분, 알코올 등 체내로 들어온 이물질 등을 전달하고, 태아는 모체에게 이산화탄소와 노폐물 등을 전달한다. 나아가 태반은 모체의 영양분을 태아에게 제공하는 것 이상의 역할을 한다. 탯줄로 이어진 태반과 태아. 태반은 착상부터 대략 임신 13주차까지 빠르게 성장한다. 이 시기에 태반은 대개 태아보다 크다.

4) 기형의 원인

오늘날 원인을 알 수 없는 기형부터 각종 오염된 환경으로 인한 기형 등 과거에 비해 기형의 종류와 확률이 많이 증가하고 있다. 기형아 검사는 양수검사임신 16~18주가 되면 태아를 평가하기 위해 양수검사를 한다. 양수검사로 선천성 기형을 체크할 수 있으며, 양수검사를 할 때는 태아나 태반이 방해되지 않는 양수 부위를 찾아내기 위해 초음파 검사를 병행한다.

(1) 선천성 기형의 유형

양수검사로 알아내는 선천성 기형의 유형은 다음과 같다.

① 다운증후군과 같은 염색체 이상

② 혈우병과 같이 특정성에 해당하는 문제를 알아내기 위한 태아 성별

③ 골 형성 부전증과 같은 골격 문제

④ 포진이나 풍진과 같은 태아 감염증

⑤ 무뇌증 같은 중앙 신경계 질환

⑥ 태아 아구증 같은 혈액 질환

⑦ 시스틴 요증 같은 선천성 대사 이상

(2) 출생 후 질병

대부분의 장기나 기관은 임신 초기에 형성되지만 뇌 발달은 예외적으로 출생 후까지 계속된다. 따라서 임신 중 약물이나 다른 유해 환경에 노출되었을 경우 출생 시 눈에 보이는 기형 외에 생후 성장 발육 과정에서 이상이나 암 등 질병으로 나타나는 경우도 있으나 이러한 사실이 모두 임신 중 약물과 관련되는지의 여부는 판단이 어렵다. 기형은 양가의 유전, 태내환경, 발육환경 등이 복합적으로 영향을 미치기 때문이다. 태아 기형의 원인과 비율을 대별하면 다음과 같다.

표 2-2 태아 기형의 원인과 비율

원인	내용	비율(%)
① 불명 또는 복합	• 유전적 요인과 약 또는 환경 인자의 결합 • 발생이나 발육 과정에서 자연적인 이상 • 두 가지 이상 기형 유발 물질의 동시 작용	6-70
② 유전	• 유전인자 이상 • 염색체 이상	20 5

원인	내용	비율(%)
③ 외부 요인	• 당뇨병 등 임신부 대사 장애 • 전염병: 매독, 풍진, 헤르페스, 톡소플라즈마 등 • 방사선, 전기, 자기 • 약이나 환경으로 인한 유해물	5 1-3 1-2 2-5

(3) 태아 알코올 증후군

임신한 여성이나 임신을 계획 중인 여성은 임신이 되기 전에 술을 끊어야 한다. 이때 임신을 예상하거나 임신 가능성을 염두해 둔 남성 역시 일정 기간이라도 금주를 하는 것이 바람직하다. 최근 여성 음주가 우리나라에서 증가되고 있는 추세이기에 더욱 주의가 요구된다. 태아에 대한 영향으로 유산, 조산, 사산 외에 특별한 질환인 태아 알코올 증후군이 생길 수 있다. 일시적으로 술을 많이 먹었을 때도 태아 기형 발생 가능성을 배제할 수 없다. 유전적 원인을 빼고 태아 지능 저하의 가장 큰 원인이 임산부가 술을 마시는 경우인 것으로 보고되고 있다. 임신 중에 먹은 것뿐만 아니라 임신 전에 오래 먹은 것도 태아 기형에 관계될 수 있기 때문에 임신 전부터 끊는 것이 가장 좋다. 태아의 증상으로는 다음의 증상들이 모두 생기는 것은 아니고 대개는 몇 가지만 발생한다. 특히 임신 초기에 술을 많이 마시면 태아의 기형 그리고 중기 이후에는 태아의 성장장애가 잘 발생된다.

① 기형: 얼굴 기형이 잘 생기는데 머리와 눈이 작고 코와 입술이 패이고 턱이 작아짐. 그 외에 심장, 성기 기형 등이 있음

② 태아 성장 장애: 태아 시기뿐만 아니라 출생 이후 잘 자라지 않음

③ 중추신경 장애: 지능 저하, 근육 이완, 정신 집중력 저하, 과민 신체 반응성이 발현됨

④ 금단증상: 특히 임산부가 오랫동안 술을 마신 경우에 신생아가 태어나서 술이나 마약을 끊을 경우 임산부에게 금단 증상이 발생하게 됨

(4) 담배(흡연)

임산부의 흡연은 자연유산과 주산기 사망률의 증가, 태아 성장 감소 외에도 많은 문제가 생기는 것으로 밝혀졌다. 미국에서는 담뱃갑에 특별히 '임산부가 담배를 피우면 태아 손상, 조산 또는 저체중아를 낳을 수 있다.'는 문구가 있다. 흡연이 태아에 나쁜 영향을 나타내는 기전은 다음과 같다.

① 일산화탄소: 이 자체가 태아에게 나쁘게 작용할 수 있으며 혈색소(헤모글로빈)의 산소 운반 효율을 떨어뜨려 산소 부족이 생긴다. 일산화탄소는 산소보다 혈색소와 더 강하게 결합하여 산소가 적혈구 안의 혈색소와 결합하지 못한다. 따라서 혈색소의 산소 이동 능력이 줄고 혈색소는 모자라지 않은데 조직에는 산소가 모자라 기능적 빈혈을 일으킨다. 일산화탄소는 태반을 통하여 태아 쪽으로 이동하므로 태아 혈액에도 같은 기전으로 태아 혈색소의 기능을 저하시킨다.

② 니코틴: 혈관 수축 작용을 일으켜 태반 혈액 순환을 줄일 수 있다. 태반을 통하여 태아로 들어가고 태아의 혈압과 호흡수를 증가시킨다. 니코틴은 젖으로도 분비되어 태어난 아이에게도 나쁜 영향을 미칠 수 있으며 흡연 산모는 젖의 분비도 줄어든다. 그 농도는 흡연량과 비례한다. 아기 상태가 불안정하고 설사, 맥박 증가 등이 올 수 있다.

③ 영양 섭취: 식욕을 떨어뜨려서 먹는 양이 줄어든다.

④ 임산부의 혈청량을 감소시킴: 임신 중에는 원래 혈액량이 늘어나는데 흡연 임신부는 정상적으로 충분히 늘어나지 않아서 혈액 순환이 모자라 임신부 자신과 태아에게 해롭다. 결국 영양이 제대로 태아에게 전달되지 않아 태아가 제대로 성장하지 못하게 된다. 흡연량 증가에 비례하여 태반 조기 박리, 전치태반, 임신 중 출혈, 조기 양수 파열, 조산 같은 문제가 증가된다. 원인은 흡연으로 자궁, 태반 혈액 순환이나 산소 공급에 차이가 오기 때문이다. 특히, 태반과 자궁에 순환 산소 공급 장애로 태아에게 나쁜 영향을 주게 된다. 일반적으로 흡연 임신부에서 유산, 조산, 태아 성장 장애, 사산율이 높게 나타났으며, 연구

결과 하루 한 갑 미만 담배를 피울 경우 태아 사망률이 20% 증가했고, 하루 한 갑 이상 피울 경우 태아 사망률이 35% 증가했다. 태아 몸무게는 출생 시 평균 200gm이 적다. 조산이나 사산 등을 제외하고 같은 임신 개월 수로 계산하더라도 비흡연 임신부에 비하여 태아 몸무게가 적은 것으로 보아 흡연이 태아 성장 억제 작용이 있음을 알 수 있다. 산모 흡연에 노출된 신생아는 기관지염이나 폐렴에 잘 걸린다. 부모가 흡연하면 어린이(5~9세)가 폐 기능이 저하되고 폐 질환이 잘 생긴다. 따라서 임신 중인 산모, 신생아나 어린 아이가 있으면 임신부뿐만 아니라 남편도 흡연을 하지 않도록 주의해야 한다.

2. 영아기

영아의 발달 특성을 구체적으로 설명하면 다음과 같다(대한소아청소년학회 홈페이지 영아기 정보, 2024; 위키피디아 백과사전; 영아기, 2024).

1) 영아기

영아기란 태어나서 1개월까지를 신생아(newborn, neonate)라 하며 만 1년까지를 영아(infant)라고 한다. 물론 신생아도 영아에 포함된다. 유아는 만 2세부터 만 5세까지를 의미한다. 영아기의 신체 성장은 일반적으로, 만기 출생 영아의 키는 생후 5개월까지 약 30% 증가하고 생후 12개월까지 50% 이상 증가한다. 또한 영아들은 보통 첫해에 약 10인치(=25센티미터) 정도 자라며, 5살이 되면 신장은 출생 시 신장의 약 두 배 정도 된다. 영아기가 중요한 이유는 특히 아기에게 양육자의 보호가 절실히 요구되는 시기이며, 양육자와의 적절한 관계와 애착 발달에 있어 결정적인 역할을 하는 시기이기도 하다. 이와 같이 영아기는 가장 취약한 시기임과 동시에 가장 탄력성이 뛰어난 시기로 모든 발달에 있어서 가장 결정적인 시기라고 할 수 있다.

2) 영아기의 발달 특성

(1) 0~6개월 발달 특성

① 누워만 있던 영아는 고개를 들어 가누고, 몸을 뒤집고, 잡아주면 앉을 수 있게 된다.

② 주 양육자와의 애착이 형성된다.

③ 반사적인 미소에서 차츰 사회적인 미소를 짓는다.

④ 옹알이를 시작한다.

⑤ 오감을 통해 사물을 탐색하고 차츰 의도적인 행동을 시도한다.

- 신체발달: 출생 후 첫 6개월 동안 영아의 신체는 아주 급진적으로 성장한다. 머리의 성장도 빠르게 진행되어 처음 6개월 동안은 머리둘레가 달마다 증가한다. 3~4개월경에는 이가 나기 시작한다.
- 정서발달: 3개월경 소리 내어 웃기 시작한다. 4~5개월 사이에 영아는 주 양육자와 밀접한 심리적 유대감을 형성하게 된다. 5개월경부터는 감정이 세분화되기 시작한다.
- 사회성 발달: 1개월경 엄마의 얼굴을 빤히 쳐다보고 엄마의 말에 반응한다. 4개월경 거울에 비친 자기 모습과 다른 사람의 모습을 구별하며, 실물과 인형에게 각각 다르게 반응한다. 5개월경 영아는 자기에게 낯선 사람과 친숙한 사람을 분명히 구분하게 된다.
- 언어발달: 울음으로 시작된 신생아의 의사 표현은 차츰 옹알이와 같은 좀 더 적극적인 시도로 변화된다. 이러한 의사표현 시도는 이후 언어발달의 기반을 이루는 것으로 매우 중요한 경험이 된다.
- 인지발달: 눈과 귀, 손, 발, 입의 오감을 통해 환경을 적극적으로 탐색하기 시작한다. 생후 3개월간 영아의 자기조절 능력이 향상되고, 3개월 이후에 환경을 탐색하는 외부와의 상호작용이 활발해진다.

(2) 7~12개월 발달 특성

① 신체이동 능력이 증가한다.

② 낯을 가리고 격리 불안을 느낀다.

③ 간단한 사회적 놀이를 즐긴다.

④ 한 단어에서 네 단어 정도를 말할 수 있다.

⑤ 대상 영속성이 발달된다.

- 신체발달: 생후 1년이 되면 외형적으로 출생 시 몸무게의 3배로 늘어난다. 1년 동안 체중이 3배 정도 증가되는데 비해 심장의 무게는 보통 2배 정도로 느리게 증가된다. 심장의 크기는 흉강의 크기에 비해서 상당히 큰 편으로 가슴 넓이의 거의 55%를 차지한다(대한소아과학회, 2023).
- 정서발달: 생후 1년간 형성된 신뢰감은 다음 단계의 성격, 자아 개념, 사회성 발달에 있어서 중요한 기반이 된다. 생후 7~8개월이 되면 낯을 가리고 낯선 사람에 대한 불만을 표시한다.
- 사회성 발달: 까꿍놀이와 같은 간단한 사회적 놀이를 즐긴다. 7~9개월경 영아들은 사회적인 놀이를 하며, 사람들로부터 반응을 얻으려고 노력한다. 다른 영아들을 만지고 그들에게 말하려고 하며, 그들로부터 반응을 얻기 위해서 부추긴다.
- 언어발달: 타인의 얼굴 표정, 음성, 몸짓에 의해 타인의 말을 이해하는 것이 먼저 발달하며 그의 말뜻을 짐작하는 능력이 생긴다.
- 인지발달: 6~8개월경에 의도적으로 어떠한 행동을 시도하거나, 흥미 있는 결과를 기대하며 반복하여 행동하기를 즐긴다. 즉, 행동이 목표 지향적으로 된다. 7개월경 시각적인 호기심과 함께 공간적인 개념이 발달하기 시작한다. 대상영속성이 발달하게 되어 대략 11개월에 시야에서 없어진 물체를 찾게 된다.

(3) 만 1세(13개월~24개월) 발달 특성

① 혼자 걸을 수 있게 된다.

② 성인에게 애정을 표현한다.

③ 자아 개념이 생기기 시작한다.

④ 열 가지 정도의 단어를 말하며, 두 단어를 결합시키기 시작한다.

⑤ 끊임없이 탐색을 시도하고 행동의 결과를 관찰하며 자신의 놀이를 발달시킨다.

⑥ 강한 행동으로 자신의 정서를 표현한다.

⑦ 장남감이나 물건을 다른 사람과 나누기 어렵다.

⑧ 사물을 명명하면서 어휘가 아주 급속히 증가한다.

⑨ 과거 사건을 모방한다.

- 신체발달: 24개월에 몸무게는 출생 시의 거의 4배가 되며 키는 10cm 이상 성장한다.
- 정서발달: 분노, 부끄러움, 공포까지도 완성되지만 아직은 그 표현 방법이 세분화되지 못하며 대개 화를 내거나 짜증을 부리거나 우는 것으로 표현하는 경우가 많다. 1~2세 사이에 떼쓰기가 나타난다. 질투는 18개월경부터 나타나며, 애정은 18개월~24개월 사이에 나타난다. 자신을 귀여워해 주기를 원하며, 인형, 장난감, 곰 같은 것들을 안고 귀여워하기 시작한다.
- 사회성 발달: 아직까지는 혼자 놀이를 한다. 자기중심적이고 자신의 견해로 세상을 본다. 영아는 스스로를 독립된 개체로 인식하며, 자아 개념이 생기기 시작한다. 인형에게 음식을 먹이거나 옷 입히는 시늉을 한다. 성인의 행동 모방, 특히 돌보아 주는 사람과 가사일 모방이 나타난다. 24개월 영아는 본인의 의지를 표현하고자 하는 시도로 주변의 모든 것을 반대하기도 한다. '아니오.', '내가 내가' 등의 말을 많이 사용하는 것은 이런 이유 때문이다. 다른 영아들과 함께 놀이를 하기 시작하나 상호작용이 많지 않고 장남감이나 물건을 다른 사람과 나누기 어렵다.
- 언어발달: 15개월이 되면 열 단어 정도를 말할 수 있다. 18개월경 그림 카드에서 흔한 물건 하나 정도는 맞출 수 있다. 그림책을 보고 듣는 것과 동요를 좋아한다. 자신의 욕구를 표현하거나 다른 사람에게 요구할 때 언어를 사용하며, 알고 싶은 것에 대하여 질문을 하기도 한다. 주변 사물의 이름을 말할 수 있다. 그림책 속의 행위를 정확하게 식별할 수 있으며, 행위에 대해 알아맞힌다. 생각이나 행동을 표현하기 위해 명사, 동사, 대명사를 사용하는데 주로 두, 세 단어로 된 문장을 쓴다.
- 인지발달: 결과를 보기 위해서 의도적으로 그들의 행동을 변화시키는 것으로 호기심을 나타낸다. 문제를 해결하는 데 있어 새로운 행동을 시도하고 시행착오를 하게 된다. 사고를 통하여 목표를 달성하기 위한 수단의 탐색도 가능해진다. 자신들이 다른 사람과 물체로부터 분리되어서 존재한다는 것을 안다. 과거 사건을 모방하고 내적 표상에 의해서 생각을 기억하고 후에 그것을 재생산한다.

3. 유아기

유아기의 발달적 특징을 구체적으로 설명하면 다음과 같다(대한소아청소년학회 홈페이지, 2024; 위키백과사전, 2024).

1) 유아기의 주요 발달적 특징

유아기에는 체중의 증가가 현저하고, 체격이 눈에 띄게 튼튼해진다. 이 시기에는 뛴다든지, 달린다든지, 기어오른다든지 하는, 몸 전체를 사용하는 신체의 운동이 발달하게 된다. 또한, 언어생활이 급속하게 발달하게 된다.

2) 만 2세 발달의 주요 특성

① 운동 기능이 발달하고 신체 움직임이 유연해진다.

② 자신의 감정을 다른 사람이 알아주기를 원한다.

③ 친구들에게 관심을 갖기 시작한다.

④ 언어를 사용하여 어른들과 교류한다.

⑤ 주변을 탐색하기 위해 관찰, 질문, 조작, 분류, 측정을 한다.

- 신체발달: 평행선 따라 걷기, 반듯한 선 따라 걷기를 할 수 있다. 뛰다 갑자기 서기 등 속도 조절이 가능하다. 세발자전거 타기가 가능하다.
- 정서발달: 감정을 강하게 표현한다. 2세 말쯤이 되면 기쁨, 애정, 웃음, 공포, 분노, 질투, 울음 등 성인에게서 볼 수 있는 거의 모든 정서로 자신의 감정을 표현한다. 도움이 필요성을 깨닫지만 보다 독립적이 되어 간다.
- 사회성 발달: 탈중심적이 되어 자기 통제 능력이 향상된다. 고집이 약화되고 충동이 감소된다. 도덕적 행동에 대한 초보적인 개념이 형성되는 시기로 양심이 발달한다. 내 것과 남의 것의 차이를 인지한다.
- 언어발달: 의사소통 능력이 증가한다. 자기 이름, 물건의 이름, 친근한 동물, 꽃의 이름, 친근한 사람 호칭을 알고 부른다.
- 인지발달: 물체의 형체가 변하면 크기, 무게, 부피가 변한다고 생각한다. 상상력이 발달한다. 가상놀이가 나타난다. 크고 작은 것의 차이를 안다.

3) 만 3세 발달의 주요 특성

① 기본적인 운동기능이 확립된다.

② 자기통제를 하기 시작한다.

③ 친구와 활발히 놀기 시작한다.

④ 그림책 등의 줄거리를 이해한다.

⑤ 질문이 많아진다.

⑥ 대소변 가리기 훈련, 즉 배변, 배뇨 훈련은 아이의 발달에 매우 중요한 과정이며 이를 성공적으로 끝마치는 것은 큰 이정표를 마련하는 계기가 된다. 대부분의 아동은 만 두 살부터 세 살 사이에 대소변 가리기 훈련을 시작하게 되지만 아이의 신경계 발달에 발맞춰서 하는 것이 좋으므로, 신체 발육 상태에 따라 조금 일찍 혹은 조금 늦게 대소변 가리기를 시작할 수 있다. 대개 만 3세(36개월)에 98%의 아동이 낮 동안에 대소변을 가리게 되고 평균적으로 대소변 가리기 훈련에 걸리는 시간은 약 3개월 정도다. 보편적으로 남자아이보다는 여자아이가 대체로 빨리 가리기 시작하고 소변보다는 대변을 더 빨리 가리게 된다. 야간의 대변 가리기, 주간의 대변 가리기, 주간의 소변 가리기, 야간의 소변 가리기 순서로 훈련이 되며 대략 만 4세경에 성인 형태의 배뇨 조절을 하게 된다.

- 신체발달: 경우에 따라 행동이 점차 거칠고 난폭해진다. 발을 바꿔가며 계단 오르내리기를 할 수 있다. 혼자 옷을 벗을 수 있다.
- 정서발달: 긴장이 증가되어 눈을 깜박거리고, 손톱을 물어뜯거나 코를 후비거나, 성기를 만지작거리기도 한다. 엄지손가락을 빨기도 하며 안면 근육이 떨리는 현상이 나타나기도 한다. 시각적인 것에 공포를 나타내어 개, 고양이 같은 것에 겁을 낸다.
- 사회성 발달: 상대방으로부터 호감 있는 반응과 주의 집중을 얻고자 노력한다. 가지고 놀았던 장난감을 정돈하며 사람을 기억한다. 친구를 적극적으로 구하기 시작하나 놀이의 내용을 자기 뜻대로 하려고 하여 싸움이 많다.
- 언어발달: 애매한 단어들과 무의미한 음률을 좋아하며 과장적인 언어를 사용한다. 언어 기술이 점차 향상되면서 변명을 하기도 한다. 언어적인 공격을 사용한다.
- 인지발달: 현재의 상황과 모순되는 사실을 믿지 않으려 한다. 사건을 내면화하고 사물대신 말 같은 상징을 활용하여 사고하는 능력이 증가한다. 상상놀이가 나타나며 상징물을 이용하여 나무토막을 컵이라고 하며 논다.

4) 만 4세 발달의 주요 특성

① 약간 복잡한 운동이 가능해진다.

② 자기주장이 강해지고 성취에 기쁨을 느낀다.

③ 필요한 규칙은 스스로 따른다.

④ 구어가 완성되고 문자에 흥미를 갖는다.

⑤ 원인과 결과를 때때로 혼동하면서 이치를 알고자 한다.

- 신체발달: 멈춤, 출발, 회전을 조절할 수 있다. 음악에 맞춰 춤을 출 수 있다. 운동의 속도나 정확도가 증가한다.
- 정서발달: 모든 감정이 분화되어 표정, 태도, 의사 표현, 동작 등이 풍부해진다. 조금씩 감정 조절을 하면서, 자신이 성인을 통제할 수 있는지 확인하고자 한다. 자신감이 증가하여 허풍을 떨기도 하고 과장하기도 한다.
- 사회성 발달: 스스로 자기 일을 처리할 수 있게 된다. 다소 자제심이 많아지고 친구와의 관계도 깊어진다. 친구들과 다투기도 하지만 우정이 필요한 것을 알고 공동의 목적을 가지고 놀기 시작한다.
- 언어발달: 불분명하고 천진스럽던 말들이 사라지고 억양이 정확해진다. 언어의 형태와 구조가 거의 완전해진다. 복문을 포함한 모든 문장을 사용한다. 목적 있는 대화가 가능하다.
- 인지발달: 차분히 이야기하고 세밀하게 설명할 수 있다. 가능한 것과 불가능한 것의 구분이 더 많아진다. 불완전한 지식 때문에 지적 행동은 대부분 직관적인 생각과 행동으로 제한된다.

5) 만 5세 발달의 주요 특성

① 가위질이 능숙해진다.

② 성취나 경쟁적인 욕구가 충족된 일에 만족한다.

③ 집단 활동에 대한 즐거움이 증가한다.

④ 발음 체계가 완성되고 구어를 완전히 습득한다.

⑤ 알고자하는 것들에 적극적으로 질문, 궁리, 해결하려는 탐구력이 증가한다.

- 신체발달: 인라인 스케이트를 배울 수 있다. 경기에서 효과적으로 출발, 회전, 멈추기를 한다. 발을 교대로 바꾸면서 도움 없이 긴 계단을 내려온다.
- 정서발달: 활력적이고 열심히 배우고자 한다. 호기심이 많고 새로운 시도에 쉽게 흥미를 느낀다. 블록 쌓기, 모으기 등 무언가를 만들어 내고자 하고 보다 더 생산적인 상황에 몰입한다.
- 사회성 발달: 가정, 또래, 사회 속에서 사회적 제도를 배운다. 성역할을 배우고 문화적인 관습을 익히게 된다. 양심이 발달하여 나쁜 것을 피하고 좋다고 여겨지는 것에 접근하려 한다.
- 언어발달: 발음체계가 완성된다. 친구들과 이야기를 나누고 수수께끼나 동화를 즐겨 듣는다. 읽기, 쓰기 학습이 가능해진다.
- 인지발달: 10~12가지 색깔을 맞춘다. 정신적 이미지를 활용하여 사고하거나 조작적 사고력을 가지고 있지 않으므로 보존이 불가능하다. 점차 논리적이 되어간다.

4. 아동기

아동기의 연령규정 및 보호 조치, 주요특 징은 다음과 같다(대한소아청소년학회 홈페이지, 2024; 법제처, 보건복지부 아동자립지원과, 2024; 위키백과사전, 2024).

1) 국내 「아동복지법」상의 연령 및 보호 조치

대한민국의 「아동복지법」 제3조 제1항에서도 “아동은 만 18세 미만인 사람을 말한다”고 규정함으로써 만 17세까지를 아동(어린이)로 본다. 그러나 국제법상 아동이란 아동권리협약 제1조에 근거하여 만 18세 미만의 모든 사람을 아동으로 정의하고 있다. 우리나라 아동복지 관련 최초의 법은 1961년 12월 30일에 제정된 ‘아동복리법’이다. 이 법은 6.25전쟁 이후 사회혼란과 국가재정의 궁핍으로 ‘요보호아동’을 대상으로 제한적으로 입법되었으며, 1981년 4월 13일에 「아동복지법」으로 명칭이 변경되고 전문이 개정되었다.

그리고 아동복지시설이나 위탁가정에서 보호종료된 사람이 25세에 달하기 전에 보호를 희망하면 재보호조치가 가능하도록 「아동복지법」이 개정(법률 제20218호, 2024. 2.6. 공포, 2024.8.7. 시행)됨에 따라 법률에서 대통령령에 위임한 재보호조치의 절차, 대상 등에 관한 규정을 신설하고, 보호기간 연장 중 보호종료의 예외 사유를 정비하며, 자립지원전담기관 종사자의 자격기준을 현실화하여 제도 운영상 나타난 미비점을 개선 · 보완하려는 이유로 보건복지부는 「아동복지법」의 개정이유를 밝혔다(법제처, 보건복지부 아동보호자립과, 2024.4.26).

2) 아동기의 주요 특징

인간발달을 구체적으로 구분할 때 아동기는 초등학교 입학부터 졸업까지의 시기로서 만 6세~만 11세까지의 시기이다. 이 시기는 정신적으로나 신체적으로나 발달상의 여러 가지 특징을 가진다. 아동기 전기(前期)에는 유아기의 특성이 남아있고, 후기에는 청소년기의 전조(前兆)가 나타난다. 아동기의 사고는 유아기의 직관적 사고에서 논리적 사고로, 자기중심화 현상에서 탈중심화로, 비가역적 사고에서 가역적 사고로 변하게 된다. 그러나 아동기의 사고는 피아제의 구체적 조작기에 해당되어 구체적인 것, 자신이 직접적으로 경험한 세계에 한정되며, 추상적이고 가설적인 개념을 이해하는 데는 한계가 있다.

(1) 아동기 인지 · 정서적 특징

아동기에는 이러한 유아의 자기중심성에서 벗어나 타인의 입장, 감정, 인지 등을 추론하고 이해할 수 있는 능력이 생긴다. 이것을 조망수용 능력이라고 한다. 이는 특정 상황에서 타인의 감정을 추론하는 것이 가능해진다는 의미이다. 예를 들어 아동은 타인의 감정과 사고에 관심을 가지는 사회 지향적인 특성을 보임으로써 예로 들어, 자신이 좋아하는 장난감을 엄마는 안 좋아할 수도 있다는 것을 깨닫게 된다.

또한 아동기에는 보존개념을 획득하게 된다. 보존개념은 물체가 외형상 변화함에도 불구하고 이로부터 빼거나 더하지 않아도 그 물체의 본래의 양은 그래도 보존된다고 판단할 수 있는 능력이다. 아동기의 아이들은 찰흙의 모양이 둥근 형태에서 길고 넓적하게 변하더라도 그 양은 같다는 사실을 알게 되는 것이다. 그리고 아이는 컵의 모양이 달라지더라도 물의 양은 변하지 않는다는 것을 깨닫게 된다.

아동기에는 유목화가 가능해진다. 이는 부분과 전체의 논리적 관계, 상하의 위계적 관계를 이해하는 것이다. 예로 들어, 접시에 포도 2개, 사과 2개, 딸기 5개가 놓여 있다. 아동에게 "여기 있는 접시에 과일이 많니, 딸기가 많니?"라고 질문했을 때 전조작기 해당 아이들은 "딸기가 많아요."라고 답변할 것이다. 이는 과일이 딸기의 상위 개념이라는 것을 깨닫지 못했기 때문이다. 그러나 구체적 조작기에 해당하는 아동은 '딸기가 과일의 하위 개념인 것'을 알고 '과일이 많다.'고 대답할 것이다.

(2) 아동기의 신체발달 특징

아동기에는 유치가 영구치로 바뀌며, 뼈의 성장이 근육의 성장을 초월하여 성장통을 겪기도 한다. 성장기 아동의 10~20%가 겪는 성장통은 밤에 심하고 아침에 없어지는 것이 특징이다. 성장통에 대하여 전문가들은 성장하면서 뼈를 싸고 있는 골막이 늘어나 주위의 신경을 자극하기 때문이라고 추측한다. 뼈가 빠른 속도로 자라는 데 비해 근육은 더디게 자라기 때문이라는 주장도 있다. 사춘기가 되면 남아는 근육질이 되기 때문에 힘과 속도에서 우세한 반면, 여아는 체지방이 더 많아지기 때문에 곡선미가 유려한 편이다. 아동의 성장속도와 신체의 크기는 개인차가 크다. 이러한 개인차는 유전적 요인뿐만 아니라 환경적 요인의 영향도 작용하는 것으로 보인다.

(3) 아동기의 운동기능의 특징

아동기의 운동기능의 발달은 뚜렷한 변화를 거친다. 우선 근육의 성숙과 병행하는 힘의 증가로 아동은 점차 빨라지고, 강해지고, 민첩해진다. 뛰기, 신호에 대한 반응, 짧고 빠른 동작의 연결 등의 운동속도도 아동기를 통해 점차 증가한다. 특히 이 시기에는 이미 획득한 운동기술이나 근육의 협응 체계가 보다 안정되고 더욱 정교화되어 대상의 위치나 움직임을 정확히 예측하고 자신의 몸을 지각한 대로 빨리 움직이는 능력이 발달하여, 이 시기에는 춤, 놀이, 운동, 게임 등의 활동을 하는데 중요한 역할을 하는 유연성, 균형, 협응 능력이 발달하며, 이 시기 운동 조절능력 중에서도 아동의 뛰기와 공놀이 기능이 크게 발달하는 특징을 지닌다. 운동능력의 발달은 이미 가지고 있는 기술이 더 정교해지게 되어 균형과 협응의 발달이 두드러지며 남자아동과 여자아동 간의 운동기능과 능력에 차이를 나타내게 된다.

5. 청소년기

청소년에 대한 연령 규정 및 청소년기의 정신적·신체적·인지적 주요 특징은 다음과 같다(법제처, 2024; 대한소아청소년학회, 2024; 위키피디아백과사전, 2024; 한국청소년상담복지개발원, 2023; 한국청소년상담복지개발원, 2024; 질병관리청, 2024).

1) 청소년기의 연령 규정

청소년기의 연령 규정은 국내 법규에 따라 차이가 난다. 우선 「청소년기본법」에서는 만 9세에서 만 24세인 자를 청소년으로 규정한다. 따라서 어린이나 성인일지라도 「청소년기본법」 상에서는 청소년에 포함된다. 그러나 「청소년보호법」에서는 만 19세 생일이 지나기 전의 사람을 청소년으로 규정한다. 「아동·청소년의 성보호에 관한 법률」(이하 청소년성보호법)」에 따르면 '아동·청소년' 나이 기준은 만 나이 19세 미만으로 변경(24년 6월 27일부터)되어 시행되고 있다. 「청년고용촉진특별법」에서는 15~29세로 규정하고 있다. 그리고 국내법에 따라 청소년이 법정대리인의 동의 없이 웹사이트 가입 가능한 연령은 14세 이상부터이다.

2) 청소년기 정신건강의 주요 특징

2020년을 중심으로 청소년 정신건강에 영향을 준 주요 요인들을 살펴보면, 우선 코로나19로 인한 비대면 활동이 증가하였다는 것이다. 세계보건기구(WHO)는 지난 2020년 1월 31일 국제적 공중보건 비상사태를 선포하였고, 2023년에 코로나를 해제하였다. 약 4년간의 코로나 기간 동안 대다수의 사람들은 대인 간 가장 기본적인 접촉을 피하였고 학령기 청소년들은 학습의 결손뿐만 아니라 또래와 관계를 맺고 일상을 나눌 수 있는 공감대 형성이 힘든 시기를 장기적으로 경험하게 되었다(한국청소년상담복지개발원, 2023).

더구나 2010년 중반 이후 스마트폰이 일상에 필수적인 도구로 자리 잡게 되면서 청소년들의 생활방식에도 큰 변화를 불러왔다. 스마트폰이 보편화된 이후 청소년들은 소셜미디어, 유튜브 등을 통해 다양한 서비스에 쉽게 접근할 수 있게 되었지만, 동시에 사이버폭력, 미디어 과의존 등을 경험하였고, 의사소통의 방식에도 많은 변화가 나타났다(서미, 유민상, 손영민, 최수정, 2022). 디지털 기술의 발달과 소셜미디어의 급속한 확산이 준 영향은 도구의 쓰임에 따라 긍정성과 부정성을 동시에 발현되었다.

(1) 가족구조와 역할의 변화

가족구조는 맞벌이 부부, 한부모가족, 다문화가족, 1인 가구가 더욱 증가하는 등 전형적 가족구조와 역할이 변하였다. 정서적 지원을 포함한 가족 돌봄의 공백이 현실화되면서 외로움과 사회적 고립으로 이어질 가능성이 더욱 높아진 것이다(오영란, 강대성, 2021). 이러한 가족 구조의 변화는 청소년기의 정서적 발달과 삶의 안정성에 부정적인 영향을 미칠 수 있다. 또한 노동생산성이 낮은 서비스 부문의 증가는 저임금 일자리의 비중을 높였고, 비전형 노동의 증가로 일자리의 질이 낮아지면서 청년들의 고용과 삶의 불안정성이 높아지고 있다(박나리, 김교성, 2021). 즉, 고용과 삶의 불안정이 증가한 것이다. 2023년 「초·중등 진로 교육 현황조사」에 따르면 고등학생 중 희망직업이 없다고 응시한 비율은 25.5%에 달했으며 그 비율은 2015년 이후

꾸준히 상승하는 추세이다. 청소년들은 미래의 불안정성을 일찍부터 인식하게 되었고, 생존을 향한 경쟁력을 확보해야 한다는 압박을 느끼고 있다고 볼 수 있다(손명은, 2024).

이렇듯 청소년을 둘러싼 환경이 급변하면서 불안, 우울, 자살과 같은 정신건강 문제를 가진 청소년들은 증가하고 있으나(질병관리청, 2023), 상대적으로 안정적인 관계망 형성이나 지지체계는 약화된 상황이다. 즉, 청소년들이 미래에 대한 기대와 희망을 품기보다 불안과 긴장이 높아지기 쉬운 환경이라 볼 수 있다.

(2) 과도한 디지털미디어 의존성과 일상생활 부적응

청소년들 중 과도한 디지털미디어 이용으로 의존성이 증가하고, 조절을 자율적으로 하지 못해 일상생활의 부적응을 경험하는 상태가 보고되고 있다. 2023년 스마트폰 과의존 실태조사에 따르면, 조사 대상 청소년의 40.1%가 과도한 의존 위험군으로 나타났으며, 2021년부터 3년간 위험군은 급격히 증가하는 추세에 있다(과학기술정보통신부, 한국지능정보사회진흥원, 2023).

(3) 사이버폭력과 사이버도박 확산

또한 사이버폭력에 쉽게 노출되기도 한다. 이는 컴퓨터와 휴대전화 등 사이버공간에서 언어, 문자, 영상을 통해 타인에게 피해 혹은 불안감, 불쾌감을 주는 행위이다(방송통신위원회, 한국지능정보사회진흥원, 2024). 사이버폭력은 시 · 공간의 제약이 없이 쉽게 발생할 수 있고 빠른 속도로 광범위하게 전파되어 더 넓고 깊은 피해를 남길 수 있다.

그리고 사이버도박은 전자화폐나 전자 금융거래를 이용하여 결제가 이루어지며, 청소년기 또래 집단 사이에 하나의 놀이문화로 퍼지고 있다. 청소년들의 사이버도박은 도박 빚이라는 경제적인 문제와 중독이라는 심리적인 문제를 복합적으로 가지게 되며, 19세 이하 도박중독 치료 환자 수는 2023년 167명으로 집계되었다. 건강보험심사평가원은 19세 이하 도박중독 치료환자의 수를 2019년 93명, 2020년 98명, 2021년 127명, 2022년 102명으로 보고하였다. 2019년 93명에서 지난해 167명으로 80% 가까이 늘었다(건강보험심사평가원, 2024). 도박으로 경찰 조사를 받는 인원도 매년 늘고 있다. 경찰청 통계를 보면 도박으로 검거된 범죄소년(14~19세 미만)은 2019년 72명에서 2023년 169명, 올해 277명(7월 말 기준)으로 5년간 3배 이상 늘었다. 촉법소년(10~14세 미만)의 경우 2014년부터 2020년까지는 없다가 2021년부터 적발됐다. 2021년 3명, 2022년 2명, 2023년 15명, 올해에는 43명으로 청소년 도박문제가 점차 저연령화되고 있다(경찰청, 2024). 청소년 도박 급증 배경에 코로나19 확산이 크게 작용했다. 2020년 코로나19 유행 기간 비대면 문화가 확산하면서 불법 도박은 온라인을 중심으로 고도화했다. 온라인 도박은 스마트폰과 인터넷을 기반으로 하기 때문에 청소년들의 접근성이 높은 불법 OTT 스트리밍 사이트, 불법 웹툰 사이트 등을 통해 청소년이 많이 유입되었다는 분석이다. 온라인 도박은 모바일 게임과 유사해 청소년들이 경계심 없이 접근할 수 있고, 24시간 내내 언제 어디서나 도박이 가능해 위험성 또한 높다. 이유는 불법 도박 사이트 운영자들이 미숙한 청소년들을 타깃으로 두고 마케팅을 하는 정황도 발생하기에 학교나 부모가 아이들의 불법 도박 사실을 알기 어렵다. 청소년기 도박은 중독성이 매우 강하고, 성인 시기까지 이어질 가능성도 높다. 이유는 청소년은 성인과 달리 뇌가 발달하고 있는 시기이므로 도박에 노출되면 뇌 기능 손상 등에도 영향을 줄 수 있기 때문이다. 이에 전문가 등 주변의 도움이 없으면 스스로 끊기가 어려움으로 반드시 치료가 필요하다.

(4) 사회적 고립와 은둔

사회적 고립 · 은둔의 문제도 심각하다. 고립은 관계의 물리적 단절을 의미하며, 은둔이란 자신의 방이나 집 안에만 머무는 상태를 의미한다. 13세에서 18세 사이의 고립 · 은둔 청소년은 약 14만 명 규모로 추정되며, 이들에게 적절한 사회적 지원이 제공되지 못하면 성인기까지 고립 · 은둔이 장기화될 가능성이 높다(한국청소년상담복지개발원, 2024).

(5) 우울증과 불안장애

정신건강의 개념상 정신적으로 건강한 상태로, 단지 병이 없는 것이 아니라 삶의 행복과 만족감을 느끼는 상태라 정의된다. 그러나 오늘날 청소년기 정신건강 관련 세부적인 요인으로는 신체화, 불안, 우울, 자살·자해, 스트레스 등으로 정신건강이 취약한 청소년의 수는 꾸준히 늘어나고 있다. 건강보험심사평가원은 최근 5년(2017~2021) 간 우울증과 불안장애 진료 통계 분석 결과를 발표했다. 10세 단위별 우울증 환자 수 통계에 따르면, 2017년 대비 2021년 환자 수는 20대 127.1%(연평균 22.8%)가 가장 많았고, 10대 90.2%(연평균 17.4%), 10대 미만 70.2%(연평균 14.2%), 30대 67.3%(연평균 13.7%)로 대폭 증가한 반면, 70대와 50대는 각각 0.5%, 2.8%로 타 연령대에 비해 소폭 증가한 것으로 나타났다. 우울증으로 진료 받은 환자의 성별을 살펴보면, 10대 미만에서는 남성이 여성보다 1.7배 많으나, 10대 이상부터는 여성이 남성보다 2.1배 많은 것으로 나타났다. 최근 5년(2017~2021) 10세 단위별 불안장애 환자 수 통계에 따르면, 2017년 대비 2021년 환자 수는 20대 86.8%(연평균 16.9%)가 가장 많았고, 10대 78.5%(연평균 15.6%), 10대 미만 57.8%(연평균 12.1%) 순으로 크게 증가했다. 불안장애로 진료 받은 환자 수는 10대 미만을 제외한 나머지 연령대에서 모두 여성이 남성보다 많은 것으로 나타났다(건강보험심사평가원, 2024). 국립정신건강센터에서 발표한 2021년 정신건강실태조사에 따르면, 평생 유병률은 우울장애 7.7%, 불안장애 9.3%이며, 1년 유병률은 우울장애 1.7%, 불안장애 3.1%인 것으로 나타났다. 일반적으로 우울증 및 불안장애는 한 개인의 삶에 큰 영향을 미친다. 우리의 일상생활 속에서 자신의 마음 건강을 챙기고 가족 및 주위에 힘든 사람이 없는지 서로 살펴줄 수 있는 사회적 관심이 필요하며 반드시 치료를 받는 것이 중요하다(국립정신건강센터, 2021).

(6) 자살

우울증과 불안장애뿐만 아니라 국내 청소년 사망 원인 1위가 12년째 '자살'인 것으로 나타났다(국가건강정보포탈 질병관리청 KDCA, 2024).

만약 자살을 암시하는 경고신호를 알게 되었다면 자살에 대해 솔직하게 질문하여 실제 상황을 확인하는 것이 중요하다. “자살에 대한 생각을 하고 있니?”라고 직접적으로 물어봐야 한다. 일반적으로 자살에 대한 직접적으로 물어보는 것을 두려워하거나 부담스러워한다. 자살에 대한 구체적인 언급이 청소년의 자살 위험성을 높이지 않을 뿐더러 오히려 대화의 내용이 명확해져서 상대에게 안정감을 주는 등 도움이 된다. 자살을 생각하게 된 이유가 무엇인가? 혹시 자살을 하기 위해 구체적인 계획을 세웠는지를 구체적으로 꼼꼼하게 물어봐야 한다. 도움 제공자가 청소년 자신의 힘든 마음을 온전히 듣고 수용해준 것이 자살사고, 자해 행동을 멈추는 데 도움이 된 것으로 나타났다. 따라서 자살 위기에 처한 청소년에 도움을 제공하려는 사람은 자살 및 자해 청소년을 상담할 때 내담자가 있는 그대로 수용 받고 이해받는 느낌을 받을 수 있도록 해야 한다. 그러기 위해선 먼저, 자살 및 자해 청소년에 대해 정확하게 이해해야 한다. 가장 흔하게 범하는 실수는 “아무리 힘들어도 죽는 것은 잘못된 행동이다”, “네가 죽게 되면 가족들이 얼마나 슬퍼할지 생각해보았니?”라고 훈계하거나 섣부르게 말하는 것이다.

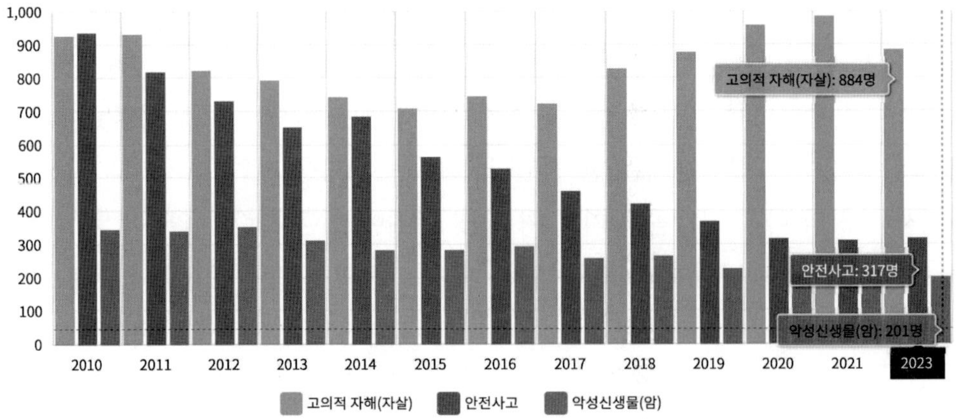

출처: 질병관리청(2024). 국가건강정보포탈.

그림 2-1 청소년 자살자의 연도별 사망원인(9~24세)

자살과 자해가 잘못된 행동이라고 도움을 제공하는 사람이 자신의 생각과 감정으로 내담자를 판단하는 것은 내담자로 하여금 복잡한 심경을 더욱 가중시키게 된다. 무엇보다 내담자가 자살이나 자해를 생각할 정도로 심리적인 고통이 크다는 것에 대해 공감하는 것이 중요하다. 섣부른 판단이나 조언보다는 내담자의 '힘든 감정'과 '힘든 생각'에 대해 초점을 두고 차분하게 질문하고 공감해야 한다. 만약 자살 위험성이 높다고 판단된다면, 빠른 시일 내에 전문기관으로 연계해야 한다. 가까운 기초정신건강복지센터나 자살예방센터에 연락하거나 학교 담임선생님이나 We클래스 상담선생님에게도 알려서 도움을 받도록 연계해주는 것이 바람직하다.

3) 청소년기 신체발달 변화의 주요 특징

청소년기에는 신체 내부의 발달이 현저해지는데 특히, 간 기능과 폐활량, 소화기능이 현저히 발달한다. 내분비선의 발달로 지방이 과다해져서 여드름이 발생한다. 청소년기는 제2차 성징이 출현하는 시기로 성적으로 발달한다. 남자는 음성이 변하고 음모가 나며 골격구조와 근육이 단단해진다.

어떤 성장 유형을 따르든지 일생 중 가장 빠르게 성장하는 시기가 바로 사춘기 시기이다. 만 2~3세 이후 그동안 평균적으로 1년에 키는 약 5 cm 정도씩, 몸무게는 약 2kg 정도씩 자랐던 반면, 사춘기에는 자라는 속도가 이전의 2배가 된다. 손과 발이 가장 먼저 자라기 시작하는데, 그래서 팔과 다리가 따라잡을 때까지 매우 어색한 모습을 보이게 된다. 그 다음에는 남아의 어깨와 여아의 엉덩이가 더 넓어지고 몸통의 길이가 늘어난다. 얼굴뼈, 특히 아래턱이 자라면서 외모의 가장 뚜렷한 변화를 가져온다. 대체로 남성은 평균적으로 만 17~18세까지 키가 성장하지만, 사람에 따라 일찍 성장이 멈추거나 늦게까지 자라기도 한다. 그러나 사춘기가 끝난 직후부터는 남자와 여자 모두 성장이 현저히 느려진다. 사춘기 동안 거의 자신의 성인키에 도달하며, 일단 사춘기 성장이 끝나면 대부분의 청소년들은 2~5cm 밖에 더 자라지 않는다. 또래 친구들보다 신체적으로 조금 더 발달하였거나 조금 덜 발달했다고 해서 걱정할 필요는 없다. 하지만 또래 아이들에 비해 신체적 발달 정도의 차이가 크다면, 의학적인 확인이 요구된다.

청소년기에는 호르몬의 영향으로 우리 몸의 분비샘에서 생산되는 화학메신저로서 혈류를 통해 이동하면서 성장, 성 특성, 생식능력, 대사활동, 성격, 감정변화에 영향을 받는다. 사춘기가 시작되기 전에 대해 모두 밝혀지진 않았지만, 여아는 7~11세, 남아는 9.5~13.5세 때 뇌 기저부에 위치한 뇌하수체라는 곳에서 호르몬이 분비되어 여아에서는 난소에서 여성호르몬인 에스트로겐을, 남아에서는 고환에서 남성호르몬인 테스토스테론을 생산하도록 신호를 준다. 이런 성호르몬은 생식기관을 발달시켜 생식능력을 얻을 때까지 준비할 수 있도록 해준다. 또한 에스트로겐과 테스토스테론은 2차성징을 발달시켜 여자의 유방과 둥근 엉덩이, 남자의 턱수염과 근육 발달 같은 남녀 차이를 만들어 준다. 난소와 고환은 성장하며 더 많은 성호르몬을 생산하면서 사춘기 과정을 더욱 촉진시킨다. 청소년기에는 넘치는 에너지를 신체활동으로 건강하게 다스릴 필요가 있다(대한청소년과학회 홈페이지, 2025).

4) 청소년기의 인지발달

청소년기 인지발달 단계를 Piaget의 이론에 적용해 본다면 청소년기는 인지발달의 마지막 단계인 형식적 조작기에 해당한다. 이러한 청소년기의 인지적 특징을 살펴보면 다음과 같다.

① 추상적 사고가 가능하다.
② 가설적, 연역적 사고가 가능하다. 즉, 계획을 세워 일련의 가설을 차례대로 시험하면서 정답의 범위를 좁혀간다.
③ 체계적이고 조합적인 사고가 가능하다.
④ 이상주의적 사고를 한다. 미래의 가능성에 대해 상상하고 공상을 한다.

5) 청소년기의 자아정체감 발달

자아정체성은 개인의 독특성, 욕구, 태도, 행동양식 등이 전체적 통합되어 지속성을 가진다는 인식을 의미하며, 일생을 통해 이룩해야 할 중요한 문제이지만 청소년기가 정체감 형성의 결정적인 시기이다. 안정된 정체성을 형성하기 위해서는 신체적, 성적 성숙, 추상적 사고, 정서적 안정이 필요하며 부모와 또래로부터 적절한 통제와 연계의 조화로움이 요구된다. 자아정체성은 자아정체성의 성취, 유예, 유실, 혼동상태로 구분될 수 있다.

6) 청소년기의 사회적 특성

첫째, 청소년기는 추상적 사고가 발달하게 되고 자신의 정체성을 찾아가려는 시도와 노력을 추구하게 되면서 학교생활, 학업성취수준, 또래 및 이성관계, 부모와의 관계, 가정의 경제상태, 진로와 취업준비, 외모에 대한 관심, 우울과 불안, 자살충동 등으로 일상에서 직면하게 되는 스트레스에 대해 사회적 관심과 도움이 절실하게 요구되는 시기이다. 또한 청소년기는 부모로부터 독립하고자 하는 심리적 욕구가 발현되어 아동기에 부모에게 절대적으로 의존했던 수준에서 점차 벗어나고자 한다. 청소년은 부모의 지지와 승인을 필요로 하면서 동시에 부모의 통제를 받지 않으려 하며, 부모나 가족으로부터 분리되어 친구나 자기 자신에게 의존하려는 경향이 증가한다. 이러한 성향을 심리적 이유라고 하며, 이 시기를 '심리적 이유기'라고 한다. 따라서 청소년기에는 ① 용돈의 사용 ② 시간 활용 ③ 학업에 대한 태도 ④ 도덕에 대한 태도 ⑤ 친구 사귀기 ⑥ 스마트폰 사용 ⑦ 이성교제 ⑧ 장래희망 ⑨ 집안 심부름 수행 ⑩ 옷차림 등에서 부모의 개입으로부터 벗어나 단독으로 처신하려는 경향이 있다.

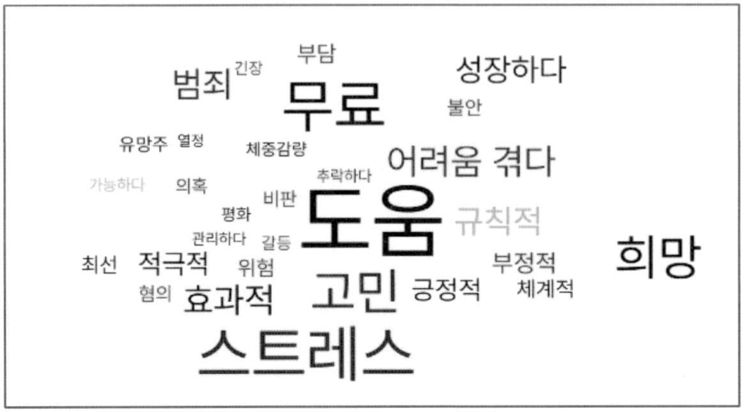

출처: 국가건강정보포탈 질병관리청(2025)

그림 2-2 청소년 검색 트랜드(2025년 1월 2주차)

둘째, 동료집단과 또래집단을 형성하는 기준을 갖게 된다. ① 동일한 사회적·경제적 지위 ② 부모 가치관의 영향 ③ 지리적 근접성(이웃) ④ 특정한 취미와 관심 ⑤ 비슷한 성격 등이 친밀성 또는 소외감을 형성하는 데 영향을 받게 된다. 친밀성이란 자신의 정체성을 유지하면서 남과 개방적인 관계를 유지하는 상태를 의미하며 소외감이란 정체성의 상실을 우려해서 또는 자신의 독특한 정체성을 유지하기 위해 남과의 관계 유지를 거부하는 상태를 일컫는다.

셋째, 청소년기에는 사회적으로 비행에 노출될 가능성이 있다. ① 「형법」상 14세 이상 20세 미만 청소년은 「형법」에 저촉되는 연령이며 ② 촉법 청소년은 좁은 의미로는 10세 이상 14세 미만 소년 중에서 범죄를 저지른 자를 뜻하고 넓은 의미로는 14세 미만 전체를 뜻한다. 일반적인 교육과정을 밟는 중이라면 중학교 2학년생 중에 아직 생일이 지나지 않은 경우에 해당된다. ③ 행위 자체는 범죄가 아니지만 범죄를 저지를 우려가 있다고 인정되는 행위를 우범행위라고 한다. 일반적으로 청소년 비행은 가출, 무단결석, 음주, 흡연, 이성과의 성관계 등과 같은 지위 비행에서부터 폭행, 절도, 강도 및 강간 등과 같은 범죄적 행동에 이르기까지 광범위한 부적응 행동을 지칭하는 데 사용된다.

6. 청년기

청년에 대한 국내 연령 규정, 청년기의 신체적 · 심리적 주요특성 및 발달상 과업은 다음과 같다(나눔의집, 2024; 법제처, 2025; Pham Sy Sau, 2023; 위키피디아백과사전, 2024).

1) 청년(靑年)의 개념

청년이란 '푸른 나이'라는 뜻으로 젊은이라는 의미를 갖고 있다. 동시에 성인이라는 의미에서 청소년과 구별된다. 대한민국은 법률상 만 19세 이상 만 34세 이하인 사람을 청년으로 정의하고 있다. 「청소년기본법」 제1조(목적) 이 법은 청년의 권리 및 책임과 국가와 지방자치단체의 청년에 대한 책무를 정하고 청년정책의 수립 · 조정 및 청년지원 등에 관한 기본적인 사항을 규정함을 목적으로 한다. 제3조(정의) 이 법에서 사용하는 청년이란 용어의 뜻은 다음과 같다. "청년"이란 19세 이상 34세 이하인 사람을 말한다. 다만, 다른 법령과 조례에서 청년에 대한 연령을 다르게 적용하는 경우에는 그에 따를 수 있다.고 하였다. 이로 인해 '서울특별시 관악구 청년지원 기본 조례'에서는 '청년'을 19세 이상 39세 이하의 사람을 말한다고 정의하고 있다. 국내 「청년고용촉진특별법」에서 청년은 15~29세로 규정하고 있다.

2) 청년기 신체적 발달

인간의 신체적 성숙은 청년기에 거의 완성되기 때문에 이 시기에는 최상의 신체적 상태를 유지하며 청년기는 전 생애에 있어서 활기, 힘, 건강이 최고 수준을 유지하는 시기이며, 근육과 내부기관의 기능도 최고조에 달한다.

3) 청년기 심리적 발달

(1) 감각 및 인지발달

감각기능은 20세 전후에 가장 예민하며 인지발달은 판단, 추론. 창의성 사고 등 청년기에 정점을 이룬다. 피아제는 청소년기의 형식적 조작 사고 이후 인지발달이 거의 이루어지지 않는다고 보았지만 이는 학자에 따라 견해가 다르다.

(2) 자율성의 발달

경제적, 심리적 독립이 가능하며, 진정한 자율성을 확보하기 위해 동년배 집단으로부터도 분리되어야 한다. 부모는 청년기 자녀의 자율성 획득을 지원하기 위해 금지나 제한을 줄이고, 가족 의사결정에 자녀의 참여를 격려, 독립된 개인으로 인정해야 한다.

(3) 애정의 발달

정서 지향적인 낭만적 사랑에서 벗어나 영속적 관계를 유지할 수 있는 인생의 동반자를 구하기 위해서는 먼저 자아정체감을 형성해야 한다. 자아정체감이 정립되어 있지 않을 경우에는 애정을 자신이 느끼고 있는 불안의 도피처로 활용하는 신경증적 사랑을 하는 경우가 많다. 상대방의 개성을 인정해 주고, 상대방에게 자아실현의 기회를 부여해 주며, 외롭고 힘들 때 정서적 동반자가 되어 줄 수 있어야만 진정한 사랑을 유지하게 된다.

4) 청년기 발달과업

(1) 에릭슨의 청년기 발달과업

에릭슨은 이 시기 심리사회적 위기인 '친밀감 대 고립'의 위기를 잘 극복하는 것이 발달과업이라고 보았다. 이 위기를 극복해야 사랑의 능력을 획득할 수 있다고 설명하고 있다. 친밀감을 형성하기 위해서는 공감 능력, 자기통제 능력, 타인의 장단점을 수용하는 능력을 갖추어야 한다. 청소년기에 긍정적 자아정체감을 확립한 사람은 청년기에는 좀 더 쉽게 타인과의 친밀감 관계를 형성하지만 그렇지 못한 사람은 자신감을 갖지 못해 사회적 관계에서 고립감을 느끼고 자기 자신에게만 몰두하게 된다.

청년기에는 성 역할(gender role) 정체감을 확립하게 되는데 이는 사회가 특정한 성(gender)에 적절하다고 인정하는 특성, 태도, 흥미와 동일시하는 과정으로 성에 따른 사회적 역할기대를 내면화하는 과정이다. 그리고 청년기에 성취해야 할 가장 중요한 발달과업은 직업을 선택하고, 이에 따른 준비를 하는 것이다. 청년기의 직업선택 과정에 영향을 미치는 요인은 가족적 요인, 사회 관습적 요인, 상황적 요인, 사회경제적 요인. 개인적 요인, 심리 사회적 요인 등 매우 다양하다. 무엇보다 중요한 것은 자신의 능력, 흥미 그리고 자아 기대, 또 다른 요인은 직업에 대한 정확한 정보를 알고 있는 것이 중요하다.

(2) 초기 성인기 발달과업

청년기 중에서 초기 성인기(24~39세)에는 자신에게 부여되는 결혼과 이혼의 의미와 영향, 배우자선택, 자녀양육, 직업선택 등을 경험하게 된다. 이로써 개인에게 자녀로서, 양육자 부모로서, 며느리로서, 사위로서, 직장인으로서, 소속 단체 회원으로서, 시민으로서 다양한 역할과 사회적 정체성을 갖추어 나가게 된다. 오늘날 비혼주의가 급증하고 있다. 반면 결혼을 고려할 때 자신의 결혼 동기를 먼저 성찰해야 한다. 자신의 현재 상태로부터 회피하고자 원 가족으로부터 벗어나고자 하는 경우, 자신이 배우자의 역할을 제대로 할 수 없는 상태인 경우, 배우자를 자신의 경제적·성적 욕구 해결의 도구로 활용하고자 목적한 경우, 결혼 전 임신 등 자신이 배우자를 선택할 때의 동기와 목적을 면밀하게 성찰하는 것은 중요하다.

또한 결혼 전에 일상생활에 관한 사항 즉, 소득과 금전지출, 여가활용, 원 가족과의 관계 설정, 자녀출산계획 등을 조율하는 것이 필요하다. 자녀를 출산하기 전에 부모로서의 역할 전환에 대한 준비, 부부간의 역할과 책임에 대한 재조정, 양가 협조 여부 등 예비 부모로서 사전 준비와 조율이 필요하다. 일상적으로 결혼만족도에 영향을 미치는 요인으로 소득수준, 직업지위, 남편의 가사와 양육 참여 정도, 부부간의 대화, 여가활동 등을 제시하고 있으며, 특히 자녀가 출생하게 되면 부부 모두 인생의 전환점을 맞게 된다. 자녀 출생으로 인한 주요한 삶의 변화로서 부부가 부모 역할을 시작하게 되며, 그로 인해 삶의 형태가 바뀌게 된다. 부모가 되는 기쁨도 있지만 양육자로서의 역할과 부담감으로 인해 결혼생활의 위기가 발생되어 행복감이 떨어질 수도 있다. 양육과정에서 수면부족으로 인한 고통, 새로운 의무감과 가사분담 문제, 부부간의 양육 방침의 차이 등으로 인해 결혼생활에 더 많은 긴장과 갈등 유발에 직면하게 된다. 동시에 부모가 된다는 것은 새로운 삶의 경험과 성숙을 향한 발전의 기회가 될 수도 있다.

인간은 직업을 통해 경제적으로 자립하고 자신의 인생을 개척해 나가면서 자아실현을 도모하게 된다. 직장생활에서 개인의 인성과 사회적, 경제적, 직업적 현실과의 조화를 발현해야 하며 직업생활에 만족을 누릴 수 있다면 성공적인 직장생활이라고 볼 수 있다. 성공적인 직업생활의 영향요인으로는 자신의 적성, 능력과 흥미 그리고 직업에 대한 준비, 직장인으로서의 사회화, 직업적 성공을 향해 자신이 수행해야 할 특정 직무와 관련된 전문지식과 기술 학습하기, 직무에 따르는 지위와 의사결정 과정 등 권위 관계에 대한 학습, 직업적 요구 사항과 위험 요인을 정확히 인식하여 대처 능력을 기르고 직장 동료와의 우애로운 상호 관계를 형성하는 것은 성공적인 직업 역할 수행 조건이라고 볼 수 있겠다.

5) 청년기에 대한 사회복지실천의 관심 영역

(1) 신체적 발달의 관심 영역

신체적 기능 상태 유지 과제 수행에 초점을 둔다. 청년기부터 성인 초기는 신체적 건강 상태와 신체적 힘이 최고조에 달해 있는 시기로 중년기에 건강수준이 쇠퇴할 때까지 이러한 상태는 지속된다. 따라서 신체적 건강 상태를 유지하기 위해서는 규칙적인 운동과 영양공급이 필요하다. 따라서 사회복지 기관에서는 스포츠, 건강관리를 위한 운동시설 및 프로그램 제공, 건강한 가정 식이요법. 금주 및 금연교실, 스트레스 관리 프로그램 등을 개발 실시할 필요가 있다.

(2) 심리적 발달의 관심 영역

친밀성 성취에 초점을 둔다. 예비부부 교실 운영, 부부 상담, 부모역할 프로그램 실행, 이혼 예방 프로그램 등을 제공할 필요가 있다.

(3) 사회적 발달의 관심 영역

직장에서 받은 스트레스를 해소할 수 있도록 지원함과 동시에 부부 공동 참여를 활성화하여 부부가 함께 하는 여가 프로그램의 개발 및 여가문화를 조성한다. 탁아 프로그램을 병행 실시하여 프로그램 실시 시간을 탄력적으로 운영하여 보다 많은 사람들이 참여할 수 있도록 해야 할 것이다. 특히 편부모 가족, 맞벌이 부부 경우 자녀 양육 지원 프로그램을 제공해 준다. 전문적인 직업훈련 기관이나 노동부 산하 기관과 유기적인 직업훈련 의뢰 체계를 형성하고 고용정보를 공유하여 직업상담과 취업알선 서비스를 제공함이 요구된다.

7. 중 · 장년기

중장년의 연령 규정 및 신체적 · 심리적 주요 특성은 다음과 같다(나눔의집, 2024; 서울시50플러스재단, 2022; 위키피디아 백과사전, 2024; 한국건강관리협회 홈페이지, 2024; Colleage Sidekick, 2024; Pham Sy Sau, 2023).

1) 중장년기의 생애주기와 연령구분

인간의 생애주기와 연령구분을 청년기(19~34세: 성인 전기), 중년기(35~49세: 성인 중기), 장년기(50~64세: 성인 말기), 노년기(65세 이상)로 가능하다. 중 · 장년은 노년기가 시작되기 직전 인간의 성인 단계를 말한다. 중 · 장년기를 정의하는 기간은 사람에 따라, 개인에 따라 크게 차이가 날 정도로 아주 임의적이지만, 중 · 장년기 남녀가 겪는 생리적 · 심리적 변화는 매우 현저하다. 중 · 장년기는 대개의 경우 다른 시기에 비해 경제적으로 안정되어 있고, 삶의 다양한 영역에서 경험을 통한 지혜를 터득한 상태이며, 직업에서도 높은 지위를 차지하는 경우가 대부분으로 인생의 전성기로 이해되고 있다. 질병으로 인한 사망률이 높아지는 시기이다.

2) 중 · 장년기의 신체적 변화와 특징

이 시기에는 단기기억력은 약화되기 시작하지만 장기기억력은 변화하지 않는 시기이다. 새로운 것의 학습 능력은 저하되지만 문제해결 능력은 오히려 향상된다. 또한 전반적인 신진대사의 둔화가 일어난다. 그리고 남녀의 성적 능력이 저하되며 갱년기를 경험하게 된다. 신체기능이 청년기에 비해 감퇴되면서 체력이 떨어지고 자신이 늙어가는 것을 느낀다. 고혈압, 당뇨, 심장병 등 각종 성인병이 생기고 성기능도 저하된다. 여성의 경우 폐경을 겪으면서 불안이나 우울감에 빠지기도 한다. 따라서 자신의 건강문제와 죽음을 생각하게 된다.

3) 중 · 장년기의 심리사회적 특징

초기 성인기와 노년기 사이에서 새로운 좌표를 설정해야 하는 인생의 전환점이다. '그동안 이루어 놓은 일은 무엇인가?' '무엇을 위해 살아왔는가?' '과연 산다는 것은 무엇인가?'라는 질문과 함께, 앞으로 남은 삶을 어떻게 살 것인가를 고민하게 된다. 젊은 시절의 이상과 현실 사이에 차이를 느끼고, 주위 사람들과 비교하면서 열등감이나 좌절감에 빠지기도 한다. 중년기는 가정과 사회로부터의 과도한 책임감으로 인해 부담을 느끼게 된다. 경기침체로 인한 실직, 진급실패, 수입 감소, 직장문제, 배우자와의 갈등, 이혼, 자녀양육의 부담, 자녀의 독립 후 느끼는 '빈 둥지 증후군', '부모 돌봄에 대한 책임감' 등이 '중년의 위기'를 불러오게 된다.

(1) 빈 둥지 증후군

이 증후군은 새끼 새가 자라서 둥지를 떠난 후 텅 빈 둥지에 어미 새만 남은 것처럼 중·장년기 부모의 경우 자녀가 독립한 후 양육자로서 느끼는 공허함과 슬픔을 의미한다. 대체로 남성보다 여성에게 더 많이 나타나는데 여성이 주 양육자인 경우가 많고 폐경으로 호르몬 변화가 일어나기 때문이기도 하다. 심한 경우 우울증까지 올 수 있고, 허전함과 상실감을 잊기 위해 무심코 시작했던 행동으로 인하여, 도박중독, 알코올중독, 쇼핑중독 등의 후유증에 시달리게 되기도 한다. 치열하게 삶을 꾸려가던 중에 주변 사람들과 점차 관계가 분절되고 난 뒤, 텅 빈 일상을 돌아보게 되는 순간 밀려오는 극심한 공허함을 의미한다.

(2) 중년의 위기

중년기 위기(midlife crisis)는 중년기(특히 45~65세)에 발생할 수 있는 정체성의 변환기이다. 이 현상은 점차 증가하는 나이, 언젠가는 죽어야 한다는 것, 삶의 성취감 부족을 느끼게 하는 사건 등으로 인해 야기되는 심리적 위기이다. 이것은 강렬한 우울증, 높은 수준의 불안감을 느끼거나 현재의 생활 방식을 급격하게 바꾸고 싶다거나 과거 결정한 바를 바꾸고 싶다고 느끼며 이루지 못한 목적에 대한 깊은 후회를 한다. 성공한 동료 사이에 있을 때의 모멸감을 느끼기도 하고, 젊음의 감정을 추구하고 싶은 욕구를 느끼며, 혼자 혹은 특별한 친구들과 많은 시간을 보내고자 하는 욕구, 성적 욕구의 증가 혹은 상실, 결혼, 직업, 건강, 경제, 사회적 지위에 대한 불만족의 결과로 발현되는 나태, 혼란, 분노, 성질부리기, 부모의 죽음과 자신의 노화로 인한 신체 변화, 자녀성장 및 부재, 배우자와의 관계문제 및 배우자의 상실, 삶의 초기에 했던 잘못을 바로잡으려는 마음 등으로 심리적 위기 상태를 나타낸다. 이러한 중년기 위기는 남성은 3~10년, 여성은 2~5년 정도 지속되는데 중년기 위기의 주요 특징 중 하나는, 중년기 삶이 주로 부정적인 일이 많이 발생하고 스트레스로 가득할 것이라고 바라보는 것이다(위키피디아 백과사전, 중년의 위기, 2024).

4) 에릭슨의 심리사회 발달단계: 중・장년기

에릭슨은 중・장년기에 심리사회적 존재론적 질문을 '나는 내 삶을 하루하루 소중하게 여길 수 있는가?'로 표현하였다. 이는 중・장년기에 개인은 다음 세대를 이끌어 나가는 것에 대한 관심을 갖는 생산성(generativity)에 가치를 두게 되며 사회적으로 가치가 있다고 여겨지는 일들과 교육은 생산성의 표현방식이기도 하다. "생산성의 성인 단계는 가족, 우정, 직장, 사회에 걸쳐 광범위하게 적용된다. 따라서 생산성은 우선적으로 다음 세대를 수립하고 이끌어 가는 것에 대한 관심을 말한다. 이 개념은 생산성(productivity)과 창조성(creativity)을 포함하는 것이다(Slater, 2003)". 따라서 이 시기에 우선되는 주요 발달과업은 사회에 공헌하고 미래 세대를 이끌어가도록 돕는 것이다. 반대로 자기중심적(self-centered)이고 사회가 앞으로 나아가는 데 도움을 줄 수 없거나 주려고 하지 않는다면, 생산성 결여에 대한 불만족이라고 하는 침체(stagnation)를 발달시킨다. 에릭슨은 이 시기의 중심 과업을 몇 가지로 제시하였다(Colleage Sidekick, 2025).

① 성적 접촉을 넘어 사랑하는 마음을 표현하라.

② 건강한 삶의 패턴을 유지하라.

③ 성장하는 자녀 혹은 다 성장한 자녀가 책임감 있는 성인이 되도록 도우라.

④ 성장한 자녀의 삶에서는 주된 양육자의 역할을 포기하라.

⑤ 가정을 평안하게 만들어라.

⑥ 자신이 성취한 것을 자랑스럽게 여겨라.

⑦ 연로하신 부모를 돌보아 드려라.
⑧ 신체 변화에 적응하라.
⑨ 여가 시간을 창의적으로 사용하라.

5) 중 · 장년기를 위한 사회복지실천 방안

(1) 중 · 장년기 스트레스 대처방안

중년기에는 여러 가지 복잡한 스트레스가 많으며, 개인이 처한 상황에 따라 그 종류나 심각성은 다양하다. 스트레스란 사람이 살아가면서 중요하게 받아들이는 외적이거나 내적인 자극이라고 할 수 있다. 이러한 자극을 어떻게 받아들이느냐에 따라 스트레스를 받는 정도가 다르다. 어떤 사람에게는 대수롭지 않은 일도 어떤 사람에게는 아주 힘들고 어려운 일이 될 수 있다. 살아가면서 피할 수 없는 스트레스를 어떻게 효율적으로 다루느냐에 따라 삶이 달라질 수 있을 것이다.

스트레스에 대처하는 위해서는 이 시기에 겪게 되는 신체변화, 내적인 갈등, 가정과 사회에서의 역할을 이해하고 받아들이는 일이다. 인생의 남은 시간이 제한되었음을 알고, 자신이 정한 꿈과 인생목표를 다시 평가하고 조정해야 한다. 건강에 대한 관심과 규칙적인 운동으로 체력을 유지해야 한다. 지나친 음주와 흡연은 몸을 상하게 하고 스트레스를 증폭시킬 뿐이다. 복잡한 일들로 인해 자칫 배우자에게 소홀해지기 쉬운데 부부가 적극적인 관심을 가지고 자주 대화의 시간을 갖는 게 중요하다. 자녀에 대한 소유욕과 지나친 기대를 버리고 자녀를 독립된 인격체로 인정하고 부모와 자식 간의 적당한 선을 유지하는 것이 바람직하다. 직장 내에서 자신의 역량을 키우고 상사와 직장부하 간의 갈등이 있을 때 이를 효과적인 대화로 해결해야 한다. 실직을 하거나 조기퇴직을 한 경우에도 규칙적인 생활습관을 유지하고 어떤 일이든 찾아서 하는 것이 좋다. 일을 하면서 성취감을 느낄 수 있기 때문이다.

다음은 스트레스에 대처하는 일반적인 지침들이다.

① 먼저 자신에게 스트레스가 있는지 여부를 아는 것이 중요하다. 화난 감정, 불안감, 우울한 감정, 두통, 소화 장애, 피로감 등의 증상이 나타나면 스트레스가 있다는 신호이다.

② 긍정적으로 생각하는 습관을 들인다. 흔하게 하는 "힘들다", "죽겠다"는 부정적인 말들은 삶을 무기력하고 비관하게 만든다.

③ 사회적 언어와 표현으로 적절하게 자기 생각과 감정을 표현한다. 거절할 줄 모르면 과다한 업무에 시달리게 되고, 화를 참기만 하고 결국 몸이 병든다.

④ 긴장된 근육을 이완시키고, 호흡 조절법을 익힌다. 일로부터 벗어나서 일정한 시간을 정해서 휴식하는 것이 좋다.

⑤ 술, 담배, 커피 등은 삼간다. 야채와 과일을 충분히 섭취하고, 균형 있고 규칙적인 식사를 한다.

⑥ 규칙적으로 적당한 운동을 한다. 나이와 체력에 맞는 운동을 선택하되 경쟁적인 운동은 삼간다.

⑦ 자신의 생활리듬에 따라 규칙적인 생활을 한다. 자신의 수면주기에 맞추어 충분히 잔다. 중년기는 건강을 위협받는 시기이므로 규칙적인 습관이 중요하다.

⑧ 과업의 순위가 높은 일부터 처리하여 업무부담을 줄인다. 일중독에 빠지지 않도록 주의한다.

⑨ 가족, 친구, 선후배, 직장 사람들과 원만한 관계를 유지한다. 가족에게 관심을 가지고 대화의 시간을 갖도록 노력한다.

⑩ 스트레스로 인해 일상생활에 지장이 있다면 정신건강 전문가와 상담한다. 신체검사에서 이상이 없는데도 몸이 아픈 경우에는 마음의 병이 있는지 생각해 봐야 한다.

(2) 중장년 1인 가구의 사회적 관계망 확대의 필요성

중장년 1인가구는 '만 50세부터 64세에 해당하는 사람의 가족 관계, 혼인 상태와는 관계없이 혼자 독립적으로 취사, 취침 등의 생계를 유지하는 가구'라고 정의할 수 있다. 중장년 1인 가구 사회적 관계망은 개인과 가족 및 가족 이외의 사회 구성원 간의 구조적 · 기능적 관계 체계를 말한다. 사회적 관계의 범위는 가족과 가족 이외의 친구, 지역사회 구성원 등을 포함하고, 관계 체계(관계망)는 개인이 직접 접촉하거나 상호작용 관계를 맺는 사람의 수를 나타내는 크기와 접촉 빈도로 구분되는 구조적 측면의 관계, 그리고 정서적 지지, 도구적 지지, 정보적 지지, 평가적 지지를 포함하는 기능적 측면의 관계를 의미한다. 중장년 1인가구의 성별에 따른 사회활동 참여 현황(통계청, 2020)을 살펴보면, 서울시 중장년 1인 가구 가운데 사회활동에 참여하는 비율은 약 25.2%였고 친목단체 활동 중심이었으며 종교단체, 문화단체, 사회단체 순으로 나타났다. 대부분의 중 · 장년은 약 2명에서 2.5명 정도의 사회적 관계망 크기를 형성하고 있었고, 몸이 아파 집안일을 부탁하여 도움을 받을 수 없는 경우가 약 25.8%, 갑자기 많은 돈을 빌려야 하는 데 도움을 받을 수 없는 경우가 약 40%, 이야기 상대가 필요할 때 도움을 받을 수 없는 경우가 약 22.6%였다. 국가 및 지자체는 중장년 1인 가구 지원 정책에 대한 당위성을 확보할 수 있도록 법적 근거, 인프라 확대, 지역 내 협력체계 구축 등이 필요하다.

누구든 1인가구가 될 수 있고 언제든 1인가구가 될 수 있으며 1인가구이기 때문에 겪게 되는 어려움을 지원하는 정책에 대한 사회적 공감대를 형성하는 것이 중요하다. 또한, 공공서비스 및 복지 정책에 대한 신뢰도를 강화하고 원활한 1인 가구 사업을 운영할 수 있도록 각 지역마다 50플러스 매뉴얼을 배포하고 자치구별 가족센터를 비롯한 관련 기관은 다음의 〈표 2-3〉에서 제시한 중장년 1인가구의 특징과 요구를 반영하여 사회적 관계망 형성 사업을 기획 · 운영하는 것이 필요하다고 본다(서울시50플러스재단, 2022).

표 2-3 중장년 1인가구의 사회적 관계망 형성 지원 사업에 대한 요구 종합 매뉴얼

<table>
<tr><th colspan="2">구분</th><th>내용</th></tr>
<tr><td rowspan="2">대상 특성에 따른 차별화</td><td>기본적인 욕구 충족</td><td>• 기본적인 의식주가 충족되지 않는 경우, 예를 들어 주거에 대한 부담, 퇴직 이후 생산 없이 소비만 하게 될 경우 재정적 문제에 대한 염려, 은퇴 이후 삶의 방향 등에 대한 고민이 해소되어야 부담 없이 사회적 관계망 형성 가능</td></tr>
<tr><td>인구통계학적 특성에 따른 구분</td><td>• (성별) 중장년 남성은 현재 일거리 혹은 일자리 참여 여부가 중요하게 작용하여 일을 통한 만남 선호
• (연령) 중장년 내에서의 세대 차이가 발생하는 경우가 있어 5년 단위로 연령을 구분 희망
• (결혼상태) 미혼 1인가구의 경우 스스로 오롯이 자신을 책임져야 하는 부담감을 가지고 있고, 결혼상태에 따라 대화의 주제가 달라질 수 있다는 점에서 그들의 고충 이해 필요</td></tr>
<tr><td rowspan="4">커뮤니티/동아리 사업의 다양화</td><td>사업 형태의 다양화</td><td>• 중장년 스스로 활동 주제를 선정하여 신청하는 자율 주제 형태와 주제 공모 형태를 병행하여 진행 필요</td></tr>
<tr><td>커뮤니티 주제</td><td>• 삶의 기본인 '의 · 식 · 주'로 대분류 구분
- 예시: '의'는 신체적 · 정신적 건강/운동과 같은 외향적인 부분, '식'은 식재료 나눔, 함께 식사, 요리 등, '주'는 공동체 주거, 관계 등
• 자기발전, 자아성장, 역량강화 및 사회공헌 할 수 있는 유익한 주제 희망
• 친목도모, 여가 · 취미활동이라면 부담 없이 평소에 하고 싶었던 혹은 새롭게 접근하여 도전해 볼 수 있는 주제 희망
- 신체적 건강: 파크골프, 배드민턴, 탁구, 등산 등 생활 체육
- 정신적 건강: 치매 예방을 위한 시 낭송, 영화/책 토론하기
- 요리: 식재료 나눔 및 밑반찬 만들기/김장하기
- 여가: 테마 여행, 부모와 함께 떠나는 여행, 꽃꽂이, 캘리그래피 등
- 사회공헌: 농촌 일손 돕기, 요양보호사 자격증 취득 후 활동하기 등</td></tr>
<tr><td>활동 기간 및 빈도</td><td>• 최소 6개월 이상
• 친목 도모의 일환으로 문화 · 여가활동 관련 주제일 경우 2주마다 한 번씩
• 학습을 목적으로 할 경우 1주마다 한 번씩</td></tr>
<tr><td>활동 방법 및 범위</td><td>• 대면 활동 선호/비대면 활동의 경우, 고정된 시간에 주기적으로 활동할 경우 비대면의 단점이 보완될 것으로 예측
• 대면의 경우, 물리적인 거리가 활동의 활성화 및 지속성에 영향을 주기 때문에 지역 단위 추천</td></tr>
</table>

<table>
<tr><th colspan="2">구분</th><th>내용</th></tr>
<tr><td></td><td>적정 인원 수 및 활동 지원금 지급 기준</td><td>• 10명 내외의 인원
• 활동 결과/성과에 따른 차등 지급, 공간 사용의 인센티브 등 제공</td></tr>
<tr><td rowspan="3">커뮤니티/동아리 사업 활성화를 위한 홍보 전략 강화</td><td>다양한 단발성 행사 기획</td><td>• 서로 부담 없이 만나서 사회적 관계망을 형성할 수 있도록 일회성/단발성 행사 기획
• 커뮤니티/동아리 간 교류할 수 있는 기회 제공</td></tr>
<tr><td>1인 가구 용어 사용 개선</td><td>• '1인가구'라는 용어 사용이 오히려 '1인가구'의 참여에 방해가 될 수 있다는 우려가 있으므로 특화 사업을 기획하되 사회적으로 긍정적인 인식을 가질 수 있는 리네이밍(renaming)/브랜딩(branding) 필요</td></tr>
<tr><td>홍보 방법의 다양화</td><td>• 중장년에게 익숙한 매체(텔레비전, 라디오, 소식지, 현수막 등)를 통한 홍보
• 쉽게 접근할 수 있는 레트로 게임 활용</td></tr>
</table>

출처: 서울시50플러스재단(2022). 50+리포트, 2022년 7월, Vol.33.

8. 노년기

노년기에 대한 연령규정 및 신체적 · 정신적 주요 특성은 다음과 같다.

1) 국내법상 노인의 연령규정

국내법에서는 만 65세부터를 노인이라고 규정한다. 그러나 개인평균수명이 증가됨에 따라 국내학자인 Bae와 Park(2009)은 노인연령을 4단계로 구분하여 연소노인(60-69세), 중고령노인(70-74세), 고령노인(75-84세), 초고령노인(85세 이상)으로 처음으로 초고령 노인의 기준을 85세로 상향하였다(Bae, & Park, 2009). 이렇게 인구가 고령화되는 이유는 개인 평균수명이 증가하고 출산율 저하로 인하여 만 65세 이상 고령자 인구의 비율이 점차 높아지기 때문이다. 국제연합(UN)의 기준에 따르면 전체 인구에서 65세 이상이 차지하는 비율인 고령자 인구 비율이 7% 이상이면 고령화 사회,

14% 이상이면 고령 사회, 20% 이상이면 초고령 사회로 구분된다. 우리나라의 경우 고령화 속도가 매우 빨라 2000년에 고령자 인구 비율이 7.2%에 이르러 고령화 사회로 진입한 데 이어 2018년에는 14.3%로 고령 사회로 진입하고 2026년에는 20.8%로 초고령 사회로 진입할 것으로 전망된다. 인구 고령화를 겪는 사회는 노동력 부족, 생산성 저하 등으로 경제 성장이 둔화되고 노인 부양비 상승과 의료 및 복지비용 증가 등의 경제적 부담을 안게 된다(시사경제용어사전, 2020).

2) 노년기의 신체적 변화와 특징

오늘날 사람들의 관심은 안 늙고 젊게 살아가는 것을 중시하는 항노화 개념[1)]의 '안티에이징(anti-aging)'을 인정하되 잘 늙어가기 위한 '웰에이징(well-aging)'으로 점차 인식이 변화되어 가고 있다. 웰에이징(Well-aging)은 건강하고 행복하게(Well) 나이 들어 가기(Aging)를 의미하는 것으로 나이에 따른 건강하고 아름다운 변화를 말한다.

(1) 노화

우선 노화(aging)란 시간 경과에 따른 자연적 현상으로 태어나서 성장하고 늙어가는 과정을 의미한다. 생물학적으로 시간에 따라 생명이 감퇴되어 가는 과정을 뜻하므로 노화가 진행될수록 생리적 기능이 감소하여 질병의 발생이 늘고 사망확률은 점진적으로 증가하게 된다. 노화의 시작 시점은 생명체가 태어나서 성장과 성숙을 거쳐 노쇠와 죽음으로 마치는 단계로 나누어 볼 때 대개 성숙기 이후를 지칭한다. 그러나 실제 노화의 시작 시점은 개인마다 다르며 기능 쇠퇴는 이미 30대 터 시작하고 더 일찍 혹은 더 늦게 시작될 수도 있다. 또한 한 사람 내에서도 장기에 따라 노화하는 시점이 달라 뇌는 20대, 소화기는 55세, 간장은 70세, 뼈는 35세, 근육은

1) '항노화 의학'은 노화를 자연스러운 현상이 아닌 하나의 질병으로 규정하고, 노화에 따른 신체 기능 저하를 생활습관 개선을 비롯한 항산화요법, 호르몬 보충요법, 면역강화요법 등으로 치료하는 것을 말한다(한국건강관리협회 건강정보, 2024).

30세부터 노화가 시작된다. 노화는 질병과 관련 없이 독립적으로 진행된다. 어린이의 성장 과정이나 여성의 자연 폐경, 질환이 없는 노인에서 신장기능 저하는 시간의 경과에 따른 변화이지 질병이 아니다. 노화과정이 반드시 노인성 질환과 관련이 있는 것은 아니지만, 노화 정도에 따라 질병 발생률이 증가하는 것은 사실이다. 질병의 영향으로 노화가 촉진될 수도 있지만 동시에 노화로 인해 쇠퇴하는 기능이 질병을 유발하는 위험요소가 되기도 한다. 특히 관상동맥질환, 당뇨병, 고혈압, 암, 노인성 치매, 관절염, 골다공증 등 노화관련 퇴행성 질환은 노화와 마찬가지로 다요인 질환이며, 노화와 밀접한 관련이 있다(가톨릭대학교 서울성모병원, 2017; 한국건강관리협회 홈페이지, 2024).

(2) 노화의 원인

노화의 원인으로 현재까지 알려져 있는 이론을 정리하면 크게 유전적 요인과 후천적 요인 두 가지로 나뉜다. 유전적 요인은 동물마다 정해진 수명이 있고 어느 정도 유전적 결정 요소들이 영향을 미친다고 볼 수 있다. 그러나 노화과정에 유전적 요인은 30%, 나머지 70%는 후천적 요인, 즉 생활환경의 조건에 의해 결정된다. 인간의 3세 때와 50세 때 일란성 쌍둥이 염색체를 조사해보니 크게 달라졌다는 연구결과가 있다. 이와 같이 환경이 유전자에 변화를 줄 수 있다는 것인데 이를 후성유전학이라고 한다. 후성유전학은 DNA의 배열을 바꾸지 않아도 후천적 환경에 의해 유전자의 발현이나 억제를 조절할 수 있다는 주장이다. 많은 학자들이 노화와 수명에 관련된 여러 유전자를 찾아냈고 그 유전자의 발현 정도를 조절하면 노화와 장수에 직접 영향을 미친다는 사실을 알게 되었다. 유전자 발현은 우리가 먹는 음식, 약물, 주위 환경 물질의 영향을 받는다. 예를 들어 노화된 세포는 DNA에 붙어 있는 메칠기나 DNA를 둘러싸고 있는 히스톤 단백의 아세틸기를 조절하면 발현되어 다시 건강한 세포로 되돌릴 수 있는데, 메칠기는 야채의 수용성 비타민 B군에 많이 포함되어 있다. 또한 노년기에는 물론 과체중은 예방해야 하나 소식을 권장하지 않는다. 그렇지 않아도 근육이 소실됨으로 반드시 단백질 식품을 포함한 영양소 섭취를 통해 체중을 유지해야 하고 근력저항운동을 통해 산화 스트레스를 줄여 세포 손상을 줄일 수 있다. 따라서 노년기에는 노년기에 적합한 식이조절과 운동이 저속노화에 영향을 미칠 것이다(가톨릭대학교 서울성모병원, 2017; 한국건강관리협회 홈페이지, 2024; 건강관리공단, 2024).

(3) 노화에 따른 신체 변화와 노인성 질환의 이해

노화에 따른 신체 변화와 노인성 질환을 살펴보면 다음과 같다(한국건강관리협회 홈페이지 건강정보, 2024; 건강관리공단, 2024).

① 지방, 근육 신체 변화와 질환

노화는 몸속의 세포 하나부터 신체의 모든 조직과 기관을 변화시킨다. 노화에 따라 피부의 주름이 늘고 허리는 구부러진다. 뿐만 아니라 신체 구성비가 바뀐다. 체내 수분, 근육을 이루는 단백질, 지방, 뼈 골격을 이루는 무기질의 구성비가 바뀐다. 25세 청년과 70세 노인을 비교해보면 수분, 근육량, 무기질은 모두 감소하나 지방은 2배 이상 증가했다. 나이에 따른 체지방의 변화는 성인병과 직접 관련이 있다. 지방은 비율만 늘어나는 것이 아니라 분포가 바뀌어 피하지방은 줄고 복부 내장지방이 늘어난다. 내장지방은 당뇨병, 고혈압 등 성인병을 유발하는 TNF-α[2], IL-6[3] 같은 유해한 사이토카인[4]을 더 많이 분비해 많은 생리적 기능을 감퇴시킨다.

---

2) 종양괴사인자-α(tumor necrosis factor-α, TNF-α)는 염증반응에 포함되고 급성기 반응(acute-phase protein)의 구성원인 사이토카인(cytokine)이다(위키피디아백과사전, 2024).

3) 인터루킨(Interleukin)이란 대식 세포나 림프구에서 분비되는 면역 조절 물질로 면역 반응이 일어나는 여러 단계에 작용하여 면역 반응을 조절함으로써 인체의 방어 작용에 결정적인 역할을 한다. Interleukin 6(IL-6) 차단제는 심각한 코로나 바이러스 질환 2019(COVID-19) 치료에 사용되었다. 그들의 면역 억제 효과는 염증을 조절하고 질병 내성을 촉진함으로써 상당한 면역체계 기능장애를 특징으로 하는 COVID-19 환자에게 유용할 수 있다(위키피디아백과사전, 2024).

4) 사이토카인(cytokine)은 혈액 속에 함유되어 있는 비교적 작은 크기의 면역 단백질 중 하나다. 세포 신호화(cell signalling)에 중요한 역할을 하며, 면역 세포가 분비하는 폭넓고 느슨한(broad and loose) 단백질이다(위키피디아백과사전, 2024).

② 뇌, 신경계 질환

연령이 고령화될수록 우울증, 섬망, 감정 및 행동장애, 치매, 뇌혈관 질환, 파킨슨병과 같은 다양한 신경계 및 뇌질환이 관찰된다. 노화에 따라 뇌신경세포 수와 무게가 10% 정도 감소하며 뇌실 면적은 증가한다. 신경세포에 지방갈색소 축적 및 뇌혈관의 아밀로이드 축적, 노인반점 및 신경섬유매듭 등이 증가하며 활성 산소 생성이 증가하는데 이들은 신경계 손상과 관련이 있다. 또한 신경전달 물질 생성에 관여되는 효소, 수용체 감소, 뇌혈류량 및 당대사율 감소도 영향을 미친다. 치매는 뇌신경계의 대표 질병으로 기억력 감퇴와 판단력저하, 언어장애 등이 동반되며 대표적으로 알츠하이머병 및 혈관성 치매 등이 있다. 선천성 요인(Apo E4 유전자)과 후천적 환경요인이 함께 영향을 미친다고 알려져 있다. 그 외 파킨슨병은 느린 운동, 정지 시 떨림, 근육 강직, 질질 끌며 걷기, 굽은 자세와 같은 증상들을 특징으로 하는 진행형 신경 퇴행성 질환이다.

③ 심혈관계 질환

고혈압, 대동맥 질환, 심부전, 허혈성 심질환, 부정맥, 말초 혈관질환 및 판막 질환과 같은 심혈관계 질환의 유병률이 증가한다. 심장은 나이 증가에 따라 좌심실 비후와 좌심방 확장이 나타난다. 심근세포 괴사 및 크기 증가, 그 외 성장 호르몬 감소, 콜라겐 국소 침착 등을 원인으로 볼 수 있다. 또한 혈관의 탄력성이 감소하는데 이는 노화 과정 동안 혈관내피 세포 생성이 감소하고 혈관확장 인자인 활성 질소(NO)[5] 감소에 기인한다. 대표적인 노인성 질환인 동맥경화는 동맥벽의 섬유화, 석회화, 혈전형성으로 동맥벽이 비후되고 경화가 일어나 탄력을 잃고 지질이 쌓여 내강의 협착과 폐색을 동반하는 질환이다.

5) 생체에서 생성되는 NO는 다양한 생물학적 기능을 하고 있어 신경전달물질로, 평활근의 이완작용 혹은 면역원으로 작용한다. 그리고 피부에서도 정상적인 조절기능과 질병에 반응하는 신호의 역할 하고 있다.

④ 폐의 질환

노화와 관련된 폐 질환으로 천식, 만성 폐기종, 폐색전증, 폐렴, 폐암 등이 있다. 노인성 폐질환은 폐기능 저하와 관련이 있다. 호흡근과 횡격막 약화, 폐의 탄성 반동감소, 폐의 확산능(폐와 혈액 간 가스 치환율) 감소가 나타난다. 노인에서 기도폐쇄는 만성 폐쇄성폐질환, 심혈관 질환의 사망률을 증가시키기도 하고 폐암 발생률을 증가시킨다.

⑤ 신장 · 비뇨기계의 질환

노화가 진행될수록 신장 무게와 사구체[6] 개수가 감소하고 경화된다. 신장 혈관저항성을 증가시켜 신장으로의 혈액 흐름 저하 및 사구체 여과율 감소를 초래해 신부전증을 발생시킨다. 전해질 이상, 사구체신염, 만성 신부전 등의 발생을 증가시킨다. 고혈압, 당뇨병으로 신부전이 유발되기도 하나 신장기능 저하는 노인인구의 40%에서 약물 독성의 원인이 되기도 한다. 방광의 저장 능력이 감소하거나 방광 근육이 약해서 여성에는 요실금이 나타날 수 있고 남성에서는 전립선 비대가 흔히 동반된다.

⑥ 뼈와 관절 질환

근육량은 30대 이후 감소되며 성장호르몬이나 남성호르몬 감소가 뼈와 관절질환에 영향을 미친다. 뿐만 아니라 골격감소(골다공증) 역시 남성에서 50대부터, 여성은 폐경기부터 나타난다. 관절을 연결하는 인대의 탄성이 떨어지고 오랜 기간에 걸친 연골의 마모와 염증 반응으로 인해 관절염이 나타난다.

⑦ 면역질환

암을 노화의 병이라고 부르기도 하는데, 65세가 넘으면 암에 걸릴 확률이 10배 이상 증가한다. 노화가 되면 세포 사멸 현상이 감소하여 암 발생이 증가될 수 있다. 그 외 백신의 효과가 낮아지고 알레르기 증상은 덜 일어난다.

6) 신장의 기본단위로 신장의 안쪽에 있는 실타래처럼 동그랗게 뭉쳐진 작은 모세혈관 덩어리이다. 사구체 주머니와 함께 신소체를 형성하며, 혈액 속의 노폐물이 걸러지는 부분이다.

⑧ 피부와 기타 질환

노화가 되면 피부 교체 주기가 길어지고 피하지방이 감소된다. 피부에서 비타민 D3의 합성 능력이 감소되어 비타민D 결핍이 흔하게 나타난다. 피부는 더 얇고 탄력이 떨어지며 건조하고 주름이 진다. 그 외 백내장과 망막변성, 난청, 미뢰의 민감성[7] 감소 등도 나타난다. 나이가 들면서 몸이 변하는 건 당연한 것이지만 건강하게 나이 드는 삶을 위해서는 노화를 효과적으로 지연시키고, 동시에 치매, 당뇨병, 고혈압, 암 등 여러 노인성 질병을 예방하기 위한 노력이 필요하다. 그러기 위해 후성유전학적 입장에서 노화의 원인이 되는 위험요소(활성 산소, 염증 등)를 억제하는 전략이 필요하다. 그동안 항노화 치료로 비타민 C를 비롯한 여러 항산화제, 에스트로겐 및 테스토스테론, 멜라토닌 등의 호르몬 치료가 있었으며 줄기세포, 제대혈 수혈 등도 유용하게 활용되고 있다고 해도 가장 효과적이고 안전한 방법은 소식즉, 저칼로리 섭취와 규칙적인 운동, 금연, 복부비만 관리, 스트레스 조절 등이다.

⑨ 근감소증

노년기에 가장 큰 신체변화의 문제는 근감소증을 겪게 된다는 것이다. 근감소증은 근육의 양과 힘이 감소하고 결국 근육의 기능도 저하되는 상태를 말한다. 일반적으로 50세가 지나면 매년 근육량은 1~2% 감소하는 것으로 알려져 있고, 근력은 1.5~3%까지도 감소한다. 근육량과 근력 감소의 정도는 남성에서 약간 더한 것으로 알려져 있지만, 여성의 근육량이 원래 남성보다 적고 평균 수명이 더 길기 때문에 여성에서 더 문제가 된다. 또한 여성은 폐경 이후에 급격히 근육량이 줄어든다. 근감소증 발생에는 생활습관, 흡연, 영양 불균형, 노화에 따른 변화 등 여러 가지 복잡한 요인들이 영향을 미친다. 허나 근감소증 예방에 저항 운동 만큼 효과적인 약이나

7) 미각은 인간이 가진 오감 중 입 안의 혀에 위치한 감각으로 물질의 맛을 느끼는 것으로, 음식물의 성분이 친수성 용매(주로 침)에 녹아 미뢰의 수용체에 닿을 때 그 수용체가 인지하는 감각이다. 미뢰에 의해 느낄 수 있는 미각은 신맛, 짠맛, 단맛, 쓴맛의 4가지 형태로 구분하고 있다. 쓴맛은 민감도가 매우 높고, 단맛과 짠맛의 민감도는 낮다. 모든 미뢰는 4가지 기본 맛을 모두 감지할 수는 있지만, 각각의 미뢰는 한 가지 맛에 대해 가장 민감한 것이 일반적이다(위키피디아백과사전, 2024).

치료법은 없다. 노인에게도 근력 저항성 운동[8])이 권고된다. 쇠약한 노인도 저항운동을 하면, 근육의 크기도 증가하고 근력도 증가하는 것으로 알려져 있다. 고령자의 경우 관절을 고려하여 걷기 운동에 치중하기보다 근력 저항운동으로 근육 손실을 예방하고 영양 결핍이 되지 않도록 특히 단백질을 충분히 섭취해야 하며 고령화가 되면 소화가 잘 안 되는 곡물밥보다 오히려 흰쌀밥이 권장된다.

3) 노년기의 심리 · 사회적 변화와 특징

노년기에 직면하는 심리사회적 변화와 특징을 에릭 에릭슨의 초고령 노년기의 정체성 위기와 발달 과업을 중심으로 살펴보고자 한다(송제훈 옮김, 2019).

에릭 에릭슨은 인간 심리를 바라보는 관점을 프로이트의 '성' 중심에서 사회 · 역사로 확장한 정신분석의 혁명가이자, 인간이 사회적 위기와 갈등을 통해 성장한다는 심리사회적 발달이론을 정립한 발달심리학의 대가이다. 기존 에릭슨의 8단계 발달이론은 60대를 전후로 시작되는 노년기가 다소 길다는 비판을 받았다. 에릭슨 자신이 80대가 된 후 아홉 단계로 수정했고 에릭슨 사망 후 아내 조앤 에릭슨이 유고를 정리하면서 9단계를 추가해 '에릭슨의 사회 · 심리적 발달 9단계'로 수정하였다. 에릭슨은 인간이 생애 전체에 걸쳐 발달한다는 사실을 강조함으로써 삶 전체가 자기 성숙의 과정임을 강조하였다. 특히 노년기가 다음 세대를 위한 지혜의 문을 여는 시기임을 설명하고, '받는 존재'로 태어나 다음 세대를 위해 '주는 존재'로 떠나는 선물로서의 죽음의 의미를 새롭게 일깨우고 있다. 에릭슨은 노년기의 정체성을 두고 다음과 같이 말했다. "나에게서 살아남은 것이 나다(I am what survives of me[살아서 여기까지 온 내가 바로 나다])." 노년기 삶의 태도를 압축하는 이 말에는 비통함이나 후회 없이 자기 자신과 삶을 수용하고, 인생의 불가역성을 인정하는 지혜가 담겨 있다.

---

8) 근력 저항성운동(strength resistance training)이란 근력 및 근지구력을 발달시키기 위해 신체, 기구 등의 무게를 활용하여 근육의 이완과 수축을 반복하는 운동을 말하며, 근력운동(strength training)은 저항성운동의 일종이다(위키피디아백과사전, 2024).

노년기의 핵심 덕목인 '지혜'는 삶이 아직은 가치 있음을 믿는 동시에 젊음에 대한 갈망을 내려놓고 내 몸의 한계를 인정하며 가치 있는 것들을 다음 세대에 전하는 노년기의 역할을 인식하는 것이다.

에릭슨은 "우리가 갖춰야 할 것은, 살아가는 데 필요한 생기와 깨어 있음이다. 우리는 적응의 과정에 참여해야 한다. 기지와 지혜를 모두 동원해서 정신적, 신체적 능력 저하를 가볍고 유쾌하게 받아들여야 한다. 우리 모두는 젊은 날의 능력을 당연한 것으로 받아들였고 그것을 충분히 누렸다. 이제는 기지와 진정한 이해로 젊은 날의 자신에게 박수를 보내자. 청각과 시각이라는 특권을 가지고 이제는 계속해서 바라보고 들어야 한다."고 제시하고 있다. 그는 초고령 노년기의 정체성 위기와 발달 과업으로서 초고령 노인은 신체 능력과 인지 능력이 퇴보하며 자율성과 통제력을 상실해 감에 따라 이제까지 겪어 온 발달 단계를 전부 새롭게 경험하게 됨을 강조한다. 자기 자신에 대한 불신이 커지면서 가치관이 전반적으로 흔들리게 되며, 부정적 요소가 지배적으로 나타나는 사회적 위기에 직면하게 되는데 예를 들어 이전에는 각 단계에서 경험하는 사회적 위기가 '기본적 신뢰 대 기본적 불신', '주도성 대 죄책감', '자아 완성 대 절망' 등으로 제시되었지만 아홉 번째 단계에 있는 개인은 '기본적 불신 대 기본적 신뢰', '죄책감 대 주도성', '절망 대 자아 완성'에 대해 부정적인 상황을 더욱 강하게 경험한다. 그러나 아홉 번째 단계에서 이전 여덟 단계의 사회적 위기를 순조롭게 극복한 개인은' 완성과 지혜'라는 덕목을 갖추고 '노년 초월'로 나아간다는 것이다. 노년기에 새롭게 경험하게 되는 아홉 번째 단계에서 '기본적 불신 대 기본적 신뢰', '죄책감 대 주도성', '절망 대 자아 완성'에 대해 정리해 본다.

(1) 기본적 불신 vs. 기본적 신뢰

기본적 신뢰는 모든 시련과 고난에 맞서는 버팀목이 되어준다. 유아 시절, 양육자의 적절한 관심과 반응에서 비롯되는 기본적 신뢰는 세상이 내게 적절하게 반응하리라는 믿음으로 이어진다. 이것은 자신에 대한 긍정적인 감각을 키워주며, 어려움에 잘 대처할 수 있다는 자신감의 바탕이 된다. 반면 아홉 번째 단계에 있는 개인은 빠르게 쇠약해지는 몸과 흐려지는 판단력 때문에 점차 자신의 능력을 불신하게 된다. 실수가 잦아지고 간단한 일도 해내지 못한다는 생각에 희망은 절망으로 바뀐다. 그러나 끈질긴 희망으로 자신을 믿고 삶을 긍정한다면 노년기에도 삶의 가치를 재발견할 수 있다. "노인들은 자신의 능력을 불신하게 된다. 시간은 건강과 강한 근력을 유지해 온 사람들에게도 타격을 가하고, 신체는 어쩔 수 없이 약해진다. 반복되고 가속화되는 붕괴와, 일상적이거나 갑작스러운 모욕감 앞에서 희망은 쉽게 절망으로 바뀐다. …… 그렇지만 노인들은 저녁에 해가 지는 것을 담담하게 받아들이고 아침에 해가 뜨는 장면을 기쁜 마음으로 바라본다. 빛이 있는 곳에는 희망이 있다. 어느 아침 밝은 빛과 새로운 경험이 무엇을 가져다줄지는 아무도 모른다."

(2) 침체 vs. 생산력

에릭슨은 성인기를 '세대 간의 연결고리'로 설명했다. 성인기의 위기는 '생산력 대 침체'로 나타난다. 개인은 자기 자신을 계속해서 발달시켜야 할 책임뿐 아니라 다음 세대를 위해 새로운 가치를 생산하고 전수할 책임을 진다. 배려라는 덕목을 갖추고, 일에 전념하고 가정을 꾸리고 양육을 하고 공동체에 참여하며 다음 세대에 긍정적인 가치들을 전하는 데 에너지를 쏟는다. 반대로 초고령기 노인은 다른 이들을 배려하고 돌볼 책임이 면제된다는 사실로 인해 스스로 쓸모 있는 존재인지 되물으며 침체감에 빠지기도 한다. "80대나 90대가 되면 개인은 기력을 잃기 시작하고 분주하게 움직이는 주위 사람들에게서 전해지는 돌연한 변화에 빠르게 적응할 능력도 줄어든다. 활동적인 개인들의 주요한 참여로 이루어지는 생산력이 노인에게는 더는 기대되지 않는다. 이는 노인들에게 배려라는 과제를 면제해준다. 하지만 아무런 요구를 받지 않는다는 것은 쓸모가 없어졌다는 의미로 받아들여질 수도 있다. 할 일이 주어지지 않을 때 침체감은 커진다."

(3) 절망 vs. 자아 완성

아홉 번째 단계에 있는 초고령 노인들은 일상생활을 꾸려 가는 데만도 주의력을 전부 쏟아야 하는 상황에서 여덟 번째 단계인 노년기에서보다 한층 더 깊은 절망을 느낀다. 여기서 에릭슨은 우리가 유아기에 쌓았던 기본적 신뢰와 희망을 일깨운다. 기본적 신뢰는 우리 자신을 저버리지 않으며 우리에게 살아갈 이유를 부여한다고 그는 말한다. 부정적 요소가 삶을 강하게 압박하는 마지막 단계를 잘 극복해야 전 생애에 걸친 진정한 자기 통합을 이룰 수 있다. “우리는 생애 초기부터 기본적 신뢰라는 축복을 누린다. 기본적 신뢰가 없는 삶은 불가능하며, 우리는 그것을 품고 긴 인생을 버텨낸다. 영속적인 강점으로서 기본적 신뢰는 희망을 뒷받침해준다. 기본적 신뢰의 원천이 구체적으로 무엇이든, 그리고 희망이 그 어떤 가혹한 도전을 받든 간에, 기본적 신뢰는 결코 우리를 완전히 저버리지 않는다. …… 이후의 덕목과 지혜의 씨앗이 될 수 있는 존재의 강인함과 희망을 온전히 품고 있다면, 우리에겐 여전히 살아야 할 이유가 있는 것이다.”

(4) 에릭슨의 노년기 정의

에릭슨은 노년기는 생의 근원적 질문에 답하며 삶의 완성에 몰두하는 지혜의 시간이라고 하였다. 일반적으로 사회는 노인들에게 ‘내려놓기’를 권할 뿐 새로운 삶과 역할, 새로운 자기 추구를 권하지 않는다. 단순히 나이보다 젊어 보이는 것을 미덕으로 여길 뿐 성숙에서 죽음에 이르는 정상적인 심리 발달을 고찰하는 이들은 없다. 에릭슨은 초고령 노인들에게 ‘노년 초월’의 태도를 제시한다. 노년 초월은 물질적이고 세속적인 관점에서 한 걸음 물러나 자기 내면에 더 집중하며, 이전 세대와 미래 세대와의 연결을 느끼는 상태이다. 초월한 개인은 나이 듦과 죽음을 삶의 한 부분으로 받아들이고 시간과 공간을 좀 더 넓은 의미에서 고찰한다. 자기완성을 위해서는 늙어 가는 자기와 직면할 용기, 창의적인 활동과 상상력이 필요하다고 에릭슨은 말한다. “많은 노인들에게는 꺾이지 않는 그 무엇이 있다. 에릭은 그것을 ‘변치 않는 핵심', 즉 과거, 현재, 미래가 통합된 '실존적 정체성(essential identity)'이라고 불렀다. 이 정체성은 자기(self)를 초월하며 세대 간의 연결을 강조한다...우리는 스스로 아는 것이 얼마나 적은지 깨달아야 한다. 어쩌면 우리는 기꺼이 열린 마음으로 살고 사랑하며 배우는 '어린아이가 되는' 길을 선택해야 할지도 모른다. 이 말에 담긴 의미는 무엇일까? 그동안의 삶은 풍요로웠다. 의심이 없는 아이처럼 이 사실을 더욱 굳건히 믿어야 한다는 뜻이다. 편안한 마음으로 남의 눈을 의식하지 말고 쾌활해져라. 친구들을 만나면 마음껏 즐기고 웃어라!"

개인의 생애 주기는 개인이 살아가는 사회적 환경과 분리해서 이해할 수 없다. 개인과 사회는 복잡하게 얽혀 있으며 계속되는 변화 속에서 역동적으로 상호 관계를 맺는다. 에릭슨은 "문화적으로 지속 가능한 노년기의 이상적 모델이 결핍되어 있을 때 삶의 총체성이라는 개념이 우리 문명에 뿌리를 내릴 수 없다."라고 말한다. 노인들이 소외되고 배제될수록 우리 사회는 주요한 양식, 관습, 사회의 필수적인 기능에 노인들을 통합하는 방법을 알 수 없게 된다. 노인들은 지혜를 지닌 사람들이 아닌 불명예를 대표하는 존재가 되고, 젊은 세대는 누구도 피할 수 없는 노년기를 계획하고 상상해낼 모델을 찾을 수 없게 된다. 에릭슨은 노인들을 포용하고 그들에게서 지혜를 전수하기 위해 세대 간의 '접촉'이 필요하다고 말한다. "뭔가 끔찍하게 잘못되었다. 신체적인 보호와 안락함 속에서 살게 해준다는 이유로 노인들을 '이 세상에서' 멀리 떨어진 시설로 보내는 것이 왜 필수적인 일이 되었는가? 모든 인간은 저마다 희로애락 속에서 늙어 간다. 그런데 만일 우리의 역할 모델들이 우리와 함께 살아가지 않는다면, 우리 모두가 홀로 직면해야 하는 생을 준비하는 방법을 노인들에게서 어떻게 배울 수 있겠는가?"라고 제시하고 있다.

4) 노년기의 정신건강 영역

노년기 우울증은 노년기 치매의 초기소견이거나, 혹은 우울장애 기왕력이 치매 발병의 위험인자가 되고 우울증이 심한 경우 자살로 이어질 위험이 있어서 이에 대한 관심과 치료 관리가 중요하다. 우선 노년기 우울증의 증상을 살펴보겠다. 일반적인 우울증상은 기분저하, 의욕저하, 식욕저하, 수변의 변화, 불안 초조, 피로감, 죄책감, 집중력 감퇴, 자살사고 등이다. 노년 우울증의 임상 양상 젊은 연령 우울장애와 큰 차이를 보이는 것은 아니나 각각의 증상별 빈도에 있어서 몇 가지 차이점이 존재한다. 다른 연령의 우울장애 환자에 비해 무감동증, 기분의 반응성 저하, 식욕저하, 과도한 죄책감 등의 멜랑콜리형 우울 증상이 흔하다. 건강염려증적 호소와 불면, 초조 등의 증상도 두드러진다. 또한 집중력과 기억력의 저하 역시 주된 증상이며 특히 우울증상이 심한 경우 두드러진다.

노년기 우울증의 원인은 여성, 이혼, 별거, 낮은 사회경제 수준, 불량한 사회적 지지, 예기치 않은 불행한 사건, 기능상실을 초래하는 심각한 내과적 질병 등이 관련 있다고 한다. 사회적 요인으로는 낮은 교육수준, 사회지지 체계의 부족, 외로움, 외로움, 고립, 사별, 활동능력 감소, 사회적 참여의 감소, 치매 환자를 돌보는 경우 등이 있다. 생물학적 요인으로는 우울장애의 유전적 경향 즉 가족력, 이전 우울증의 기왕력, 내과적 질병(파킨슨병, 알츠하이머치매, 암, 당뇨, 뇌졸중, 뇌의 혈관상 변화, 만성 통증), 물질 남용 등이 있다. 심리적 요인으로는 노인학대와 같은 트라우마 경험, 노화에 의한 신체 이미지 손상, 죽음에 대한 공포, 기억상실에 대한 실망감, 역할 변경 등이 있다. 또한 친구 혹은 이웃과의 다툼, 거절당한 사건, 사랑하는 사람의 죽음, 애완동물의 죽음, 매년 기일이 되어 연상시키는 부정적인 사건, 내과적 질환, 일에서 받는 스트레스 사건 등을 경험한 이후 극심한 우울증이 발생하기도 한다.

노년기 우울증이 의심되는 경우에는 신체적 질환이 동반될 가능성이 높기 때문에 이들에 대한 진단적 평가와 치료를 포괄적으로 진행해야 하며 효과적 치료방법으로 약물치료, 전기경련요법, 정신치료 등이 있다. 사회 및 가족의 지지가 중요하다. 노년기 사회적 철퇴는 노년기 우울증의 흔한 증상이기도 하지만, 외로움이나 고립감 등은 그 자체가 우울증의 발생에 영향을 줄 수도 있어서 가족들은 우울증 환자를 감정적, 재정적으로 지지해주어야 한다. 가족 외에도 심리사회정서적 지지를 얻는 가장 흔한 곳은 종교 단체이며, 경로당이나 노인회관도 사회적 관계를 맺을 수 있는 자리이므로 활용하는 것도 바람직하다(대한노인정신의학회 홈페이지, 2025; 국가정신건강정보포털, 2025).

(1) 노년기의 죽음: 자살을 중심으로

불행하게도 우리나라의 자살률은 80대 이상 자살자 수가 전체 평균의 2배를 넘는다. 이는 OECD 가입국가 중 우리나라 노인 자살률이 가장 높다. 우리나라 노인 빈곤율이 2020년 기준 40.4%, 인구 10만 명당 자살률이 2021년 기준 42.2명으로 OECD 회원국 중 1위를 기록했다. OECD 평균(빈곤율 14.2%, 자살률 16.5명)과 비교해 2배 이상 높다. 노인학대 또한 2005년 2,038건에서 2023년 7,025건으로 3배 이상 증가했다.

통계청이 2024년 9월 26일 발표한 '2023년 고령자통계'에 따르면 2023년 가구주 연령이 65세 이상인 고령자 가구는 총 565만 5,000가구인 것으로 조사됐다. 이 중 혼자 사는 가구는 213만 8,000가구로 37.8%를 차지했다. 혼자 사는 고령자 가구 비중은 2015년(32.9%) 이후 계속 확대되고 있다. 사회가 급변할수록 노년기에 겪는 소외나 차별, 사회적 배제와 노인 빈곤 등과 같은 문제도 함께 증가하고 있다. 혼자 사는 만 65세 이상 노인 10명 가운데 4명은 스스로 노후 준비를 하는 것으로 조사됐다. 혼자 사는 노인은 그렇지 않은 노인보다 자신의 건강 상태가 좋지 않다고 평가하고 있는 것으로 나타났다.

2022년 연령대별 자살률(인구 10만 명당: 통계청 자료)은 나이가 많을수록 높아지는 경향을 보여 80세 이상(60.6명), 70대(37.8명), 50대(29.0명) 순으로 높게 나타났다. 특히 80세 이상이 10대 자살률과 비교해 최대 8.4배(10대) 높게 나타났다.

성별로는 80세 이상 남자 노인의 자살이 매우 심각한 것을 볼 수 있다. 최근 5년간 연령별 자살률을 살펴봐도, 80세 이상이 가장 높은 자살률을 보였다. 2023년의 경우 연령대별 자살률 역시 80세 이상(59.4명)이 가장 높았고, 뒤이어 70대(39.0명), 50대(32.5명), 40대(31.6명), 60대(30.7명) 순으로 높았다(보건복지부 국내 2023년 자살자 인구 10만

명당 통계자료). 80세 이상 노인의 외적 요인에 의한 사망률을 보면, 자살(59.4명), 추락사고(37.1명), 운수사고(26.0명) 순으로 높은 기록을 보였다.

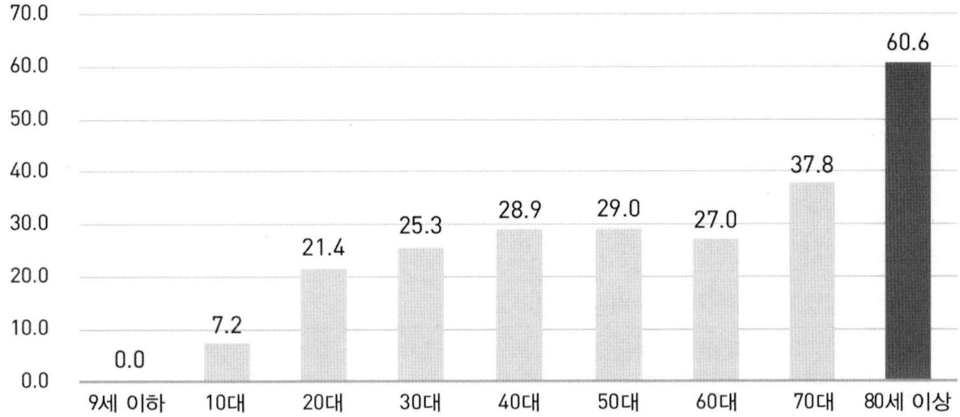

출처: 통계청(2002).

그림 2-3 2022년 국내 연령별 자살률(10만 명당 기준)

노인의 자살 선택 원인은 다양하면서도 복합적이다. 가족구조 변화와 은퇴 후 사회적 역할 축소·상실, 배우자 사망, 죽음에 대한 두려움, 신체기능 저하, 경제력 감소 등 노년기에 맞닥뜨리는 여러 가지 삶의 변화와 문제들이 우울, 외로움, 고립감, 자괴감 등을 유발한다. 이 같은 감정들이 해소되지 않으면 점차 삶의 의욕이 떨어지고, 살아야 할 이유마저 잊게 될 수 있다. 특히 노인은 인지능력이 저하되면서 감정조절능력, 판단력 등이 떨어져 부정적인 감정을 더 크게 느끼는 반면, 충동성·공격성이 증가해 극단적인 방법으로 상황을 해결하려 할 위험이 높다. 살아갈 날이 많이 남지 않았다는 생각에 문제를 심각하게 받아들이지 않거나, 근본적인 문제 해결 노력 없이 음주만으로 순간의 감정을 벗어나려는 행동 역시 노년기 극단적 선택 위험을 높이는 원인이 된다.

인간은 죽음과 상실을 수용하게 되는 과정에서 큐블러-로스(Kübler-Ross)[9]의 5단계

9) A book of on death and dying(죽음과 죽어감), 1968. 스위스출생의 정신과의사, 호스피스운동의

모델[10]을 경험하게 된다는 것이다(대한노인정신의학회 홈페이지, 2025; 국가정신건강정보포털, 2025).

(2) 노년기의 정신건강 관련 검사 도구[11]

① 우울증 선별검사[12]

● 지난 2주 동안 다음과 같은 문제를 얼마나 자주 겪었는지 해당되는 항목에 표시해 주십시오.

항목	전혀 없음	며칠 동안	1주일 이상	거의 매일
1. 매사에 흥미나 즐거움이 거의 없다.				
2. 기분이 가라앉거나 우울하거나 희망이 없다고 느낀다.				
3. 잠들기 어렵거나 자주 깬다. 혹은 잠을 너무 많이 잔다.				
4. 피곤하다고 느끼거나 기운이 거의 없다.				
5. 식욕이 줄었다. 혹은 너무 많이 먹는다.				
6. 내 자신이 실패자로 여겨지거나 자신과 가족을 실망시켰다고 느낀다.				
7. 신문을 읽거나 TV를 보는 것과 같은 일상적인 일에 집중하기 어렵다.				
8. 다른 사람들이 눈치챌 정도로 평소보다 말과 행동이 느리다. 혹은 너무 안절부절못해서 가만히 앉아 있을 수 없다.				
9. 차라리 죽는 것이 낫겠다고 생각하거나 어떻게든 자해를 하려고 생각한다.				

선구자, 죽음 주제의 가장 존경받는 권위자. 미국 타임지가 선정한 '20세기 100대 사상가'임(위키피디아백과사전, 2024).

10) ① 부인: 누구나 사실이나 상황을 부인하게 된다는 것이다. 사실로 받아들이지 않으며 흔히 의사의 오진이라고 생각한다. ② 격노와 분노: 왜 하필 자신에게 이런 일이 일어났냐며 가족이나 의료진에게 분노를 터뜨린다. ③ 협상: 상실의 전부 또는 일부를 다시 회복하여 어떤 불가사의한 힘과 협상하고자 한다. ④ 우울: 이별할 수밖에 없다는 데서 오는 우울증이 나타난다. ⑤수용: 사실을 받아들인다.

11) 한국건강관리협회 홈페이지(2025). 자가건강체크하기.

12) 노년기 포함 모든 연령에 활용 가능함.

* 우울증 선별검사에 대한 해석 결과

0~4점	5~9점	10~14점	15~19점	20~27점
우울증 아님	가벼운 우울증	중간 정도 우울증	중간 정도 우울증 (심함/치료요함)	중간 정도 우울증 (적극적 치료요함)

* PHQ-9는 10점 이상이면 중간 정도의 우울증이 있음을 나타내며, 총점이 높을수록 증상이 심각해짐으로써, 우울증이 얼마나 심한지를 알아볼 수 있는 평가도 가능함. 5~6일의 간격을 두고 재검사시에도 검사 · 재검사 신뢰도 0.89로 높아서 우울증에 대한 치료 반응의 평가에도 의미있게 사용됨. 임상적으로는 5점 이상의 변화가 나타날 때 유의미하다고 봄.

② 치매 · 주관적 기억감퇴 설문

항목	예	아니오
1. 자신의 기억력에 문제가 있다고 생각하십니까?		
2. 자신의 기억력이 10년 전보다 나빠졌다고 생각하십니까?		
3. 자신의 기억력이 같은 또래의 다른 사람들에 비해 나쁘다고 생각하십니까?		
4. 기억력 저하로 인해 일상생활에 불편을 느끼십니까?		
5. 최근에 일어난 일을 기억하는 것이 어렵습니까?		
6. 며칠 전에 나눈 대화 내용을 기억하기 어렵습니까?		
7. 며칠 전에 한 약속을 기억하기 어렵습니까?		
8. 친한 사람의 이름을 기억하기 어렵습니까?		
9. 물건 둔 곳을 기억하기 어렵습니까?		
10. 이전에 비해 물건을 자주 잃어버립니까?		
11. 집 근처에서 길을 잃은 적이 있습니까?		
12. 가게에서 2~3가지 물건을 사려고 할 때 물건 이름을 기억하기 어렵습니까?		
13. 가스불이나 전기불 끄는 것을 기억하기 어렵습니까?		
14.자주 사용하는 전화번호(자신 혹은 자녀의 집)를 기억하기 어렵습니까?		

* 치매 · 주관적 기억감퇴 해석 결과

0~4점	6~14점
운동과 외부 사회 활동을 유지하시고 치매예방 수칙을 잘 실천하셔서 치매를 예방한다.	경도인지장애 혹은 치매 감별을 위해 신경과 혹은 정신건강의학과 진료를 받아볼 것을 권한다.

③ 알코올 중독검사: 위험음주의 신호: 알코올 중독(CAGE)[13]

항목	예	아니오
1. 스스로 술을 끊어야 되겠다고 생각한 적이 있습니까? (cut-down)		
2. 음주에 대한 비난 때문에 괴로운 적이 있습니까? (Annoyed)?		
3. 음주에 대한 죄의식을 느낀 적이 있습니까? (Guilt)		
4. 초조함이나 숙취를 제거하기 위해 아침에 기상하자마자 술을 마신 적이 있습니까? (eye-opener)		

* 결과 평가방법(해당되는 문항의 개수를 파악)

- 'CHECK' 상황이 3가지 이상: 알코올 중독자
- 'CHECK' 상황이 2가지 이상: 알코올 중독 가능성 높음
- 'CHECK' 상황이 1가지 이상: 조심해야 하는 단계, 즉 한 가지 이상 응답하면 문제 음주자.

④ 알코올중독의 초기 증상

알코올중독의 초기 증상은 다음과 같다.

- 술을 마시고 난 다음 날, 전날에 있었던 일을 전혀 기억하지 못하는 경우가 있다.
- 업무가 끝나고 집으로 돌아갈 때가 가까워오면 매일 한 잔 하고 싶은 생각이 난다.
- 술을 마시지 않으면 기운이 안 나고 우울해진다.
- 2주일에 적어도 2회 이상 술을 고주망태가 되도록 마신다.
- "술을 끊어야 할 텐데..."하는 생각을 자주한다.

5) 노년기와 존엄한 죽음(well-dying)

존엄한 죽음(존엄사)이란 환자가 회복이 불가능한 사망의 단계에 처했을 때 무의미

13) 노년기 포함 모든 연령에 활용 가능함.

한 연명치료를 중단하고 자연적인 죽음을 받아들이는, 즉 인간으로서 최소한의 품위를 지키면서 죽을 수 있게 하는 행위라고 할 수 있다. 폭넓은 개념으로는 안락사라는 표현이 맞으며, 환자의 죽음을 앞당기는 적극적 안락사에 비해 환자의 고통을 연장시키는데 불과한 연명장치를 제거하거나 영양 공급 · 치료를 중지하는 소극적 안락사를 존엄사로 보는 것이 일반적이다. 삶과 죽음을 스스로 결정하고 싶어 하는 인간 욕구에 대한 이해도 필요하지만 아직 국내에서는 '존엄한 죽음'에 대한 정의조차 불분명한 상황이며 '조력존엄사(적극적인 안락사)'를 법으로 허용하고 있는 네덜란드나 스위스 등 해외 국가들에서는 이를 법제화하기까지 수년간 사회적 공론화 과정을 거친 국민적 합의가 선행되었기에 가능했던 것이다. 죽음의 문제는 해당 사회와 문화권에서 인구학적으로 여러 방향의 공론화를 거쳐 결정해야 하나 아직 우리사회는 아직 해결해야 할 과제가 많다.

(1) 국내 사례

국내 2009년 서울서부지법 민사12부는 식물인간 상태에 빠진 어머니로부터 인공호흡기를 제거해달라며 김모(75세, 여) 씨의 자녀들이 낸 소송에서 "김 씨에게서 인공호흡기를 제거하라"고 판결했다[14]. 재판부는 "김 씨가 다시 의식을 회복하고 인공호흡기 등의 도움 없이 생존 가능한 상태가 될 가능성이 없다고 보이고 인공호흡기 부착의 치료행위는 상태 회복 및 개선에 영향을 미치지 못하는 치료로서 의학적으로 무의미하다고 판단된다."고 밝혔다. 재판부는 "환자의 치료 중단 의사는 원칙적으로 치료 중단 당시 질병과 치료에 관한 정확한 정보를 제공받았음을 전제로 명시적으로 표시해야 유효하지만 질병으로 의식불명의 상태에 처한 경우 환자가 현재 자신의 상태 및 치료에 관한 정보를 제공받았더라면 표시했을 진정한 의사를 추정할 수 있다"고 판단했다. 또한 "이러한 사정에 현재의 절망적 상태 및 기대여명기간, 현재 나이 등을 고려하면 김씨는 현재와 같은 상태를 유지하는 것보다 인공호흡기

14) 대법원 2009. 5. 21. 선고 2009다17417 전원합의체 판결 [무의미한 연명치료장치 제거 등].

를 제거하고 자연스러운 죽음을 맞이하고자 하는 의사를 갖고 이를 표시했을 것으로 추정된다."고 덧붙였다. 이는 국내에서 인공호흡기에 의존해 무의미한 연명치료를 받고 있는 환자에 대해 법원이 '존엄하게 죽을 권리'를 처음으로 인정한 것이다.

(2) 연명치료 적용과 중단

연명치료를 적용하는 것이 환자에게 도움이 되지 않고 고통을 받는 기간만을 연장한다면 담당 의료진은 치료를 중단하고 편안한 임종을 맞이하도록 환자를 도울 수 있다. 연명치료의 중단을 결정함에 있어서는 의료진의 기술적 판단뿐만 아니라 환자의 의견과 가치관이 반드시 고려되어야 한다. 연명치료의 중단에 대한 논의가 사회적으로 갈등 없이 수용되기 위한 전제 조건은 1) 말기상태임을 환자에게 솔직히 알리는 문화, 2) 환자 본인이 연명치료 여부에 대한 '사전의료지시서'를 작성하는 관행의 보편적 정착, 3) 선진국수준의 사회보장제도 등이다. 이에, 국내의료기관에서는 이러한 사회적 수용정도를 고려하여, 의료현장에서 합리적으로 받아들여 질 수 있는 연명치료 중단의 의사결정 절차를 2013년에 마련하여 제시하였다(국가생명윤리정책원 홈페이지, 2025. '무의미한 연명치료의 중단에 대한 진료권고안, 2013).

이에 연명장치의 제거 등 법률적 문제가 수반될 수 있는 사안은 국가가 정하게 되는 법률 또는 지침 등을 준수하도록 하였다. 그 기본원칙은 다음과 같다.

① 두 명 이상의 의사가 회생가능성 없음에 동의한 환자에 국한하여 연명치료 중단 여부를 논의할 수 있다.

② 담당주치의는 연명치료, 호스피스 완화의료 등 환자의 임종과정에서 이루어질 수 있는 치료법의 장단점을 환자 및 보호자에게 충분히 설명해야 한다.

③ 연명치료를 원하지 않는 경우, 환자는 '사전의료지시서'를 작성하고 연명치료를 거부할 수 있다.

④ 생명을 단축시키려는 의도를 가지는 안락사, 환자의 자살을 유도하는 의사조력자살은 허용되지 않는다.

⑤ 인공호흡기 등 특수 연명치료에 의존하는 지속적 식물상태는 의료윤리위원회의 의학적 판단을 거쳐 사례별로 결정되어야 한다.
⑥ 영양공급 등 일반 연명치료에 의존하는 지속적 식물상태에 대한 연명치료중지 결정은 법원의 판단을 구해야 한다.

(3) 존엄사

'존엄사'란 환자가 혼수상태 또는 이와 유사한 의학적 상태에 처해 있어서 자기 의사를 명시적으로 표현할 수 없는 경우에, 단지 인공음식물투여장치나 인공호흡기와 같은 인공연명장치에 의존하여 육체적 생명만을 가까스로 유지하는 것은 인간으로서의 품위를 상실한 삶의 모습이라고 판단하고, 인간의 품위와 존엄을 지키기 위하여 인공연명장치를 제거하고 생명을 종결시키는 행위를 가리킨다. 그러나 안락사는 고통 받는 환자들을 도우려는 선한 동기와 환자 또는 환자 대리인의 뚜렷한 요구가 있기 때문에 행하는 것이라는 점을 윤리적으로 정당화시키려는 의도로 안락사를 자비사라고 호칭하기도 하며, 안락사를 전략적으로 미화하는 용어가 바로 존엄사라고 표현하는 이들도 있다. 그러나 환자 자신의 직접적인 의사표명이 없는 한 모든 형태의 추정적인 대리판단은 환자 자신의 본의를 파악하기 힘들다는 점과 환자 자신의 마음도 변할 수 있다는 점, 그리고 환자 자신의 입장 보다는 대리판단자의 입장이 더 크게 반영될 우려가 있다는 점 때문에 환자 자신의 판단을 대신할 수 없다는데 어려움이 있다. 최근에는 '사전유언제도'가 문제해결의 대안으로 제시되고 있기도 하지만, 문제는 사전유언을 했던 순간의 환자 생각이 실제상황이 일어났을 때의 환자 생각과 일치되리라는 보장이 없다는 점과 삶을 향한 충동은 본능적인 충동이지만 죽음을 향한 충동은 본능이 아니라는 인간적 진리에 근거해 볼 때 보류되어야 한다는 지적도 있다(청년의사 http://www.docdocdoc.co.kr. 2022.11.22).

우리 사회에서는 존엄사와 안락사로 구분해서 사용하고 있지만, 정신건강전문가들은 존엄사와 안락사는 동일 의미라고 강조하면서 질병 상황에서 치료와 돌봄을 받아 보건의 질을 향상하는 것이 환자의 권리이자 생명권이라며 환자의 죽을 권리는 삶과 죽음 자체가 아니라 죽음까지의 과정에서 편안하게 돌봄을 받을 권리로 해석하는 것이 더 적정하다는 것이다. 따라서 환자가 존엄하게 죽을 권리를 보호하기 위해서는 완화의료(호스피스)를 통한 돌봄 제공 그리고 그와 관련된 의료기술의 발전과 더불어 제도적인 질적 강화가 지원되어야 한다고 제시하고 있다(청년의사(http://www.docdocdoc.co.kr. 2022.9.26).

(4) 임종과정

'임종과정'이란 회생 가능성이 없고, 치료를 해도 회복되지 않으며, 급속도로 증상이 악화돼 사망에 임박한 상태를 이른다. '임종과정에 있는 환자'는 호스피스 완화의료 및 임종과정에 있는 환자의 '연명의료결정에 관한 법률 제16조'에 따라 담당의사와 해당 분야 전문의 1명으로부터 임종과정에 있다는 의학적 판단을 받은 경우이다. '연명의료'는 임종과정에 있는 환자에게 시행하는 심폐소생술, 혈액투석, 항암제 투여, 인공호흡기 착용 및 그밖에 대통령령으로 정하는 의학적 시술로서 치료효과 없이 임종과정의 기간만을 연장하는 것을 말한다. '연명의료중단 등 결정'이란 임종과정에 있는 환자에 대한 연명의료를 시행하지 않거나 중단하기로 하는 결정을 의미한다. '사전연명의료의향서'는 19세 이상인 사람이 자신의 연명의료중단 등 결정 및 호스피스에 관한 의사를 직접 문서로 작성한 것이며, 그리고 '연명의료계획서'는 환자의 의사에 따라 담당의사가 작성하며, 말기환자 또는 임종과정에 있는 환자인지 여부는 해당 환자를 직접 진료한 담당의사와 해당 분야의 전문의 1인이 동일하게 판단하여야 한다. 환자의 의사결정능력이 손상됐을 경우에는 사전에 작성된 연명의료계획서, 사전연명의료의향서 등과 가족 2명 이상의 진술이 필요하다. 사전연명의료의향서 등이 없을 경우에는 가족 전원의 합의가 있어야 한다. 또한 말기환자 또는 임종과정에 있는 환자는 '연명의료의 유보 또는 중단에 관한 의사'를 연명의료계획서로 남겨 놓을 수 있다. 국내 2025년 3월 20일 기준으로 사전연명의료의향서 등록

현황은 2,771,165명이고, 연명의료계획서 등록현황은 162,605명이며, 연명의료중단등결정 이행 현황은 413,846명이다(국립연명의료기관 홈페이지, 2025).

(5) 존엄한 죽음

존엄한 죽음은 개인의 가치관, 선호, 사회문화에 따라 다르지만, 신체적으로는 고통 없이 편안함을 갖고, 영적으로는 평화롭고, 인간의 존엄성과 자기 통제력을 유지한 상태에서 가족과 함께 마무리하는 데서 찾을 수 있다는 설명이다. 연명의료결정법은 환자에게 '존엄한 죽음'이 되도록 미리 돌봄계획과 치료목표를 논의하자는 의미이며, 호스피스를 담당하는 사회복지사를 포함한 의료진들은 타인의 '고통'에 공감할 수 있어야 한다.

(6) 해외 사례

세계 최초로 2001년부터 안락사를 허용한 네덜란드는 의사가 환자에게 직접 약물을 주입하는 안락사와 의사가 처방한 약물을 환자 스스로 주입하는 조력 사망을 모두 허용하고 있다. 벨기에도 비슷한 상황인데, 2014년부터는 미성년자 안락사까지 합법화했다. 오래전부터 조력 사망을 폭넓게 허용해온 스위스는 세계에서 유일하게 외국인의 조력사망을 받아주는 국가이다. 최근엔 캡슐에 들어가 버튼만 누르면 질소 가스가 나와 5분 안에 숨을 거두게 되는 조력 사망 캡슐까지 나왔다. 조력사망 캡슐 지원 단체 공동대표(플로리안 윌렛)는 조력사망 캡슐을 이용하는 것이 밤에 자신의 침대에서 꿈을 꾸며 잠에 드는 것과 같다고 생각한다고 하였다. 이를 두고, 존엄한 죽음을 돕는 기구라는 의견과 너무 쉽게 죽음을 조장한다는 비판이 엇갈리고 있다. 최근 몇 년 사이 여러 서구 국가들은 조력사망이나 안락사를 허용하는 방향으로 가고 있다. 영국에서도 2024년 말 조력사망 합법화 법안이 하원을 통과했고, 프랑스도 조력사망 법제화를 추진 중이다. 하지만 죽음을 둘러싼 자기 결정권을 어디까지 허용할지, 또 스스로 판단 능력이 없는 치매 환자 안락사가 합당한지 등

법적, 윤리적 논쟁은 유럽 사회에서도 여전히 거세다. 조력사망비용은 해당 캡슐기기를 사용하는데 필요한 질소가스 충전비용(2025년 기준 한화 2만 8천원) 정도만 지급하면 된다. 해당 의료단체는 비용을 전혀 요구하지 않는 자원봉사단체이기 때문이다(KBS 뉴스, 2025.02.25).

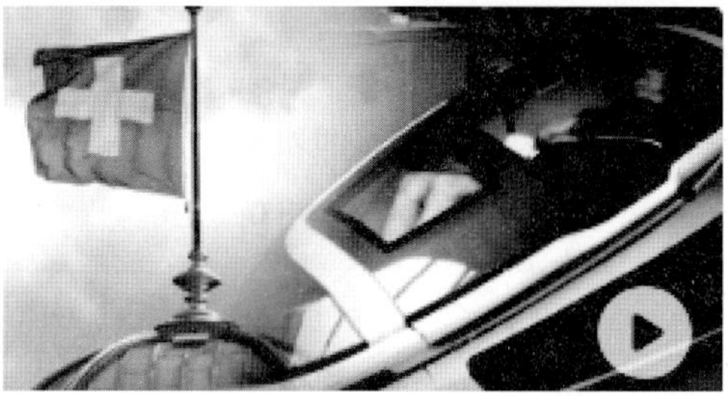

출처: 월드뉴스(2025.2.25.).

그림 2-4 스위스의 존엄한 죽음에 활용되는 조력사망캡슐

6) 노년기 사회복지실천의 근거와 영역

(1) 「노인복지법」의 적용대상

우선 「노인복지법」의 적용대상이 되는 "노인"은 일반적으로 65세 이상이나 지원사업에 따라 60세 이상 되는 사람을 말한다(법제처 생활법령, 2024). 「노인복지법」 제정 이유는 노인 인구의 급속한 증가가 직접적인 요인으로 작용했다고는 보기 어려우나 핵가족화에 따른 부양 의식의 퇴조, 노인의 빈곤문제, 노인의 지위와 역할의 상실, 노인복지서비스의 확충과 함께 법적 근거 마련의 필요성 등에 의해 제정되었다고 볼 수 있다. 「노인복지법」의 기본이념 제2조(기본이념)에 근거하면 ① 노인은 후손의 양육과 국가 및 사회의 발전에 기여하여 온 자로서 존경받으며 건전하고 안정된 생활을 보장받는다. ② 노인은 그 능력에 따라 적당한 일에 종사하고 사회적 활동에 참여할 기회를 보장 받는다고 확인된다.

(2) 노인복지실천의 목적과 원칙

노인복지실천은 노인과 그를 둘러싼 환경, 특히 가족을 주된 대상으로 하며, 노인이 환경과의 상호작용 과정에서 갖게 되는 욕구나 문제를 예방, 경감, 해결하여 노인의 사회적 기능을 향상하는 것을 목적으로 한다. 노인복지의 실천원칙을 살펴보면 우선 UN은 노인복지실천의 원칙으로 독립성, 참여, 보호, 자기성취, 존엄 등의 다섯 가지 원칙을 제시하였다. 인간의 존엄성은 외적 조건에 따라 영향을 받을 수 없는 절대적인 가치를 가진 것이라고 본다.

(3) 노인복지의 정의

노인복지의 정의는 노인이 인간다운 생활을 유지하면서 자기가 속한 가족과 사회에 적응하고 통합될 수 있도록 필요한 자원과 서비스를 제공하는데 관련된 공적 및 사적 차원의 조직적 제반 활동을 제공하는 것에 있다. 노인복지의 역할은 모든 노인이 최저 수준 이상의 생활을 유지하고 사회적 욕구 충족과 생활문제를 예방 · 해결하며, 노후생활에 대한 적응과 사회통합을 이루는데 필요한 급여와 서비스를 제공하는 공공부문과 민간부문의 조직적이고 전문적인 제반 활동이 가능케 하는 것이다.

(4) 국내 노인복지의 종류

국내 노인복지의 종류는 크게 일상생활 복지, 경제적 복지, 건강 · 의료 복지, 주거 복지로 구분된다.

표 2-4 노인복지의 종류

구분		지원 대상	
		연령 기준	자격 기준
일상생활복지	노인맞춤 돌봄서비스	65세 이상	다음 중 어느 하나에 해당하는 경우 • 국민기초생활수급자 • 차상위 계층 • 기초연금수급자(유사중복사업 수급자 제외)
	재가노인 복지서비스	65세 이상	• 장기요양급여 수급자 • 심신이 허약하거나 장애가 있는 노인 ※ 일부 유형은 60세 이상도 이용할 수 있다.
	노인여가 복지시설	자격 기준 확인	• 경로당: 65세 이상 • 노인복지관 등: 60세 이상
	노인자원 봉사활동	60세 이상	• 20명 이상 단체 신청 ※ 개인단위의 신청은 불가
	교통 등 요금할인	자격 기준 확인	• 지하철 등 할인: 자격 기준 없음 • 이동통신요금 감면: 기초연금 수급자 • 에너지바우처: 기초생활수급자이거나 기초생활수급자와 함께 거주하는 노인
경제적 복지	노인장기 요양보험	65세 이상	• 노인성 질환을 가진 노인으로서 장기요양등급판정위원회(국민건강보험공단)에서 1~5등급 및 인지지원등급을 판정받은 사람
	기초연금	65세 이상	• 소득인정액이 기초연금 선정기준액 이하인 노인
	국민연금	자격 기준 확인	• 노후준비지원서비스: 대한민국 국민 • 노후긴급자금대부(실버론): 65세 이상의 국내 거주 중인 국민연금 수급자로 노령연금, 분할연금, 유족 및 장애연금(1~3급) 수급자 ※ 일부 제외 사유는 법제처 생활법령 홈피에서 확인할 수 있음
	일자리 지원	자격 기준 확인	• 공익활동형: 65세 이상의 기초연금 수급자 ※ 경로당 급식지원에 한해 65세 이상 기초연금수급자 및 60~64세 차상위 계층 대기자가 없으면 60세 이상 적합자도 선발될 수 있음 • 사회서비스형: 65세 이상(일부 유형 60세 이상) • 시장형사업단 · 취업알선형: 60세 이상의 사업 특성 적합자
	종합소득세 공제	자격 기준 확인	• 기본 공제: 65세 이상 • 경로우대공제: 70세 이상

<table>
<tr><th colspan="2" rowspan="2">구분</th><th colspan="2">지원 대상</th></tr>
<tr><th>연령 기준</th><th>자격 기준</th></tr>
<tr><td rowspan="3"></td><td>상속세 공제</td><td>65세 이상</td><td>• 거주자의 사망으로 상속이 개시되는 경우 상속인(배우자 제외) 및 동거가족</td></tr>
<tr><td>양도소득세 비과세</td><td>60세 이상</td><td>• 1주택을 보유하고 1세대를 구성하는 자가 1주택을 보유하는 60세 이상 직계존속을 동거봉양하기 위해 세대를 합친 경우</td></tr>
<tr><td>비과세 종합저축 특례</td><td>65세 이상</td><td>• 연령기준을 충족하는 거주자가 1명당 5천 만 원 이하인 비과세종합저축에 가입하는 경우</td></tr>
<tr><td rowspan="3">건강 · 의료 복지</td><td>노인의료 복지시설</td><td>65세 이상</td><td>다음 중 어느 하나에 해당하는 경우
• 장기요양급여 수급자
• 기초생활수급자 중 생계급여 또는 의료급여 수급자
• 부양의무자로부터 적절한 부양을 받지 못하는 노인
※ 일부 유형은 60세 이상도 입소할 수 있음</td></tr>
<tr><td>노인성질환 의료비지원</td><td>자격 기준 확인</td><td>• 건강검진(건강진단 등): 바로가기 내용 확인
• 노인 안(眼) 검진 사업: 60세 이상 노인
• 무릎관절증 지원: 60세 이상의 노인
• 치아 건강지원: 65세 이상의 건강보험가입자 또는 피부양자
• 치매검진 지원: 기초생활수급자 중 의료급여수급자 및 건강보험가입자</td></tr>
<tr><td>어르신체육 활동지원</td><td>60세 이상</td><td>• 자격 기준 없음</td></tr>
<tr><td rowspan="2">주거 복지</td><td>노인주거복지 시설</td><td>자격 기준 확인</td><td>다음 중 어느 하나에 해당하는 경우
• 기초생활수급자인 노인 중 생계급여 또는 의료급여 수급자
• 부양의무자로부터 적절한 부양을 받지 못하는 노인
• 실비입소대상자
※ 일부 유형은 60세 이상도 입소할 수 있음</td></tr>
<tr><td>주택특별공급</td><td>65세 이상</td><td>• 국민주택 · 민영주택 특별공급: 주택 일반공급 제1순위에 해당하는 무주택세대구성원으로 입주자모집공고일 현재 65세 이상의 직계존속을 3년 이상 계속해 부양하는 사람
• 공공분양주택 · 분양전환공공임대주택 특별공급: 아파트 분양 특별공급 제1순위에 해당하는 무주택세대구성원이 입주자 모집공고일 현재 65세 이상의 직계존속을 3년 이상 계속해 부양하는 사람</td></tr>
</table>

(5) 노년기 죽음의 과정을 원조하는 전문가의 역할

노년기 죽음의 과정을 원조하는 전문가는 광범위한 개인차를 인식하고 죽음을 수용하는 단계로 나아가 편안하고 준비된 죽음을 맞이할 수 있도록 도와야 할 것이다. 일반적으로 노년기에 경험하는 삶의 쟁점들인 노인의 4고(苦), 즉 빈곤, 질병, 고독, 역할상실의 문제를 해결하기 위해서 지지적 상담 프로그램, 사회교육 프로그램, 치매 등과 같은 신체적 · 심리적 · 정신적 문제를 경험하는 노인과 그 가족을 위한 전문적 상담 및 교육 프로그램, 주야간 보호 및 단기보호 프로그램 등을 실시할 수 있다.

Part 02

성격 이론

성격(性格)이란 환경에 대해 개인이 취하는 행동과 관련된 것으로서, 다른 사람과 구별되는 독특성을 특징으로 하고, 일시적인 것이 아닌 항상성을 지닌 심리적 체계를 의미한다. 다시 말해 성격은 개인에게 노출된 환경에 대해 특정한 행동 형태를 나타내고, 그것을 유지하고 발전시킨 가운데 형성된 개인의 독특한 심리적 체계라고 할 수 있다. 인간이 성격에도 장애를 경험하게 된다. 그 원인은 부모 및 조상에게서 유전된 선천적 요인, 유년기에서부터 성인 초기에 이르는 기간 동안 경험에서부터 비롯된 후천적인 다양한 또는 특정 요인이 혼재되어 성격 장애가 발생하게 된다.

성격이론은 관점에 따라 다양하나 대체로 정신역동접근(psycho-dynamic approach), 행동주의접근(behavioral approach), 인지적 접근(cognitive approach), 인지행동접근(cognitive-behavioral approach), 인본주의접근(humanitarian approach) 등으로 설명되고 있다.

Chapter 03

정신역동이론 I

1. 프로이트: 정신분석 심리학의 아버지

1) 프로이트[1)]의 생애 그리고 이론 형성의 발전

프로이트

지그문트 슐로모 프로이트(Sigmund Schlomo Freud, 1856~1939)는 지금의 체코슬로바키아 모라비아(Moravia)에서 유대인으로 1856년 5월 6일에 태어났다. 프로이트의 부모님이 결혼할 당시 어머니 아말리에는 19살에 초혼이었고 20살 연상인 아버지는 이미 장성한 두 아들이 있는 상태에서 3번째 재혼을 했다. 프로이트가 태어난 후 7명의 동생들이 줄줄이 태어났고 그는 장남으로서 어머니를 뺏기지 않으려는 강한 불안감이 깔린 상태에서 동생들에 대한 경쟁심이 강한 사람으로 성장했다. 그리고 동생들의 죽음에 대한 소망이 이루어져 그는 엄청난 죄책감에 시달리기도 했다. 그는 똑똑한 장남이었으므로 어머니의 큰 기대와 과보호 속에 자라났다.

그의 가족은 1860년에 비엔나로 옮겨왔고 프로이트는 그의 대부분의 삶을 비엔나에서 보냈으며 중하류에서 상류 사회계층으로 세계적 명성을 얻는 위치로 점차

1) 출처: 비엔나관광청 1906년 지그문트 프로이트; 파이낸셜뉴스, 2020.5.16. 넷플릭스와 비엔나의 새 박물관에서 만나는 지그문트 프로이트, '꿈의 해석' 120주년과 정신분석학의 탄생기념.

성장하였다. 그는 매우 우수한 학생이었고, 1873년 25세에 비엔나 의과대학에 진학하여 그에게 지대한 영향을 미치는 로이어 박사를 만난다. 1881년 생리학전공으로 학위를 받았다. 프로이트는 로이어 박사에게 최면술로 치료한 환자에 대한 흥미로운 이야기를 듣게 되어 정신의학에 빠져들게 된다. 이후 빈 종합병원에서 일하다 1885년 29세에 장학생으로 프랑스 파리로 유학을 떠났다. 프랑스 유학 중 의사 장 마르탱 샤르코 교수가 최면술을 통해 정신이 육체를 지배하는 것에 대한 공부를 깊이 있게 하게 된다. 그즈음 그는 정신세계는 의식과 무의식이 있다는 것과 그 중 무의식에 의해 정신적 영향을 미치는 것을 알게 되었다. 파리에서 돌아온 프로이트는 30세였던 1986년 9월 약혼한 지 4년 만에 Martha와 결혼하였고 아들 3명, 딸 3명의 6명의 자녀를 두었는데, 이 중 가장 막내인 Anna가 유명한 정신분석가가 되어 결국 프로이트 학파를 이끌어갔다(Ewen, 1998). 결혼 후 1886년 개인 병원을 개원하고, 이곳에서 '정신분석학'의 기틀을 닦았다. 개원을 하면서 최면술을 이용하여 다양한 환자들을 만나게 되면서 대화를 나누는 치료를 통해 부모와의 관계 속에서 마음의 병이 생긴 것을 알게 된다. 그는 히스테리 환자 연구를 통해 이를 설명할 수 있는 과학적 심리학 이론을 구상하게 되고, 이를 '정신분석학'이라 칭하였다. 이후 저서 '쾌락 원칙을 넘어서'(1920)에서 유명한 에로스(삶의 본능)과 타나토스(죽음의 본능)이라는 개념을 제시하였다. 또한 '자아와 그것'(1923)에서는 프로이트를 대표하는 이론인 Id(본능)-Ego(자아)-Superego(초자아) 도식을 제시하였다. 그는 무의식의 세계에 대해 깊은 관심을 갖았다. 그의 병원은 성공적으로 운영되었고 남부럽지 않은 생활 속에서도 프로이트는 신경증이나 공황장애에 시달리게 되었다. 그는 아버지의 사망 후 그의 신경증세가 점차 완화되는 것을 원인으로 매일 자신의 분석에 들어갔다. 그리고 자신의 어린 시절의 혼란스러운 기억을 떠올리고 분석하게 되었다. 그러던 중 어린아이에게 부모님의 기억과 추억이 인간 무의식과 성격에 요인으로 작용하는 것을 알게 된다. 어린 자신에게 아버지와의 적대감과 어머니에게 향한 성적 감정이 있었다는 것을 깨닫고 남성은 오이디푸스 콤플렉스를, 여성에게는 엘렉트라 콤플렉스가 있음을 발견하게 되었다.

프로이트 본인의 일생 자체가 그에게 상당한 심리학적 자료를 제공하였다. 프로이트의 아버지는 그 시대의 보통 남성들이 그러하듯 권위적인 사람이었으며, 어머니는 매력적이고 애정이 깊었으며 사려 깊게 보살펴주는 사람이었다. 프로이트 그 자신이 오이디푸스(oedipal)를 했고 그의 아버지에 대한 무의식적인 막강한 적개심을 가지고 있었으며 어머니와는 매우 가까웠다. 그는 아버지가 세상을 떠났을 때 자신이 느낀 혼란스런 감정으로 인해 자신의 꿈, 기억, 어릴 때 경험 등을 분석하면서 아동기 성욕에 관해 확신했고, 오이디푸스 콤플렉스를 발견했다고 말하였다. 그는 꿈의 의미를 탐색하면서 성격발달의 역동성에 대한 통찰력을 얻었으며, 아동기 기억을 검토하면서 아버지에 대해 느꼈던 강한 적대감과 어머니에 대한 아동기의 성적 감정을 깨달았다. 그는 심각한 신경증으로 1890년대 동안 고생하였으며 이 기간 동안 매우 뛰어난 업적들을 이루었다. Ellenberger는 이러한 그의 신드롬을 "창조적인 질병"이라고 묘사하였다. 1897년 프로이트는 자신의 깊은 마음속을 증명해 내기 위해 자기분석을 하기 시작했는데, 이것은 그의 여생에 걸쳐 지속되어 그는 매일 마지막 30분을 자기분석을 목적으로 보냈다. 프로이트의 어떤 동료들은 그의 일생에 걸쳐 그에게 충성하고 헌신적이었던 반면, 다른 동료들 예를 들어, 조셉 브로이얼, 휠름 프라이스, 칼 융, 알프레드 에들러는 프로이트가 인간의 행동 근원으로 성(sexuality)에 너무 많은 강조를 둔 것 때문에 그들이 다른 방향으로 전환하였다고 한다(Ewen, 1998).

프로이트와 브로이어는 1985년에 "히스테리아 연구 Studies on Hysteria"를 발표하여 신체적 원인이 없는 행동장애들(마비, 두통, 실언 등)의 심리적 치료방법을 제시하였다. 또한 그의 이론의 초석인 "꿈의 해석(Interpretation of Dreams)"을 1900년도에 발표하였다. 제1차 세계대전은 그에게 인간본성으로서의 '공격성'의 중요성을 일깨워주었다. 그의 생애에서 마지막 16년 동안 프로이트는 입과 턱에 심각한 암으로 33번의 수술을 받고 이상한 모양의 인공보철을 착용해야 했으므로 말을 하거나 삼키는 것이

거의 불가능하였다. 그럼에도 불구하고 그는 저서를 끊임없이 써나가 23권을 완성하였고 1930년에 괴테 문학상을 수상하였다. 〈문화에 있어서의 불안〉을 발표하였다. 그는 나치를 피해 영국으로 이주한 다음해인 1939년 9월 23일 런던에서 암으로 결국 사망하였다(Ewen, 1998).

지금은 초창기 그의 학설을 그대로 받아들이는 학자는 거의 없고 프로이트의 정신분석에서 출발은 했지만 사회의 변화에 따라서 인간관계 · 생활문화를 비롯한 사회관계를 더 중시하여 해석하려는 신(新)프로이트학파(Neo-Freudian), 즉 문화파 분석학자들도 많아졌다. 프로이트에 대한 비판의 소리도 날카롭게 꼬리를 물고 일어난다. 그러나 프로이트의 정신분석이 끼친 영향은 크다. 신프로이트학파(Neo-Freudian)로는 히틀러에 쫓기어 독일로부터 미국으로 건너간 카렌 호나이, 에리히 프롬과 H.S.설리번, A. 카디너 등이 대표적이고, 여기에 R. 린턴, J. 달라드, M. 미드 등을 꼽기도 한다. 이들은 프로이트가 말하는 오이디푸스 콤플렉스와 거세(去勢) 콤플렉스는 시대나 사회를 초월하여 존재하는 것이 아니라 특정 사회의 가족에만 볼 수 있는 것이라고 강조하면서 성격형성에 인간관계를 더 중요시하였다. 프로이트가 말한 성의 발달단계도 아이와 가족 사이에 생기는 인간관계를 중심으로 고찰하고, 치료 면에도 인간관계를 중시하여 진행시켰다. 그러나 행동의 동기가 무의식적이며 정동적(情動的)이라는 생각은 프로이트와 마찬가지이다. 이 신프로이트학파의 업적은 사회심리학 · 인류문화학에 지대한 영향을 끼쳤다. 어떻든 프로이트의 영향은 크며, 특히 무의식계를 깊이 파헤쳐 모든 행동의 동기를 무의식계에서 찾으려는 노력, 꿈에 대한 새로운 해석, 심적 방어(心的防禦) 메카니즘, 문화와 예술에 끼친 영향 등을 빼놓을 수는 없다.

2) 정신분석의 정의

프로이트에 의해 창시된 '자유연상기법'을 사용한 신경증의 치료방법인 정신치료의 한 형태와 이를 바탕으로 발전시킨 인간의 본성과 행동의 동기를 '무의식'에서 찾고자 한 심리학적 이론체계 두 가지 모두를 '정신분석'이라 한다. 정신분석이론의 주 가설은 첫째, 정신결정론이며, 둘째, 무의식에 대한 가설, 그리고 셋째, 인간의 행위의 동기와 목표 지향성을 근거로 한다.

3) Construct 주요구성 개념

프로이트는 그의 이론을 '정신분석(psychoanalysis)'라고 명명하였다. 이 용어는 또한 프로이트가 시작했었던 정신치료의 특정한 한 형태로도 널리 사용되지만, 정신분석의 임상적 실천은 단지 여러 가지 이들 적용 중의 하나일 뿐이다.

4) 인간의 기본 특성

(1) 본능과 정신적 에너지(Instincts and Psychic Energy)

프로이트는 모든 정신활동은 낱낱이 분리된 것이 아니라 하나의 목표를 가진 인과관계의 흐름 속에 떠 있는 것이라고 주장하였다. 인간의 정신활동은 이 정신세계에 깃든 행동의 동기나 목표에 따라서 결정된다는 것으로 이를 '인간의 행위의 동기와 목표지향성'의 가설이라고 한다(S.프로이트/C.S.홀/R.오스본, 1999). 프로이트는 모든 인간은 강력한 두 가지 본능에 의해 동기화된다고 하였다. 프로이트의 이론에서 주장하는 두 가지 주된 본능은 ① 성적 본능과 ② 파괴적(공격적) 본능이다. 따라서 그는 모든 인간 행동의 기본적인 목적은 쾌락을 추구하고 고통을 피하려는 것(쾌락의 원칙)이라고 하였다(Ewen, 1998).

① 성적 본능(Sexual Instinct: Eros)

프로이트의 이론에서 성(sexuality)은 보통 넓은 의미를 지닌다. 이는 성적인 것과 관련된 모든 범위와 즐거운 경험을 의미한다. 성기 이외에도 우리 신체에는 성적 만족을 창조하는 많은 부분들(erotogenic zones)이 있다. 프로이트에 의하면 사실상 신체 전체가 성적 만족을 창조하는 영역이다. 그는 또한 성이라는 것이 단지 성교와 재생산 이상의 것이라는 것을 강조하기 위해 이 본능의 용어로서 '에로스(Eros)'라는 이름을 사용하였다(Ewen, 1998).

② **파괴적 본능**(Destructive Instinct)

프로이트의 수많은 급진적인 주장들 중의 하나는 인생 자체의 목적은 이전의 비존재 상태, 즉 모든 인간이 '죽음의 본능'에 의해 이끌어지는 상태로 돌아가는 것이라는 것이다. 이 두 가지 종류의 본능은 동일한 양은 아닐지라도 일정하게 서로 융합되어 있어서, 어떤 성적인 행동이라도 최소한 일부 공격적인 부분이 있으며, 공격적인 행동 중에도 일부 성적인 요소가 가미되어 있다는 것이다. 이 두 가지 성적본능과 파괴적 본능은 출생 시 이미 존재한다(Ewen, 1998).

③ **외부와 내부의 갈등**(External and Internal Conflict)

프로이트는 인간 본성에 대하여 매우 비관적이다. 그는 인간은 태어날 때부터 근친상간이나 죽이고자 하는 욕구와 같은 성적이고 파괴적인 본능이 있지만, 다른 사람들이 그러한 행동을 용납하지 않으므로 개인과 사회와의 갈등, 나아가 개인의 정신내적 갈등은 불가피하다고 하였다. 또한 우리가 이들 갈등들을 타협하고 대치하여 사회가 허용하는 쪽에 가까이 가려고 노력하지만, 우리는 항상 어느 정도의 불쾌한 심리적 긴장에 남겨지게 된다는 것이다(Ewen, 1998).

④ **정신적 에너지**(리비도)**와 방출**(Psychic Energy and Cathexis)

프로이트가 궁극적으로 기저에 깔려 있는 신경증적 기능이 밝혀질 것이라고 믿었음에도 불구하고 정신적 에너지는 완전히 관찰 불가능하며 물리적 상호작용이 전혀 알려져 있지 않다. 정신적 에너지는 실체라기보다는 가설적인 구성개념이다. 프로이트는 성적 본능과 관련된 정신적 에너지를 리비도라고 불렀으며 공격적인 에너지에는 명명을 하지 않았다. 궁극적으로 모든 행동은 성과 파괴의 융합이 관련된 이상 리비도는 종종 양쪽 종류 모두의 정신적 에너지로 간주된다. 리비도 그 자체는 본능적 욕구를 충족시켜 줄 대상의 정신적 표상에 소속되어 있으며, 이러한 과정을 방출(cathexis)이라고 한다(Ewen, 1998). 따라서 인간의 마음을 깊은 밑바닥으로부터 흔들어 움직이게 하는 정신적 에너지의 방향을 그 개인이 출생한 날부터 문제의 행위가 일어난 날까지 역사적으로 발달 단계적으로 추구해야 할 것이다. 그 에너지가 어떤 목표를 향하고 있는가? 어디에서 막혔는가? 어디로 분출되고 있는가? 이것을 연구하는 것이 프로이트 심리학이고, 구체적으로 분석하는 것이 정신분석학이다. 그러므로 정신분석학의 심리적 연구방법은 역사적이고, 발달단계적이 될 수밖에 없는 것이다(Freud, Hall & Osborne, 1999).

(2) 정신결정론(Psychic Determinism)

정신분석이론은 정신세계에 있는 어떤 것도 우연히 일어나지 않는다고 한다. 즉, 모든 정신적 (그리고 물리적) 행동은 이전의 원인에 의해 결정된다. 무작위의 생각들, 익숙한 단어나 생각을 떠올릴 수 없는 것, 잘못된 단어를 말하거나 쓰는 것, 자초한 상해들, 꿈 등은 모두 기저에 이유가 있으며, 이는 모두 무의식적인 것이다. 이러한 원리를 '정신결정론'이라고 하며 프로이트는 이러한 착행증(parapraxes)의 많은 예를 제시하고 있다(Ewen, 1998).

즉, 우리들의 일상생활에 있어서 정신생활의 많은 상황이 서로 상관이 없는 것처럼 보이지만, 그것은 외관상 그럴 뿐이지 사실 모든 정신적 상황은 그전에 일어나 정신적 사건에 의하여 결정된다는 것이다(Freud, Hall & Osborne, 1999).

(3) 무의식(The unconscious)의 중요성

정신분석에 대한 근본적인 개념은, 의식적인 모든 사고와 행동의 밑바닥에는 무의식적 심리인 무의식 과정이 존재하고 있다는 것이다. 무의식적인 심리는 프로이트에게 있어서 의식적인 형태로 드러나지 않는 정신과정으로서 뜻 이상의 의미를 가지고 있으며, 시간이 흐름에 따라서 무의식적으로 옮아간 의식의 저장고를 말한다. 프로이트의 견해로는 그 무의식적인 과정이 의식적인 사고와 활동에 영향을 끼치고, 그것을 조작하는 활동적이고 역동적인 성격을 갖고 있다는 것이다. 프로이트는 "정신분석이론은, 우리들이 환자의 무의식을 실제로 의식화하려고 할 때 환자가 나타내는 저항을 인식하는 것으로부터 출발한다. 저항의 객관적인 표징은 환자의 연상 작용이 즉각 중단되어 버리든가, 토론하고 있던 주제로부터 이탈하여 방황하는 것으로 나타난다."라고 했다. 즉, 프로이트에 의하면, 시간의 경과에 따라 퇴색해 버린다는 의미에서 '잊혀졌다'고 할 수 있는 어린 시절의 기억은 억압된 것이다. 프로이트 이론의 핵심은 어린 시절의 경험이 억압되었다고 해도 일상적 사고와 행동에 지속적으로 어떤 중대한 영향을 미치고 있다는 것이다(Freud, Hall & Osborne, 1999).

흔한 착행증(parapraxes)의 발생들은 성격의 많은 부분이 우리의 직접적인 인식 바깥에 있다는 것을 암시한다. 프로이트는 정신활동의 거대한 대부분이 무의식이며 아무리 노력을 해도 이 무의식을 마음으로 꺼낼 수는 없다고 결론지었다. 어떤 순간에 의식에 있지 않은 정보이지만 바로 의식으로 될 수 있는 정보를 전의식(preconsciousness)이라고 한다. 전의식은 대부분이 우리의 통제하에 있기 때문에 무의식보다 의식에 훨씬 가깝다(Ewen, 1998).

5) 성격의 구조: 본능, 자아, 초자아

프로이트는 성격의 구조(The Structure of Personality)를 무의식, 전의식, 의식으로 규정하였다. 이 지형학적 모델(Topographic mode)에서 프로이트는 모든 감정은 의식에 있다고 규정하였다. 또한 무의식으로 억압하는 행동은 전의식이나 의식에서 기인하는 것이며, 따라서 인식에 바로 접근할 수 있어야 한다고 하였다. 그는 "억압된 모든 것은 무의식이지만, 무의식에 있는 모든 것이 억압된 것은 아니다"라고 하였다(Ewen, 1998). 프로이트는 심리생활을 의식, 전의식, 무의식으로 나누는 것은 지나치게 정신세계를 정적으로 표현하는 것으로 생각하였다. 그리하여 그는 정신의 특수한 영역을 나타내기보다는 '심리활동'을 나타내는 개념들을 도입하였다. 이것이 이드, 자아, 초자아라는 개념이다(Freud, Hall & Osborne, 1999).

이러한 지형학적 모델의 어려움들은 극복하기 위해 프로이트는 성격을 3가지 구성개념, 즉 본능(Id), 자아(Ego), 초자아(Super Ego)로 정의하는 개정된 이론인 '구조적 모델(Structural model)'을 발전시켰다. 이들 3가지 개념은 마음 안에서 분리된 구획이 아니며, 서로 섞여 있는 것이다(Ewen, 1998).

표 3-1 프로이트의 성격 개념

본능(Id)	자아(Ego)	초자아(Super Ego)
• 출생 시 존재하는 유일한 성격 요소	• 생후 6~8개월경부터 Id로부터 발달함 • 자신의 신체와 외부 세계와의 경험의 결과로부터 생성	• 3~5세경 Ego로부터 발달함 • 부모의 기준의 내재화와 오이디푸스 콤플렉스의 해결 결과로 생성되는 복잡한 과정
• 완전히 무의식적	• 일부는 의식, 일부는 전의식, 일부는 무의식	• 일부는 의식, 일부는 무의식. 그러나 많은 부분이 무의식에 있음
• 일차적 과정(primary process)에 의해 작동됨 • 무질서하고, 비합리적, 도덕에 관계 없는 사고 • 시간이나 논리적인 감각이 없음 • 소망 성취와 관련된 이미지 생산만이 가능	• 이차적 과정(secondary process)에 의해 작동됨 • 논리적, 자기보존적(self-preservative), 문제해결적, 쾌락 지연하는 사고	• 자신의 것으로 내재화시킨 도덕적 의무에 의해 작동함 • 현실적이고 자기 보존적일 수도 있고 아닐 수도 있음
• 완전히 쾌락 원리에 의해서만 동기화됨(본능적 욕구를 만족시키고 긴장을 감소시킴으로써 쾌락을 추구하는 것) • 생리학적 욕구를 심리학적 긴장으로 변형시킴	• 현실원리에 의해 동기화됨 • 오류, 위험, 처벌을 피하기 위해 적당한 대상이 발견될 때까지 긴장의 해소를 지연시킴	• 그 구조에 묶여있는 에너지에 의해 동기화됨 • ego의 죄책감이나 자신감을 자극시킴으로써 그 기준을 강화함.

본능(Id)	자아(Ego)	초자아(Super Ego)
• 선천적이고 타고난 본능을 간직하고 있으며, 이 본능은 사람에 따라 그 강점이 다름	• 불안을 포함하여 모든 감정을 통제함 • 방어기제를 사용함	• 2가지 요소로 이루어짐 (1) 자아 이상(ego ideal): 옳은 것의 기준, 바람직한 행동을 보상 (2) 양심: 그른 것의 기준, 잘못된 사고와 행동을 벌함
• 너무나 강력하고 지독할 (또는 너무나 약할 수도) 수도 있어, 정신병리로 이끌 수 있음	• 자아(ego)가 강할수록 성격은 더욱 건강함	• 너무나 강력하고 지독할 (또는 너무나 약할 수도) 수도 있어, 정신병리로 이끌 수 있음
• 어떤 점에서 성격의 생리학적인 요소임	• 어떤 점에서 성격의 심리학적인 집행자임	• 어떤 점에서 성격의 사회적 요소임

6) 성격의 발달: 심리 · 성적발달단계(Psychosexual Stage)

프로이트는 인간이 태어날 때부터 성적 욕구를 가지고 있다고 주장하며, '심리 성적 발달단계'를 주장했다. 그는 심리 성적 발단단계를 설명하며 '리비도(libido)'의 이동에 따라 성욕을 느끼는 신체의 부분이나 쾌감을 느끼는 방법이 달라진다고 하였으며 이를 5단계로 나누어 분류하였다. 그의 이론에서 중시되는 리비도(libido)는 성 에너지 또는 성욕이라는 뜻으로, 발달단계별로 다른 신체 부위에 집중된다고 보았다. 이렇게 성 에너지가 집중되는 부위를 성감대(erogenous zone)라고 하는데, 성감대는 생물학적 요인에 의해 특정 부위로 옮겨지며 이러한 이동이 아동의 경험과 발달에 결정적인 역할을 한다는 것이 바로 프로이트의 관점이다.

성격의 발달은 유아기부터 청소년기까지 명확하게 5단계에 걸쳐 이루어지나 이 단계들 중 앞의 세 단계가 성격형성에 결정적인 역할을 하게 된다. 왜냐하면, 이 시기에 리비도는 신체의 특정 부위에 자리 잡고 그 특정 부위에서 만족을 추구한다. 만족을 추구하는 특정 부위는 연령에 따라 변화하며, 리비도의 특정 부위에서 만족 추구는 출생 후 1세까지는 입과 입술 부위에서 주로 쾌감을 느끼고, 1~3세까지는 항문에서 만족을 느끼며, 3~6세까지는 성기에서 쾌감을 얻는다. 리비도의 지향대상도 출생 시는 자신의 신체감각만이 있어 출생 후 1세까지는 자기의 신체가 주로 대상이 되고, 자아가 형성된 다음인 1~3세까지는 리비도가 이 자아에 부착되어 자기애를 나타내며, 3~5 · 6세 사이에는 리비도가 부모에게 지향된다(이인정, 최해경, 2020).

3단계인 남근기(Phallic Stage)는 3~6세 유아의 리비도가 성기로 옮겨가는 단계이다. 가장 논란이 되는 단계로 큰 특징으로 '오이디푸스 콤플렉스'(Oedipus complex)와 '엘렉트라 콤플렉스'(Electra complex)를 경험하게 된다는 것이다. '오이디푸스 콤플렉스'(Oedipus complex)란 남아가 어머니에 대한 애정을 추구하며 아버지를 경쟁자로 여긴다. 그러나 자신의 그러한 감정을 아버지가 알게 된다면 자신의 성기를 거세할지도 모른다는 잠재적 공포를 느끼게 되어 프로이트는 이러한 복합적 감정 유발로 자기도 모르는 사이에 아버지를 살해하고 어머니와 결혼한 그리스 신화의 오이디푸스 이야기를 빗대었다. 결국 이러한 불안감으로 인해 남아는 엄마에 대한 성적 욕망을 포기하고 결국 아빠를 닮아가며 동일시하게 되고, 아버지로서의 성역할 행동을 습득하게 된다는 것이다. 한편 여아는 '엘렉트라 콤플렉스'(Electra complex)를 경험하게 되는데 자신에게 음경이 없다는 사실에 분노하며, 자신을 불완전하게 만든 엄마에게 비난의 화살을 돌리게 되는데 이러한 현상을 남근 선망(Penis envy), 즉 남근을 갖고 싶어 하는 욕망이라 일컫는다. 여아들은 남근 선망을 아버지에 대한 사랑을 통해 해결하려 하지만 아버지 곁에 있는 어머니로 인해 좌절되며, 이로 인해 어머니를 경쟁자로 여기게 된다는 것이다. 여아는 어머니에 대한 경쟁심과 원망을 보이다가 곧 어머니와 같은 성을 가지고 태어났다는 것을 깨닫고 어머니로서의 성 역할 행동을 습득하게 된다는 것이다(EPN, https://www.edupolnews.com, 2025.3).

4단계 잠복기(Latent Stage)는 6세에서 사춘기 이전까지 아동들로서 리비도가 무의식 속에 잠복하게 되어 성적이나 공격적인 환상들이 대부분 드러나지 않는 상태에 들어감으로 이 시기 아동들은 성적 충동으로 방황하지 않고 비교적 평온하게 자신이 원하는 스포츠 활동이나 지적 활동 등 사회적으로 용인되는 일에 에너지를 쏟게 된다. 외부세계로 관심을 집중하며 사회관계를 확장하고 도덕적인 관념도 정립하게 된다. 5단계 생식기(Genital Stage)인 청소년기에 이르러 리비도가 이성으로 향하게 되어 이성애가 발달하기 시작한다. 사춘기가 되면서 성적 에너지가 다시 분출하게 되는데 이 시기 아동은 부모로부터 독립하여 성적 파트너를 발견하려 하며, 아버지에 대한 경쟁심은 버리면서 대신 지배로부터 벗어나고 싶어 한다. 그러나 심리성적 발달단계가 모두 성공적으로 진행되는 것은 아니다. 한 단계에서 다음 단계로의 진행이 방해받으면 특정 단계에 고착될 수 있다. 프로이트는 성의 발달이 특정 단계에 멈춰 버리는 심리현상을 '고착'이라고 불렀다. 프로이트는 이 고착이 성인기 성격에 직접적 영향을 미친다고 보았으며, 이를 좌절과 방임이라는 두 가지 요소로 설명하였다. 좌절은 아동의 심리성적욕구를 양육자가 적절하게 충족시키지 못한 것을 의미하며, 방임은 과잉으로 만족시켜 양육자가 아동에게 내적인 극복 훈련을 제대로 시키지 않아 의존성이 심한 것을 의미한다((EPN, https://www.edupolnews.com, 2025.3); 이인정, 최해경, 2020).

7) 정신분석이론의 적용

(1) 꿈의 해석

꿈은 "무의식에 이르는 왕도이다"라고 한다. 그러나 꿈은 상징적인 언어로 표현되며 이것은 이해하기가 매우 어렵다. 꿈의 일부(특히 어린 아이의 꿈)는 명확히 성적인 것이 아닐지라도 대부분의 꿈은 어린 시절의 성적 충동과 관계가 있다. 궁극적으로 모든 꿈은 소망의 성취를 갈망한다(Freud, Hall & Osborne, 1999).

(2) 정신병리학

신경증은 늦게까지 명확하게 나타나지 않을지라도 대부분 영아기와 아동기에 시작된다. 오이디푸스 콤플렉스의 미해결은 효과적인 승화를 형성하는 데 실패하게 하고, 결과적으로 리비도는 단지 가장되고 왜곡된 모습인 신경증적 증상으로 발산된다. 꿈과 같이 신경증의 증상은 본능, 자아, 초자아 간의 타협을 반영하며 이들은 중요한 의미를 지니고, 아무리 이상할지라도 표면에 나타날 것이다(Freud, Hall & Osborne, 1999).

(3) 정신치료

정신분석치료는 무의식의 것들을 자아에 의해 검토되고 수정될 수 있는 의식세계로 가지고 오는 데 최선을 다한다. 이러한 통찰력은 자아를 강화시키고, 자아의 본능과 초자아에 대한 통제력을 증가시키며, 일상생활의 어려움들을 다루는 능력을 향상시킨다. 정신분석치료는 비용이 매우 비싸며, 시간이 많이 소요되고, 잘 알려져 있는 카우치를 활용하며, 환자로 하여금 무엇이든 그의 마음에 떠오르는 것을 말하게 함으로써 자유연상을 하도록 한다. 또한 특히 환자의 저항과 전이에 특별한 관심을 두고 정신분석가가 조심스럽게 시간에 맞는 해석을 한다(Freud, Hall & Osborne, 1999).

표 3-2 프로이트의 심리 · 성적 발달 단계(Psychosexual Stage)

단계	성적 만족을 창조하는 영역 (Erotogenic Zone) (쾌락의 주요 근원)	기간(Duration) 설명(Description)	갈등의 근원 (Source of Conflict)	성격 유형 (Personality Characteristics)
1. 구강기 (Oral)	입, 입술, 혀	0~1세, 1/2세 주로 수동적 비협조와 관련되나 치아가 나기 시작하고 깨무는 것이 가능해지면 공격적이 됨	이유 (Feeding)	흡연, 섭식과 같은 구강행동 수동성과 잘 속음 (그리고 그 반대의 성격)
2. 항문기 (Anal)	항문	1~3세 배설물을 배출하거나 보류함으로써 환경에 대한 일부 통제가 이루어짐	배변훈련 (Toilet training)	규율 엄수하고 인색하고 완고함 (그리고 그 반대의 성격)

단계	성적 만족을 창조하는 영역 (Erotogenic Zone) (쾌락의 주요 근원)	기간(Duration) 설명(Description)	갈등의 근원 (Source of Conflict)	성격 유형 (Personality Characteristics)
3. 요도기 (Urethral)	요도(소변을 요도관으로부터 방광으로 옮김)	항문기로부터 명확하게 구분되지 않음	오줌싸기 (Bed Wetting)	야망(그리고 그 반대의 성격)
4. 남근기 (Phallic)	성기의 음경, 음핵	2~5세	오이디푸스 콤플렉스	허영심, 무모함(그리고 그 반대의 성격)
5. 잠복기 (Latency)	성적 충동은 잠복기 동안 덜 중요시됨. 5~12세 이상 사이에 해당 진정한 심리성적 단계는 아님			
6. 생식기 (Genital)	음경, 질	12세~성인기 정상적 발달의 목표	피할 수 없는 인생의 어려움들	타인에 대한 더욱 진실된 관심, 효과적인 승화, 현실적인 즐거움들

* 고착(Fixation): 리비도가 전생식기 단계에 소속되어 남아있을 때 발생함. 일정한 양은 불가피한 것이지만, 너무 많은 양의 고착은 정신병리를 가져옴.

** 퇴행(Regression): 리비도가 이전의 정신성적 단계나 객관적 선택으로 돌아가는 역류. 고착과 함께 일정한 양은 정상적인 것. 대부분 퇴행의 대상들은 강하게 고착된 것들임.

8) 프로이트의 정신분석이론의 입장

프로이트 정신분석이론은 다음과 같은 몇 가지 입장을 취하고 있다(S.프로이트/C.S.홀/R.오스본, 1999).

① 인간의 정신 현상을 질적으로 파악하지 않고 양적으로 파악했다는 것이다. 이를테면 정신적 에너지가 어떤 대상으로 집중된다거나, 감정의 변화라는 것이 흥분의 다소에 따라 달라진다는 것 등이 바로 그러한 입장에서 비롯되는 것이다.

② 인간의 정신을 공간적으로 파악했다는 것이다. 이를테면 정신을 무의식의 세계, 전의식의 세계, 의식의 세계 등으로 생각하는 것 등이 그러한 입장에서 비롯되는 것이다.

③ 인간 정신의 활동을 서로 대립되는 힘과 힘의 역동을 파악했다는 것이다. 바로

심리적 메커니즘이라는 것이 바로 이러한 입장에서 비롯되는 것이다. 그러한 입장에서 볼 때 정신체계는 다른 어떤 외적 자극이 없이도 자체 내의 힘과 역동으로 움직일 수 있다고 한다. 프로이트는 이상과 같은 세 갈래 입장을 종합한 견지로 인간의 심리 현상을 파악하려고 했다. 프로이트는 그와 같은 종합적인 심리학을 종합심리학(metapsychologie)이라고 했다.

9) 프로인트 정신분석이론의 공헌 및 강점(Ewen, 2003)

① 프로이트는 무의식의 중요성을 매우 정확하고 생생하게 강조하였다. 이것은 이제 모든 성격에 관한 분야에서 수용이 되었고 아마도 가장 중요한 점일 것이다. 그는 또한 꿈을 해석하는 가치 있는 기법들을 고안하였고, 이것은 정신치료에서 최초로 공식적으로 꿈의 해석을 통합시킨 것이었다.

② 프로이트는 무의식에 있는 것들을 의식으로 가져오는 과정을 포함하여, 최초로 정신치료의 처음부터 끝까지의 방법을 발전시켰다. 그는 저항과 전이와 같은 기반이 되는 이슈들을 확인하였고, 아동기의 부모와의 갈등과 관련된 성인기에서의 다양한 어려움들을 제시하였다. 따라서 그는 성격 발달에 있어서 어린 시절 경험의 중요성에 대하여 강조하였으며, 이것은 우리의 어린 시절이 "행복한 아이"라는 신화를 깨고, 다양한 시도와 좌절의 시기임을 제시하였다. 그는 또한 정신병리학이라는 것이 종류보다는 정도의 차이라는 것을 강조하여 분명히 비교할 수 없는 신경증적 증상에는 중요한 의미가 있다고 주장하였다.

③ 프로이트는 불안의 중요성에 대해 각성을 시키고, 정신적 고통이 신체적 고통보다 훨씬 더 고통스러울 수 있음을 강조하였다. 그는 또한 우리가 자기 부과적 명령이나 제한들로 고생할 수 있으며, 이것이 매우 가치 없고 잔혹한 것이라고 하였고, 다른 이론가들도 이 개념을 수용하였다. 그의 영아기 성에 관한 이슈나 개인과 사회 간의 불가피한 갈등에 관한 이론들은 이러한 이슈들에 대한 가치있는 토론과 재사고를 불러일으켰다.

④ 많은 공격과 비판에도 불구하고, 프로이트는 심리학과 정신의학의 영역에서 존경받아 마땅하다. 심리학의 모든 영역의 교과서는 프로이트에게 대가를 지불해 마땅하며, 모든 성격이론가들은 이 정신분석이론을 그들의 연구의 기초로 활용하였다. 프로이트의 오류가 무엇이든 간에 그의 특별하고 탁월한 연구는 모든 인간에게 새로운 심리학의 전망을 열어주었다.

10) 프로이트의 정신분석이론에 대한 비판 및 취약점(Ewen, 2003)

(1) 여성의 성(Female Sexuality)

프로이트가 여성은 불완전한 성기관과 약한 초자아를 가지고 있으며, 신경증에 걸릴 소질이 많은 열등한 창조물이라고 믿은 것은 모든 근대 심리학자들이 궁극적으로 가장 큰 실수라고 보는 점이다. 프로이트는 확연한 성차별적인 편견을 가지고 있었다. 프로이트의 이론은 여성에 대한 연령과 문화적 편견을 반영한다.

(2) 성과 엄격성(Sexuality and Rigidity)

프로이트의 이론은 성에 대한 너무 많은 강조에 대해 매우 강하게 공격당해 왔다. 즉 오이디푸스 콤플렉스의 일반화, 리비도, 심리성적 단계들, 모든 정신병리의 근원을 성욕의 역기능으로 돌린 점, 대부분의 꿈의 상징을 성적인 것으로 취급한 점 등. 많은 사람들이 이 한 가지 욕구가 거의 모든 인간의 행동을 설명한다는 것을 믿기가 어려울 정도이다. 프로이트의 개인적인 삶이 그의 이론화에 굉장한 영향을 미쳤을 것이라는 가능성이 있기도 하다. 그는 성적인 이슈에 대단한 개인적 관심과 헌신을 보였었다. 그는 또한 무기력함과 수동적인 것을 정말 싫어하여, 정신분석이 마치 종교와 같이 지속되는 인식을 제공하는 것처럼 하였다. 정신분석이론을 공격하는 것은 종교를 공격하는 것과 같이 어렵고 좌절스러운 것이었다. 정신분석가의 해석에 동의하지 않으면 거의 저항으로 받아들여졌다. 정신분석의 이러한 과도

한 엄격함이 대중과 전문가들을 화가 나도록 만들며 프로이트의 가치있는 훌륭한 통찰들을 잃을 위험에 처해있다.

(3) 비관주의와 욕구 감소(Pessimism and Drive Reduction)

프로이트의 성격의 어두운 측면에 관한 주장은 많은 비난을 불러일으킨다. 우리가 정말로 태어나면서부터 죽이고 싶은 욕구가 있고 근친상간하고 싶은 욕구가 있는가? 따라서 Horney, Fromm, Erikson과 같은 일부 이론가들은 프로이트의 정신분석이론을 더욱 긍정적인 용어로 바꾸고자 노력하였고, Rogers와 Maslow는 프로이트의 "착각"이라고 하였다. 또한 프로이트의 본능적 욕구의 감소에 대한 강조 또한 비판을 많이 받는다. 사람들은 긴장의 증가에 대한 욕구에 의해 동기화되기도 하고, 흥분과 자극을 적극적으로 찾기도 한다. 본능적 충동의 감소를 위하여 하는 것은 아니다.

(4) 정신 에너지(Psychic Energy)

프로이트에 의하면, 너무 많은 리비도의 고착이나 퇴행이 신경증으로 이끈다고 한다. 그렇다면 어느 정도가 너무 많은 것인가? 방출, 고착, 퇴행 등에 사용되는 정신 에너지의 양을 측정하는 것은 불가능하다. 일부 심리학자들은 프로이트의 이 에너지 모델이 큰 실패 중 하나라고 한다.

(5) 내부적 일관성(Internal Consistency)

정신분석이론은 이론 내부에서 서로 잘 맞지가 않는다. 심각한 모순들이 그 기초를 흔들어 놓고 전체 구조에 위협이 되고 있다. 예를 들어 프로이트는 초기에 2가지 욕구를 성욕과 자기보존의 욕구라고 했다가, 이후엔 성욕과 파괴욕이라고 하고 있다.

(6) 방법론

정신분석이 너무나 주관적이고 통제가 안 된다고 비난한다. 심지어는 프로이트가 그의 사례의 일부를 성공을 위해 그의 이론을 지지하는 쪽으로 조작한다는 의견도 있다.

11) 기타 이슈

에릭슨, 프롬, 호니, 설리반 등의 다른 정신분석이론가들은 프로이트가 성격의 생리적 결정론을 지나치게 강조했다고 주장한다. 또한 그는 종교의 부정적 측면을 강조했고, 그의 이점들을 간과했다. 또한 꿈이 프로이트가 주장하는 것처럼 성적으로 기원되지 않았다.

2. 안나 프로이트

1) 안나 프로이트의 생애

안나 프로이트

안나 프로이트(Anna Freud, 1895~1982)는 영국의 정신분석학자, 아동심리학자이다. 오스트리아계 영국인으로 정신분석학의 창시자인 지그문트 프로이트의 막내딸이다. 초등학교 교사를 하다가 아버지로부터 정신분석학을 배워 정신분석학자가 되었고 정신분석학과 아동심리학에 큰 영향을 미쳤다. 멜라니 클라인과 함께 정신분석적 아동정신분석의 선구자이다.

에릭 에릭슨을 정신분석학에 입문하도록 도왔고 그에게 많은 영향을 주었다. 아버지의 제자이자 학문적 동지였으며, 아버지의 말년에 간호사와 비서 노릇을 하기도 했다. 그녀는 결혼하지 않고 평생 독신으로 살다가 1982년 세상을 떠났다. 교육학, 가족법 등의 분야에 영향을 끼쳤으며 이 공로를 인정받아 1967년 대영제국훈작사(CBE)를 받았다. 이외에도 1975년에는 빈 대학교에서 명예석사학위를, 1981년에는 독일 프랑크푸르트대학의 괴테연구소에서 박사학위를 받았고, 괴테문학상 등을 수상하였다.

1922년 안나는 빈 정신분석학회에 자신의 논문 「구타와 환상」를 제출하고 회원이 되었다. 1923년 그녀는 아이들과 함께 정신분석 실습을 시작했고, 1925년까지 빈 정신분석연구소에서 아동분석 기술을 가르치고 있었다. 1925년부터 1934년까지 국제정신분석학회의 사무총장을 역임했으며, 아동분석실습을 계속하고 세미나 및 학술회의에 참여했다. 1935년 그녀는 빈 정신분석 연구소의 소장이 되었고, 1936년 "자아가 우울증, 불쾌감, 불안감을 피하는 방법과 방법"에 대한 영향력 있는 연구인 『자아와 방어 메커니즘』을 출판했다. 그것은 자아심리학의 창시자가 되었고, 선구적인 이론가로서의 프로이트의 명성을 확립시켰다. 그녀는 『5세 이전 아이의 성본능이 평생을 좌우한다』, 『자아와 방어 메커니즘』(1936), 『전쟁기 아동』(1942), 『가족 없는 유아들』(1944), 『아동기의 정상성과 병리학』(1965)을 출간하였다(위키피디아백과사전, 2025).

2) 안나 프로이트의 방어기제(Defense Mechanisms)

안나 프로이트에 따르면, 방어기제는 수용할 수 없는 감정으로 인해 불안해하는 사람을 보호하기 위해 무의식적으로 사용되는 심리적 전략이다. 즉, 자신을 위협으로부터 방어하기 위해 무의식적으로 스스로를 속이며 심리적 상처를 회피하고 안정감을 유지하려는 것인데, 죄책감이나 불안감에서 벗어나 자존감을 보호하는 역할을 한다.

(1) 방어기제가 작동하는 이유

방어기제는 사람들의 생각과 행동이 불쾌한 생각이나 감정, 행동으로부터 자신을 보호하거나 방어하기 위해 활용되는 방식이다. 이에 앞서 언급한 대로 압박감을 느끼거나 초자아로 인해 너무 많은 요구사항이 발생할 때 나타나는 불안과 죄책감이 증가하는 것을 막아줄 수 있다. 즉, 안전하게 자신을 보호해 주는 장치가 되는 것이다. 또한, 의식적으로 수행되거나 통제되는 않는다는 특징을 보인다. 방어기제는 수용할 수 없는 감정으로 인해 불안해하는 사람을 보호하기 위해 무의식적으로 사용되는 심리적 전략이다.

(2) 방어기제의 유형과 개념

① 미성숙한 방어기제의 유형과 개념

- **부정**(Denial): 부정은 죄를 받아들이는 데서 오는 죄책감과 불안으로 인해 발생하는 자아를 해치는 것을 자제할 때 사용된다. 즉, 특정 생각이나 느낌을 그대로 받아들이기 어렵기 때문에 인정하려 하지 않는 것이다.
- **퇴행**(Regression): 스트레스를 받으면 사람은 무의식적으로 어린애 같은 행동을 보일 수 있는데 한마디로 미성숙한 상태로 돌아가는 것이다. 특히 스트레스가 매우 높은 성인이라면 더 안전하고 행복한 순간을 연결하는 것들에 위로를 받을 수 있어, 어렸을 때 보던 예전 만화를 보는 등의 행동이 나타날 수 있다.
- **연기**(Acting out): 원자아가 인간의 정신에 충동적이 되라고 말할 때, 이러한 명령이 부덕한 것으로 여겨질 경우 자아 혹은 초자아에 의해 반대를 받는 경우가 나타난다. 가령 보통 말이 없고 침묵을 일삼다가 회의 도중 소리를 지르는 경우가 발생할 수 있다.
- **분리**(Dissociation): 한 사람이 일시적으로 자신을 현실과 분리하고 마치 다른 차원에 있는 것처럼 느낄 때 일어난다. 자신의 현실에서 겪고 있는 고통이나 위협에 즉시 대처할 필요가 없도록 이 작업을 수행하는 것인데, 정신적으로 자신을 다른 장소로 옮겨 이 고통을 피하려는 시도다. 간혹 공상에 빠지거나 멍하니 쳐다보거나 하는 행동과 연관된다.
- **구획화**(Compartmentalization): 이 유형은 분리의 더 적은 형태로 나타나는 것인데, 자신의 부분이 다른 부분에 대한 인식에서 분리되고 별도의 가치 집합을 가진 것처럼 행동할 때 발생한다. 가령 정직한 사람이 상점 주인에게 정확한 금액

이상의 잔돈을 받았더라도 이를 돌려주지 않는 것이다. 이들은 물건을 살 때는 정직성이 중요하지 않은 것처럼 느끼고 이는 자신의 가치와 모순된다는 것을 알지 못한다.

- **투사**(Projection): 약점이나 불안을 감당하지 못하는 상황에서 다른 약점이 있는 사람을 비난하는 것이다. 다시 말해 자신의 용납할 수 없는 생각이나 감정, 동기를 다른 사람에게 돌리거나 투영하는 행동으로, 예를 들어 공포 영화를 보면서 겁을 내면서도 다른 사람들에게는 마치 자신의 친구가 겁을 냈다고 말할 수 있다.
- **반동 형성**(Reaction Formation): 이 유형은 사람이 자신의 바람직하지 않은 생각이나 감정, 충동을 정반대로 바꾸는 경우에 발생한다. 가령 이혼하기를 원할 수도 있는 남성이 거꾸로 영원히 아내와 함께하고 싶다고 말을 하는 경우다.
- **수동 공격성**(Passive aggression): 잘 드러나지 않는 방법으로 상대에게 분노를 표출하는 경우다.
- **행동화**(Acting out): 행동을 통해서 자신의 화를 표현하는 것. 다만 이 경우 왜 그런 행동을 하고 있는지 본인은 이성적으로 이유를 말할 수 없는 경우다.

② 덜 미성숙한 방어기제의 유형과 개념

- **억압**(Repression): 방어라는 용어와 거의 같은 의미로 사용될 만큼 전형적인 방어기제다. 인간이 의식을 잃지 않도록 혼란스럽거나 위협적인 생각을 밀어내려고 할 때 발생한다. 예를 들어 상대를 찌르는 충동을 느낄 수 있어도, 처음에는 그런 생각을 했다는 것을 인정하지 않으려 한다.
- **전위**(Displacement): 충동을 완수할 목적으로 대체물을 사용할 때 발생하는 것이다. 예를 들어 교사에게 학생이 화를 내고 싶어도 성적이나 기타 불이익이 두려워 공격하지 못하는 것이다. 대신 이 학생은 돌이나 바위를 던지는 등 다른 형태로 분노를 표출한다.

- **주지화**(Intellectualization): 이 형태를 취하는 사람은 냉담하고 중립적인 방식으로 자신의 상황을 보려고 하는데, 위협적인 감정을 피하기 위해 위협 조건에 관한 지적 분석을 통해 스트레스를 부정하는 것이다.
- **합리화**(Rationalization): 정신적으로 사실을 왜곡하거나 변명을 통해 사건이나 충동이 덜 위협적이게 보이도록 한다. 즉, 그럴듯한 이유를 찾아내 자아가 상처받는 것을 방지하는 것이다. 실제로 늦잠을 자 수업에 늦었더라도 다른 피치 못할 사정이 있었던 것처럼 이야기해 합리화시키는 경우가 해당된다.
- **실행 취소**(Undoing): 자신이 저지른 공격적 행동을 철회할 때 나타나는 행동으로, 실수로 누군가 충돌했을 때 상대에게 사과를 하는 경우다.

③ 기타 신경증적 방어기제

- **사회적 상하비교**(Upward and downward social comparisons): 자신보다 낮다고 생각하는 대상과 자신을 비교하고 스스로를 그들과 차별화함으로써 자신을 높이려고 하는 것

④ 성숙한 방어기제

- **승화**(Sublimation): 개인의 부정적인 충동을 받아들일 수 있는 것들로 이동시키는 행동으로, 즉 허용되지 않는 충동을 허용되는 행위로 전환하는 것이다. 가령 좌절감을 느낄 때 농구를 하면서 이 좌절감을 돌리고 잊으려 노력할 수 있다.
- **보상**(Compensation): 보상은 자신의 감정에 초점을 맞춰 약점을 보충할 때 발생한다. 춤을 잘 추지 못하는 사람이 자신의 강점을 살릴 수 있는 노래를 부르는 파트에 자원하는 경우에 해당된다.
- **자기주장**(Assertiveness): 존경심을 가지고 직접적으로 그리고 단호하게 자신을 표현할 때 발생한다. 예를 들어 프로젝트에 집중할 수 없다는 이유로 이웃에게 정중히 소음을 줄여달라고 요청하는 행동이다.
- **유머**(Humor): 불쾌하거나 기분 나쁜, 공격적인 충동이 생겨도 농담으로 해소하는

것. 불쾌한 일을 당했을 때 유머로 승화시켜 받아침으로써 자신의 불쾌감도 어느 정도 해소한다. 불안 유발적 생각이나 감정의 표현으로 타인에 대한 빈정거림도 없고 불쾌한 효과도 일으키지 않는다.

- **이타주의**(Altruism): 자신이 받고 싶은 것을 타인에게 베풀면서 즐거움을 느끼는 것(구호단체에 자선하기, 부모님께 용돈 드리기, 길고양이 돌보기 등)
- **인내**(Patience): 불쾌한 상황에서 곧바로 반응하지 않고 기간을 두고 시간과 여유를 가지고 대처하는 것. 억제와 유사하다.
- **수용**(Acceptance): 상황을 직시하고 현실적으로 받아들이는 것
- **용인**(Tolerance): 인정하기 싫은 감정 및 상황을 의도적으로 받아들이고 허용하는 것
- **예측**(Anticipation): 미래에 있을 불편함이나 갈등 등을 미리 내다보고 현실적으로 준비하는 것
- **감정적 자제**(Emotional self-regulation): 다양한 경험에서 요구되는 감정들을 스스로 조절하며 사회적으로 인정받는 종류의 감정을 느낄 수 있도록 하는 것
- **감정적 자부심**(Emotional self-sufficiency): 사회나 다른 사람들로부터 인정받고 싶은 욕구에서 벗어나 그에 연연하지 않는 것

정신역동이론 II

1. 융(Jung): 분석심리학의 아버지

* C. G. Jung의 어록: "The shoe that fits one person pinches another. there is no universal recipe for living"[1](Ewen, 2003: 85).

1) 융의 생애

융

융(Carl Gustav Jung, 1875~1961)은 1875년 7월 26일 스위스 체스빌에서 가난한 개신교 복음주의 목사의 아들로 태어났다. 그의 아버지는 신앙심의 부족으로 고통받았으며, 융의 종교에 대한 통찰력 있는 의문들에 답을 주지 못하였다. 부모의 불화가 늘 있었고, 엄마는 친절하면서 뚱뚱하고 늙었기 때문에 그의 오이디푸스 콤플렉스에 대한 회의는 부분적으로는 당연한 것이었는지도 모른다. 젊고 아름답고 자식을 지나치게 귀여워하는 프로이트의 어머니와는 달랐다(Ewen, 2003). 융의 어머니는 외향적인 성격에 본능적인 부분이 강했던 듯하고, 아버지는 내성적인 성격에 경건한 성품을 가진 사람이었다. 융의 아버지는 남성적인 모습이 약했고 연약한 느낌을 받았고, 그런 아버지의 권위를 인정할 수 없었고 이상으로 생각

1) 한 사람에게 꼭 맞는 신발이 다른 사람에게는 맞지 않아 아플 수 있다. 이것은 삶에는 누구에나 다 맞는 공통적인 처방은 없다는 의미이다.

할 수 없었다. 융은 동일시할 수 있는 아버지 상이 부재하였기 때문에 모방을 통한 자아상 형성과정에 많은 고통을 겪었다. 융은 내성적이고 외로운 아이였고 내면의 정신적 세계에 깊게 빠져들었다(고은진 옮김, 2003). 어린 나이에 엄마의 침실에서 발산되어 나타나는 분리된 머리를 가진 반짝이는 물체와 같은 초자연적인 환상을 경험하게 된다. 그는 자신을 외로운 사람으로 간주했고, 다른 사람이 모르는 것을 알고 알려주어야 한다고 생각했기 때문에 외로움은 사람의 부재로 인한 외로움이 아니라 자신에게 중요하게 비치는 사물과의 대화를 할 수 없다는 것에 있었다(Ewen, 2003).

대학 시절 그는 바젤대학에서 의학 공부를 하는 동안 정신의학 분야에 매력을 느끼게 되었고 학위를 받아 그런 융의 선택에 대해 교수 중의 일부는 놀라고 실망하였다. 그의 비전뿐만 아니라 다양한 경험들은 초자연적인 실존에 대해서 확신하게 되었다. 그는 집단을 즐겁게 하려고 상상이야기를 만들었다. 단지 그가 모르는 사람에 대한 은밀한 비밀, 진실을 통찰력있게 드러내고 있다는 것을 밝히기 위해서이다. 정신과 의사로서의 생활과 가정의 경우 그가 정신과 의사로 활동하기 시작한 것은 1900년 쮜리히(Zurich)에 있는 뷔르괼즐리(Burgholzli) 병원에서 'Schizophrenia'라는 용어를 만들어낸 오이겐 브로일러(Eugen Bleuler) 교수의 조수로 활동하면서부터다. 그는 1909년에 연상테스트(association test)라는 단어를 개발하였다. 1903년에 에마(Emma Rauschenbach)와 결혼하였고 그녀는 그의 협력자가 되었다. 결혼생활은 성공적이었고 슬하에 딸 4명과 아들 1명을 두었다. 그러나 어떤 여성도 융의 어린 시절의 정서적인 박탈감을 채워주지 못하였다. 그는 중년기에 Toni Wolff라는 젊고 매력적인 여성과 사랑에 빠졌고, 부인 에마는 이러한 사실을 받아들였다(Ewen, 2003).

융은 1900년에 출판된 프로이트의 『꿈의 해석』(The Interpretation of Dreams)을 읽었고 1906년에 서신을 통해 친밀한 관계를 맺게 되었다. 이후에 두 사람은 만났으나 불행하게도 서로 오해가 있어 관계는 깨어졌다. 프로이트는 자신의 후계자로 융을 지목한 반면, 융은 프로이트와 동등한 연구의 협력자로 자신을 생각하였다. 그리고 융은 프로이트의 오이디푸스 콤플렉스의 보편성과 리비도의 성적 본질에 대한 프로이트의 고집을 독단주의라고 여겼고, 반면 프로이트는 융이 자신의 이론을 창조하는 시도를 배신이라고 생각했다. 결과 몇 년간 융은 프로이트의 생각에 저항하였다. 융은 Clark 대학에서 초빙 강사로서 강단에 섰고, 정신분석가가 되었으며, Zurich 대학에서 정신분석을 가르쳤다. 그는 인간의 성격을 프로이트와는 매우 다르게 보았고 1913년에 공식적으로 결별하였고, 1914년 국제정신분석협회(International Psychoanalytic Association) 회장직을 사퇴하였다(Ewen, 2003). 융은 프로이트와의 결별 이후 쓸쓸 여생을 보냈으나 그 가운데 자신의 무의식의 깊이를 탐구하였다. 정신에 내재된 목소리와 대화하였고 그가 그의 "아니마(anima)"로 해석한 여성과 죽은 자로부터 돌아온 영혼이라고 믿은 유령 집단과 대화하였다. 그는 자신의 의식 속에 나타난 많은 원형을 목격하였고 그 자신을 발견하고 개성화되는 과정을 경험하고 있다는 것을 느꼈다. 1919년에 융은 자기반성의 시간을 통해 창조한 확실한 신념을 가지고 활동하게 되었다. 그는 숙련된 정신치료자로서 명성이 높아 영국과 미국 환자들의 주목을 끌었다. 그는 신비에 대한 연구를 계속하였다. 그는 경험적인 근거 하에 연구하는 과학자였고 현실을 잘 아는, 감명을 주는 실천가였다. 프로이트처럼 융의 성격은 복잡하고 다면체였다. 어떤 이는 그를 현명하고 분별력 있고 봉사성이 있다고 하지만 다른 이는 그를 다투기 좋아하고 여성을 밝히고, 비꼬고, 매우 비판적이고 지조가 없다고 한다. 특별히 철학의 높은 수준에 오르는 데 실패했다고 말한다. 융은 자신은 철학자가 아니고 경험론자라고 말하며, 현상학적 입장을 지향한다고 말한다(Ewen, 2003; 고은진 옮김, 2003).

2) 융 이후 분석심리학의 역사

융에게는 생전에 자신의 학설을 충분히 소화하고 가설을 확대한 제자와 동료가 있었다. 에리히 노이만(Erich Reumann)은 태모(great mother)로부터의 의식의 발달과정의 상징적 의미를, 영국의 포담(M. Fordham)은 어린이의 성장발달을 연구했다. 피에르츠(K. H. Fierz)는 융의 뒤를 이어 스위스 연방공대에서 장기간 융의 심리학을 가르치면서 만년에 주로 정신, 물리적 상관관계에 대한 연구를 시도했다. 또한 하나(B. Hannah) 여사는 융의 적극적 명성을, 치글러(A. Ziegler)는 정신신체의학의 분석심리학적 이론을 제공하였으며 올란드 야코비(Jalande Jacobi)는 분석심리학을 체계적으로 소개하는 한편, 그림 해석에 남다른 열의를 보였다. 그러나 융의 제가 가운데서도 특히 마리 루이제 폰(lvmfkscm Marie Louise von Franz)는 융의 충실한 후계자로서 여러 방면의 깊이 있는 연구를 지속하였다. 그녀는 신화, 민담의 상징해석에 큰 업적을 남겼을 뿐 아니라 융이 못다 한 연금술 경정의 상징연구와 물질과 정신을 잇는 하나의 세계의 상징연구를 중국 고대 수학의 원리와 관련하여 실시하여 왔으며, 융의 만년의 사상, 동시성 원리의 증명에 주력하였다(이부영, 2003). 앤드류 사뮤엘(Andrew Samuels)은 『융과 후기 융심리학자들』(1985)이라는 책에 융학파 사람들을 여러 범주로 구분하여 분석심리학의 학파라고 명명하였다. 정신분석학파와는 달리, 분석심리학에는 본래 학파가 구분되지 않았는데 이는 융의 학설이 하나의 가설로서 그 절대성을 지키도록 강요하지 않았기 때문이며, 정신치료의 장에서도 치료자의 기본자세를 치료방법보다 더 중요시했기 때문에 방법의 차이나 가설의 보충이 학파를 형성해야 할 계기를 만들지 않았다(이부영, 1998).

3) 분석심리학의 개념 정의

스위스 정신의학자 융이 창시한 심리학으로서 체험을 바탕으로 하는 실제적인 응용심리학의 특성을 띠며, 종교적이고 철학적인 특성이 강하다. 성격을 무의식과 의식으로 구분하였고, 개인적 무의식, 집단적 무의식, 자아, 가면, 원형, 개성화, 자기의 개념을 통해 성격의 구조와 발달을 실명한 것이 특징이다.

4) 융과 프로이트의 이론적 차이점

(1) 리비도의 개념에 대한 차이

프로이트는 리비도를 성적인 본능과 거의 동일시한 반면, 융은 리비도 대신 성적 요소를 제거한 정신적 에너지의 개념을 내세운다.

(2) 무의식의 개념에 대한 차이

프로이트는 무의식이 의식에서 억압되어 이루어진 것으로 보았으나, 융은 프로이트가 말하는 무의식은 개인적 무의식에 속하는 것이고, 사람이 태어날 때부터 가지고 있는 보편적인 집단무의식이 존재한다고 하였다.

(3) 프로이트의 인과론, 아들러의 목적론에 대한 비판

프로이트는 결정론적, 진화론적, 인과론적 접근방식을 취하고, 아들러는 모든 정신 현상은 오직 하나의 목적을 달성하려는 준비라고 생각하는 목적론을 주장하는데 융의 관점에서는 "정신이란 이것, 저것으로 명확하게 파악되는 것이 아니라 이것이기도 하고, 저것이기도 한 것"이다. 분명한 것은 듣는 사람이 좋다고 생각할지 몰라도 정신이 지닌 무한한 가능성을 내포한 의미를 지극히 단순한 것으로 환원해 버리고 그 실상을 못 보게 된다는 것이다.

(4) 인간심리를 보는 관점 차이/종교에 대한 관점 차이

프로이트는 인간을 지나치게 병리적인 측면과 그 결함의 측면에서 설명하고자 한 점에서 융과 다르다. 예를 들어 프로이트는 종교적 체험을 환상이나 신경증적 증상이라고 규정하였고, 융은 종교는 모든 사람들의 건강한 심성의 원천에서 나오는 것이라고 하였다.

(5) 신경증의 원인에 대한 차이

융의 분석심리학은 정신역동과는 반대로, 한쪽으로 치우친 병리적인 상태를 유지하는 신경증의 현재 시도에 집중한다. 융은 아동기 기억에 유의하는 것은 유익하기보다는 위험할지도 모른다며 기피한다. 대부분 신경증은 상처에서 기인하지만 결정적으로 아동기 상처체험에 의해 생긴 것은 아니다.

(6) 꿈의 상징 의미에 대한 차이

꿈 해석에 대한 융의 접근은 프로이트와 차이가 있다. 프로이트는 꿈에서 상징이 사용되는 주요 이유가 잠자는 동안 불편하거나 불쾌한 진실을 위장하여 수면을 유지하기 위한 것이며, 꿈은 무의식적 욕망이나 갈등을 상징적으로 표현하는 것으로 이는 수면 중에도 정신 활동이 계속된다는 것이다. 특히 무의식적인 욕구가 표면적으로 수용될 수 없는 경우에 상징적인 형태로 나타난다고 하였다. 반면 융은 꿈이란 꿈을 꾸는 사람의 내적 진실과 현실성을 그대로 드러내는 무의식의 작용이기에 꿈은 사실이라고 하였다.

(7) 근친상간의 의미에 대한 견해 차이

융은 프로이트가 주장하는 어머니에 대한 근친상간적 소망(오이디푸스 콤플렉스)에 대한 해석에 이의를 제기하였다. 그것은 한 개인이 완성되어 가는 심리적 과정에서 정신적으로 다시 태어나는 것을 성취하고자 하는 상징적인 소망이고 무의식으로부터 성격의 과소평가된 것을 다시 태어나게 하려는 것이라고 논쟁하였다.

5) 주요 개념

융은 자신의 이론을 분석심리학이라고 불렀다. 이는 프로이트의 정신분석과 유사한 명칭이나 본질적으로 다른 것이다.

(1) 본능(Instinct)과 정신 에너지(Psychic Energy)

① 리비도와 가치(Value)

융은 인간이 타고난 생리적인 충동에 의해서 동기화된다는 면에서 프로이트와 일치한다. 이는 타고난 것으로서 행동과 반응의 정기적 순환이 이루어진다. 융은 정신 활동(mental activity)이 정신 에너지(psychic energy=Libido)에서 힘을 얻는다는 것에도 동의한다. 그러나 프로이트처럼 성(sexuality)을 강조하는 것은 거부한다. 융은 '리비도를 전체적인 정신 에너지'로 언급한다. 리비도의 양(가치: Value)이 많을수록 많은 사건이 기대된다. 아이들조차도 각기 다른 가치를 형성하면서 시작한다. 부모가 좀 더 선호하는가와 그리고 환경 속의 어떤 대상이 타 대상에 비해서 선호되고 되지 않는가에 달린 것이다. 융의 가치 구성은 프로이트의 "Cathexis" 개념과 유사하다. 극도로 경쟁적인 우리의 사회에서 어떤 사람은 힘(power)에 너무 많은 가치를 두어서 개인의 전문적인 성공을 위해 대부분의 정신 에너지를 사용하고 성적으로는 무력하게 된다. 이런 점에서 프로이트는 비관적이었다. 이유는 성적 리비도를 사회적 규범으로 인해 개인이 원하는 대로 방출할 수 없기 때문이다. 그러나 융은 수많은 원천에서 방출된 에너지까지 리비도에 포함시켰다. 그래서 권력을 추구하는 데 너무 많은 리비도를 배출하는 것은 성적 활동에 리비도를 배출하는 것보다 더 병리적이거나 덜 병리적인 것이 아니라는 것이다. 한 사람에게 꼭 맞는 신발이 다른 사람에게는 맞지 않을 수 있다. 삶에는 누구에나 맞는 공통적인 조리법(처방)은 없다는 의미이다(Ewen, 2003).

② **콤플렉스**(complex)

콤플렉스는 정신이 그 자신을 특색있게 표현하는 방법이다. 예를 들면, "어머니"에 관한 집단적 사고와 느낌은 mother-complex를 형성하기 위해서 함께 군집한다. 콤플렉스의 힘은 리비도의 양에 달려 있는데 약한 mother-complex은 적은 양의 정신에너지를 소유하고 있고 이는 연상사고의 양도 작다. 따라서 행동에 대한 영향력도 비교적 작다. 예를 들어 그의 mother-complex에 지배되는 남성은 만족스런 이성관계를 맺지 못할 수도 있다. 왜냐하면 그의 소망과 의견에 너무 많이 관련되어 있기 때문이다. 그는 엄마에 대해 오래, 자주 말하거나 계속해서 엄마를 상징하는 꿈을 꾸게 될지도 모른다. 콤플렉스는 우리가 흔히 알고 있는 열등의식만 관련된 것이 아니고 다양한 감동을 일으키고 다양한 특성을 가지고 있다. 콤플렉스는 하나의 강한 정감을 일으키는 핵 요소를 중심으로 무의식속에 형성되어 있다. 자아가 이것을 인식할 수 없으면, 주관적으로 파악하기 어렵다(Ewen, 2003).

③ **단어연상검사**(the Word Association Test)

융은 단어연상검사를 사용함으로써 power-complex를 측정했다. 단어들의 리스트가 한 번에 한 개씩 읽혀지고 주체는 마음속에 있었던 첫 번째 단어로 응수하여야 한다. 예를 들어 엄마라는 단어 자극은 아버지라는 반응을 유발할 수 있다. 리스트가 완성된 후, 주체는 이것을 반복하여 경험하는 것이고 전의 반응을 회상하는 것이다. 만약 일련의 관련 있는 리스트 단어가 혼돈의 신호로서 유발되었다면, 이것은 중요한 콤플렉스(complex)의 존재를 알려주는 것이다. 이 검사는 흔히 쓰이지 않는다. 이 검사는 진단용 심리검사가 아니고 분석 과정에서 피분석가의 무의식적인 콤플렉스를 환기시켜 이를 의식화시키는 도구로 쓰인다(이부영, 1998).

④ **대극**(對極)**원리**(The Principle of Opposites)

융에게 있어서 인생은 반대들의 집합체이다. 밤과 낮, 출생과 사망, 행복과 불행, 선과 악, 내향과 외향, 의식과 무의식, 사고와 감정, 사랑과 미움 등 그러한 상반되는 사고, 감정, 본능은 우리 정신에 공존하면서 긴장을 야기시키고, 정신 에너지를 창조하고 삶을 존재하게 한다. 반대라는 긴장이 없다면 에너지도 존재하지 않는다. 삶은 반대들의 점화로 생겨난 것이다.

어떤 하나의 극단이 처음에는 의식이었을 때 다른 극단을 강조함으로써 무의식이 상보되는 것이다(상보성). 의식과 무의식은 둘이 합쳐져서 온전한 전체를 이루기 때문에 언제나 상보적인 관계에 있다. 보상이란 우리의 정신작용에서 어떤 한 부분이 일방적으로 우세한 입장을 취할 때 그 반대편에서 그것과 다른 부분이 생겨나 우리 정신이 전체적으로 균형잡힐 수 있도록 하는 것이다. 그러므로 보상작용이란 우리 정신에 전체성을 되찾게 해주는 것이다. 그것을 이루기 위해서 우리 정신의 모든 부분을 통합해 나가는 작용이다. 정신은 대부분 폐쇄체계이다. 그래서 성격의 한 면으로부터 위축된 리비도는 다시 다른 곳에서도 일반적으로 나타나게 된다(equivalence의 원칙). 정신은 또한, 자기조절(self-regulating) 체계이다. 그 안의 리비도는 좀 더 긴장된 곳에서 덜 긴장된 곳으로 흐른다(entropy의 원칙). 과대평가된 구성요소는 과소평가된 상대편에게 정신에너지를 양보할 것이다(enantiodromia). 예를 들어 강한 사랑은 결과적으로 심각한 미움에 이를 또 모르고 합리적인 과학자는 신화주의, 신비주의로 돌아설지도 모른다(Ewen, 2003).

대극의 원칙은 진실로 한 가지 측면만 지닌 성격은 없다는 것을 암시한다. 상보적인 경향은 무의식적인 것이고 관찰할 수 없다. 그러나 차갑고 감정이 부족한 사람은 따뜻하고 정서적인 특징도 가졌을 것이다. 성숙되고 잘 적응한 성격인 경우, 다양한 반대는 어떤 중간 경로를 거쳐 협력한다. 이러한 개념은 동양 철학자들에게는 보편적인데 융은 성격의 다양한 반대면 특히, 의식과 무의식이 중간 입장에서 통합하는 과정을 초월적 기능(transcendent function)이란 용어로 제안했다. 초월적 기능은 우리가 진실된 자기(self)이도록 하는 개인적 발달을 도모한다(Ewen, 2003).

⑤ **목적론**(Teleology)

프로이트는 아동기의 성격적 결함을 강조한 데 반해서(인과성: causality), 융은 행동을 목적, 목표의 견지에서 이해해야 한다(목적론: teleology)고 반박했다. 융은 인성이란 과거 사건 및 미래에 대한 열망에 의해서 형성된다고 하였다(Ewen, 2003).

⑥ **무의식**(The Unconscious)

융은 실착 행위(parapraxes)의 존재를 수용했다. 그러나 융은 무의식은 비교적 독립적이라고 결론지었고 무의식의 조화에 대해서 언급하였다. 무의식으로부터 발생하는 메시지와 바램은 우리에게 나타나는 사건이 된다. 이는 우리 자신의 어떤 행동에 의해서 초래된 것이 아니다. 융은 무의식이 의식 쪽으로 가는 중요성에 대해서 프로이트와 동일한 의견이다. 그리고 성격의 어두운 면을 경험하기를 꺼리는 것에 대해서도 동의한다. 그러나 Shadow-side를 탐구하게 되었는데 이유는 성격의 어두운 면에는 중요하지 않은 약함만 있는 것이 아니라 긍정적으로 엄청난 역동성이 있기 때문이다. 프로이트와는 달리 융은 무의식을 흉포한 괴물로 간주하지 않는다. 무의식은 창조의 원천이고 의식적인 마음이 무기력할 때 해결책을 제시할 수 있는 안내의 근원이다. 무의식의 상당한 부분은 집단적이다. 과거 세대로부터 전수된 경향과 지침을 포함한다(집단무의식). 그리고 개인 성격의 선한 면뿐만 아니라 악한 면인 어두운 그림자(shadow)가 존재한다. 융은 성격의 그림자 측면을 분석하여 통합함으로써 정신치유와 완전성이 이루어질 수 있다고 믿었다(개인무의식).

6) 성격의 구조(The Structure of Personality)

융의 정신모델은 프로이트와는 다르다. 융은 인간의 무의식으로부터 발생한 콤플렉스는 의식으로 끌어올릴 수 있고, 자신의 목적을 위해서 성격에 통제를 가할 수 있다. 그리고 무의식적 구성요소는 분리되고 구별되기보다는 함께 융화되어 있을지도 모른다고 말한다.

(1) 의식(Consciousness)

정식역동이론에서 의식은 거대한 물속에 있는 부분으로 제시되는 무의식과 함께 거대한 빙산의 일각으로 묘사된다. 유사하게도 분석심리학에서 의식은 거대한 바다 한가운데로부터 떠오른 작은 섬으로 비유되고 있다(Ewen, 2003).

(2) 자아(Ego)

자아는 의식적 사고의 복합체이다. 이는 앎의 중심을 구성하고 있다. 연속성과 정체감을 포함하고 있고, 출생 후 약 네 살 때 발달하기 시작한다. 자아는 “I”와 “not-I”의 차이점을 촉진하는 구체적인 감각에 의해서 성숙된다. 그리고 주관적인 정체감에 기여하는 경험에 의해서 성장한다. 그러나 결코 산출을 멈추지 않는다. 융은 자아를 좀 더 강력한 힘의 처분에 맡기는 비교적 약한 전체성으로 이해한다. 현실의 요구와 무의식의 요구 사이에서 왕래하는 것과 같다. 그러나 의식은 억압에 의해서 무의식에게 두려운 존재를 넘겨줄 수 있다(Ewen, 2003).

(3) 페르조나(The Persona)

페르조나는 고대 그리스 연극에서 배우들이 쓰던 가면을 말한다(이부영, 1998). 우리는 자신의 진자 내적 감정으로 세계에 직면할 수 없고 사회의 요구에 만족하는 외양을 쫓게 되는데 이와 같은 보호적인 외관을 페르조나(Persona)라고 한다(Ewen, 2003). 페르조나는 타인에 의해 기대될지도 모를 어떤 것을 지적함으로써 우리가 타인과 관계하도록 돕는다. 일반적으로 미발달된 페르조나를 지닌 사람들은 무능력하고 지루하고 재치 없고, 끝없이 오해하고, 현실세계를 잘 못 본다. 지나치게 발달된 사람들은 ego를 침범하게 된다. 예를 들면, 잘못된 비전을 가진 평범한 의사는 탁월함을 과시하는 페르조나를 보여줄지 모른다. 그런 경우에 ego는 잘못 인도되어 페르조나를 동일시하고, 지나친 지위의식으로 우쭐거리게 될 것이다. 페르조나는 주로 경험에 의해 결정되는 의식의 복합체이다. 그러나, 우리는 성격의 구성요소를 상상하고 개발하기 위한 고유의 경향을 선조로부터 물려받는다.

우리나라 말 가운데 페르조나에 해당되는 말은 체면 얼굴, 낯과 같은 것이다. 페르조나는 집단공유의 보편적 원칙이기 때문에 때로는 어느 집단에만 적용되고 다른 집단에는 적용되지 않는 행동양식이다. 페르조나는 집단정신의 한 단면이다(이부영, 1998).

(4) 개인적 무의식(The Personal Unconscious)

개인적 무의식은 출생과 더불어 형성되기 시작하였고 개인의 경험에서 파생된 것을 포함한다. 이러한 경험은 더 이상 앎의 수준은 아니다. 어떤 기억은 중요하지 않으므로 단순히 잊혀졌고, 기억의 많은 부분은 요구에 의해서 의식으로 상기될 수 있다. 또한 어떤 기억은 고통스러운 성질로 인하여 개인적 무의식 차원으로 억압된다. 기억이 개인적 무의식 속에 잔존하게 되는 이유는 앎에 진입하기에는 충분한 정신에너지가 부족하기 때문이다. 우리는 종종 무의식에 잔존하는 기억들에 주목하지 않은 채 보고, 듣고, 맛을 보고, 냄새를 맡는데 그 이유는 감각적인 인상이 우리의 의식을 침범할 만큼 강하지 않기 때문이다(Ewen, 2003).

(5) 음영(The Shadow)

음영은 원시적이고 동물의 조상으로부터 초래된 것으로, 성격에서 환영받지 못하는 측면이다. 이것은 개인적 무의식 속에 억압되어 있는데 이유는 수치스럽고 불쾌하기 때문이다. 음영의 힘은 어떤 이가 폭력적이고 통제불능인 분노에 의해 압도되었을 때 분명하게 나타난다. 프로이트의 id처럼 이는 우리에게 생명력과 힘을 제공한다. 그림자 없이 햇빛도 불가능하듯이 의식의 견지는 항상 성격의 어두운 면과 동행해야 한다(피하기보다 개방적으로 수용해야 함)(Ewen, 2003). 음영은 모든 무의식처럼, 타인에게 투사된다. 보통 간접적인 형식으로 경험한다. 우리가 타인에서 가장 불유쾌하다고 생각되는 특성이 내가 가장 싫어하는 나의 특성이기 쉽다는 것이다. 음영을 부인하게 되면 불행한 결과를 초래하는데 이는 깊은 억압의 결과로 좀 더 바람직하지 않은 특성을 강력하게 투사하는 방아쇠가 된다는 것이다(Ewen, 2003).

(6) 집단적 무의식(The Collective Unconscious)

개인적 무의식과 자아는 출생 후 생겨나지만, 갓 태어난 유아는 "tabula rasa(하얀 백지)" 상태가 아니다. 유아의 정신은 복잡하고 정교하게 정의된 전체성을 가지며, 이 전체성은 집단적 무의식, 조상에게 물려받은 고대 유물창고로 구성되어 있다(Ewen, 2003). 즉, 인간은 결코 백지로 태어나지 않는다는 것이다.

(7) 원형의 특징(Characteristics of Archetypes)

원형은 보편적 사고 형태와 정서이다. 이는 인간의 지속적으로 반복된 경험의 축적으로부터의 결과이다. 본능과는 다른데 본능은 행동과 반응이라기보다는 인지 양식이라는 면에서 다른 것이다. 원형은 우리에게 세계를 특별한 방식으로 인식하도록 미리 처치한다. 원형들은 잠재적인 것이며, 특별한 기억이나 사실이 아니다. 적절한 경험에 의해서 강화되지 않는다면 휴지(休止) 상태로 남아있게 된다. 그러므로 모든 사람은 조상이 잠재적으로 위험한 것으로 발견했던 대상(어두움과 같은)에 대해 두려워하는 경향을 물려받았다. 그러나 어두움을 즐기면서 성장한 개인은 원형에 의해 크게 영향받지 않을 것이다. 비슷하게 엄마에 대한 개인의 인식은 부분적으로 엄마의 진짜 특성에 의해, 그리고 부분적으로는 양육과 출생과 같은 원형적 모성의 질에 의해서 영향받게 된다(Ewen, 2003).

(8) 페르조나와 음영(The Persona and Shadow Archetypes)

페르조나와 음영은 헤아릴 수 없는 세대를 거쳐 인간 정신 속에 존재해 왔다. 이것은 집단적 무의식 속에 상응하는 원형에 의해서 반영된다. 그래서 우리 모두는 성격의 이러한 구성요소를 형성하는 경향을 물려받은 것이다(Ewen, 2003).

(9) 아니아와 아니무스(The Anima and Animus)

분석심리학에서 인간은 양성으로 태어난다고 한다. 남성의 무의식적 여성적 성향은 아니마(anima)로 알려진 원형에서 기인하는 반면, 여성 내의 남성 원형은 아니무스(animus)라고 부른다. 아니마와 아니무스는 서로 반대의 성에 노출되면서 세대를 거쳐 발달되었다. 이러한 아니마 아니무스는 사회적 통념을 넘어선 보편적, 원초적 특성을 말한다. 남성의 전체적인 본질은 신체적으로 그리고 정신적으로 여성을 전제로 한다. 그의 체계는 시작부터 여성과 조화를 이루는 것이다. 성격의 이러한 면을 부인하는 것은 한쪽 면, 모순되는 개인이 되는 결과를 낳을 것이다. 잘 적응된 성격은 남성과 여성의 특성 둘 다를 만족스럽게 표현하는 것을 허용하면서 초월적 기능으로 통합한다. 아니마와 아니무스의 의식화는 개체의 통일된 인격의 실현, 즉 자기실현의 과정에서 중요한 자리를 차지한다(Ewen, 2003).

(10) 원형적 상징들(Archetypal Symbols)

우리는 결코 원형 그 자체를 아는 것이 아니다. 그것은 접근할 수 없는 집단적 무의식 내에 존재한다. 그러나 집단적 무의식은 화산의 일부와 같다. 그것은 성격의 핵심으로 퍼지면서 자주 분출하여 표면으로 원형적 이미지와 상징을 쏘아올린다. 원형적 상징은 글과 그림과 같은 그런 공통의 신호와는 달리, 우리로부터 숨겨진 어떤 것을 암시하는 것이다. 때문에 상징들은 전적으로 무의식의 정신에 의해서 산출되는 것이지 개인적인 경험 또는 지적 사고에 의해서 초래된 것이 아니다. 그들은 강력하고 신성하거나 환상적인 효과를 가진다. 그 효과는 명백하게 상징을 일상으로부터의 어떤 것으로서 증명해 보인다. 같은 원형으로부터 비롯된 상징들은 형태나 내용에 있어서 다를지도 모른다. 특히, 어느 정도는 인종, 문화, 심지어 가족의 차이에 의해 영향을 받아서 다를지 모른다. 보편적 집단심리를 초월하여 인종, 부족, 가족에 제한되는 집단심리가 있다. 그러한 상징들 모두는 기본적인 형태의 이면을 암시하는 것이다. 즉 보편적 원형을 강조하는 것이다. 이러한 이유 때문에 광범위하게 분열된 인종 간의 무의식적 과정은 놀라운 일치를 보여준다. 그러므로 보편적이고 독창적인 어머니의 원형은 어머니의 본성(Mother Nature)과 같은 다양한 문화적 신화 내에서 표현된다. 집단적 무의식은 대개 극단적으로 쟁점이 되는 이론이다. 그러나 프로이트조차도 분석심리학의 막강한 적대자였지만, 아이들이 경험 이전에 선조로부터 영향받아, 세상에 가져오는 정신적 유산에 대한 생각을 인정하였다(Ewen, 2003).

7) 성격의 발달(The Development of personality)

(1) 개성화와 자기(Individuation and the Self)

개성화란 고유한 자기 자신이 되는 것으로서, 근본적으로 무의식적 내용을 의식화하고 통정함으로써 가능하다. 융은 인간의 개성화 과정을 하루의 태양 진행 과정에 비유하여 정오를 기점으로 오전을 인생의 전반기, 오후를 인생의 후반기로 비유하고 있다. 전반기는 오전의 태양처럼 상승하는 기간이라면, 후반기는 오후의 태양처럼 하강하는 기간이다. 인생의 전반기 삶의 목적은 외적 세계에의 적응에 있다면,

후반기에는 자산의 내면세계에의 적응에 있다. 인생의 후반기는 내면세계로 시선을 돌려 무의식의 내용을 의식화하여 자기를 강화 또는 자기를 실현하는 시기이다. 따라서 인생의 전반기는 집단화를 이루는 시기인 데 반해, 인생의 후반기는 개성화를 이루는 시기이다(이죽내, 1994).

개성화하는 데 있어서 첫째는 자아를 덮어씌운 페르조나를 뜯어내는 일이고 둘째는 자아를 무의식이라는 암시적인 힘에서 구출하는 것이다. 만약 개성화의 과정이 잘 이루어진다면, 개인의 집단적 무의식에 대해 잘 알게 되어 원형과 관련된 리비도의 양을 자유롭게 할 것이다. 리비도는 의식과 무의식 간의 중간지대에서 쉴 것이고 자기(Self)로서 알려진 전체를 형성할 것이다. 자기는 성격발달의 궁극적인 목표를 제시하고 성격의 새로운 중심 역할을 할 것이다(Ewen, 2003). 자기(self)의 출현은 전체성, 완성, 완벽을 표현하는 원형의 상징으로 표시될 것이다. 그러한 상징은 원형(circle)의 형태를 취할 것이다(Ewen, 2003). 그 하나가 만달라(Mandala)[2]이다(yahoo지식백과사전, 2024).

(2) 진보과 퇴보(Progression and Regression): 프로이트와의 차이

리비도는 성격을 발달과 현실에의 적응을 촉진하면서 진보한다(Progression). 그러나 외부세계에서 좌절에 부딪히고, 퇴보의 내적 장벽에 부딪힌다면 리비도는 정신의 심층에 내재된 원형의 이미지와 초기의 기억으로 돌아갈 것이다(Regression). 프로이트가 퇴보를 아동기의 고착으로 돌아간다는 것으로 개념화한 것에 반해 융은 리비도의 퇴행을 잠재적으로 창조적인 과정으로 보았다. 이는 성격의 간과된 면을 일깨울 수 있다는 것이다. “환자의 퇴행적 경향은 ..... 단지 어린 아이 같은 언행(infantilism)으로 대치될 수 없고 필요한 어떤 것을 얻기 위한 참된 시도다. 그러나 퇴행이 갖는 위험은 무의식이 의식을 압도하기 위해서 신경증적 행동 또는 정신병적 행동을 나타내 보이면서 부가적인 정신 에너지를 사용할지도 모른다는 것에 있다(Ewen, 2003).

2) 만달라는 불교 특히 밀교계의 불교에서 승려들의 수도의 도구로 쓰이던 그림이다. 이 그림은 원과 사각을 기본으로 구성되어 있고 그 중앙에 최고의 원리를 상징하는 상이 도시되어 있다. 만다라라는 말은 산스크리트어로 원륜 또는 마법의 원이라는 말이다.

(3) 성격유형론(Character Typology): 기능과 태도(Function and Attitudes)

융은 성격의 개인적 차이는 두 가지 과정에 있다고 하였다. 이것은 우리가 내부와 외부의 자극과 리비도 움직임의 특징적 방향(내향 또는 외향)을 인식하는 전형적인 방법을 말한다. 자극을 인식하는 4가지 방법(기능: functions)이 있다. 단지 무엇이 거기에 있는가를 확인하기(감각: sensation), 우리가 인식한 것의 의미를 해석하기와 이해하기(사고: thinking), 얼마나 바람직한지를 판단하기(감정: feeling), 그리고 다른 기능을 사용하지 않은 채로 해석할 수 없는 직감 또는 결론을 분명하게 수립하기(직관: intuition). 감각(sensation)은 당신에게 존재하는 어떤 것을 말하는 것이고 사고(thinking)는 당신에게 그것이 무엇인지를 말하는 것이고 감정(feeling)은 당신에게 그것이 동의할 만한지 아닌지를 말하는 것이고 직관(intuition)은 언제 올지, 어디로 갈지를 말해주는 것이다. 사고와 감정 기능은 반대되는 것이고 그들은 인식과 판단 행위와 관련되므로 "합리적" 기능으로 불린다. 감각과 직관 기능은 서로 반대되는 것이며 좀 더 융통성있는 기능으로 "비합리적"이라고 불린다. 모든 사람은 모든 4가지 기능을 사용할 능력이 있지만 사람들의 타고난 성향은 지배적이 될 것이다(Ewen, 2003).

리비도 운동과 태도는 두 개의 방향이 있다. 외부세계를 향해 리비도가 밖으로 향하는 것은 외향(extraversion)으로 알려져 있다. 반면, 정신의 깊이를 향해 리비도가 내적으로 흐르는 것은 내향(introversion)이라 언급된다. 외향은 습관적인 외출을 하고, 잘 알려지지 않은 곳으로 부주의한 확신을 가지고 외부로 모험한다. 특별히 외부세계의 사건과 사람들에게 관심이 많다. 내향은 사람의 내면에 강한 관심에 의해 성찰하고 홀로 있는 것을 선호한다. 융의 유형론은 자주 오해받고, 지나치게 단순화된다. 순수한 외향 또는 내향적인 사람이 없고 사람은 단지 여덟 가지 카테고리[3]로 분류될 수 없다. 지능 또는 정신건강에서는 어느 정도 당신은 외향적이거나 내향적인가, 사고하거나 느끼는가, 감각으로 분별하거나 직감적인가는 정도의 문제이다. 남은

3) 8가지 성격유형이란 내향적 사고형, 외향적 사고형, 내향적 감정형, 외향적 감정형, 내향적 감각형, 외향적 감각형, 내향적 직관형, 외향적 직관형을 말한다.

두 가지 기능이 의식과 무의식 사이에서 흔들리는 동안 무의식은 반대 성향을 강조함으로써 지배적인 태도와 기능을 보충한다(Ewen, 2003).

예를 들면 사고기능이 지배적인 사람은 자주 논리적이고 객관적으로 정보를 분석하려고 한다. 만약 내향성이 지배적인 태도라면 대부분의 이러한 사고는 정신 내적인 사고에 초점을 둘 것이다. 만약, 외향성이 지배적인 태도라면, 사고는 외부세계로 향했을 것이다. 다른 경우에 반대기능(feeling)과 반대태도가 개인의 무의식 속으로 억압될 것이다. 두 개의 남은 기능(감각, 직관)은 의식으로서 혹은 무의식적 보조사로서 제공될 것이다. 나머지 카테고리에도 비슷한 논리가 적용된다. 예를 들면, 내향적-감각형은 무의식적으로 외향적-직관적이고 의식적이거나 무의식적인 보조물로서 사고형 또는 감정형을 사용할지도 모른다.

개인에게 선천적인 성향을 보이는 기능과 태도는 성격 발달이 성공적으로 되기 위해서 지배적이어야 한다. 왜냐하면 미국은 외향성을 강하게 선호하고 이 사회의 부모와 교사들은 내향적인 아동에게 과도한 걱정과 비난으로 대하기 쉽다. 그러나 외향성과 내향성은 동등하게 정상적이고 건강한 것이다. 사람들의 타고난 본성을 바꾸려는 잘못된 시도는 후에 신경증을 유발할 수 있다(Ewen, 2003). 만약 열등한 태도와 기능이 너무 강하게 억압되면 오히려 부적응이 초래될 수 있다. 본질적으로 외향적인 사람은 내적 경고를 무시하여 "일중독증"(workaholic)이 될지도 모르고 궤양이나 심장병으로 발전할지도 모른다. 본질적으로 내향적인 사람은 외부세계의 요구를 무시하고 사회적 상황에 부적절하게 행동하고 고통스런 거절로 괴로울지 모른다. 그렇지 않으면 감각형 또는 직관형으로 타고난 사람이 사고를 요구하는 문제를 다룰 수 없을지도 모르고 심각한 실수를 할지도 모른다. 그들은 충분히 발달되지 못한 기능과 태도로 인해 그런 행동은 무능력하고 자기 패배적이 되는 것이다. 때문에 지나치게 한쪽으로 치우친 성격을 치료하기 위해서는 무의식으로 되돌아가야 한다. 무의식화된 기능을 열등기능이라 하는데, 열등기능은 분화될 수 있고 전인격의 실현을 위해 분화되어야 할 기능이다. 열등기능의 분화발달은 자기실현, 개성화의 중요한 과제이다. 무의식의 의식화가 개성화의 핵심적인 과정이라는 것을 생각할 때 무의식에 속한 열등기능을 의식화하여 발달시키는 것이 필요하다(Ewen, 2003).

표 4-1 융의 성격유형

	외 향 성	내 향 성
일반적 경향	관심이 밖으로 향하고 객관적이다. 사교적이고, 움츠리지 않는다. 쉽게 자신의 생각을 표현하고 자신감이 강하다. 타인이 자기처럼 행동하기를 요구한다. 타인이 있는 곳에서 일을 한다. 책임을 뒤로 돌리고 기회를 갖는다.	관심이 안으로 향하고 주관적이다. 고독하고 외부의 세계로부터 몸을 지킨다. 자신의 생각을 표현하는 것이 쉽지 않다. 자신감이 약하다. 타인의 일에 무관심하다. 타인이 있으면 일을 할 수 없다. 일을 맡기 전에 책임을 생각한다.
사고형	객관적 사고, 감정적 측면, 억압, 인간적 온정이 없고, 오만해 보인다. 독선적, 고집이 세고 허세가 많다(예: 과학자).	외향적 사고형과 성격특성이 비슷하다. 자기 자신의 존재의 현실을 이해하려고 노력하고 완고하고 고집이 세다(예: 철학자, 실존심리학자).
감정형	여성이 많다. 변덕이 심하고 감정적이고 기분파이다.	여성이 많다. 자신의 감정을 남들에게 숨긴다. 말수가 적고 접근하기 어렵다.
감각형	남성이 많다. 현실주의적, 실제적이다. 관능적 성향으로 여러 종류의 중독, 도착, 강박에 걸리기 쉽다.	외적 대상에 관심이 없고, 자신의 정서적 감각에 몰두한다. 자신의 표현에 곤란을 느낀다.
직관형	여성이 많다. 경솔함과 불안정이 특징, 싫증을 잘 내며 사고 기능의 결함으로 항상 새로운 직관만 쫓는다.	예술가형, 외적 현실과 관습의 접촉을 유지하지 않기에 고립되어 있다.

출처: 우종화(2000)

8) 연금술[4)]

융은 고대 연금술사의 작품에 상징적 의미가 있는 것으로 생각했다. 연금술사의 명확한 관심은 금속에 있는 덜 가치있는 요소의 변형이었다(Ewen, 2003). 그는 서양

4) 고대 이집트에서 시작되어 아랍을 거쳐 유럽에 전해진 원시적 화학기술. 연금술을 뜻하는 영어의 alchemy는 아라비아어의 알키미아(al-kima)에서 유래하고, 이 말은 그리스어로 금속주조를 뜻하는 키마(chyma)에서 유래한다고 하며, 또 그 어원은 고대 이집트어로 검은색을 뜻하는 케메(kme)라고 한다. 원래 연금술의 본질은 사면적 · 신비적 · 종교적인 요소에 실제적 · 기술적인 요소가 혼합되어 유럽에 보급되었다.

연금술사의 노력 속에 개성화 과정이 상징적으로 표현된다는 것을 발견하였다(Internet, yahoo 백과사전). 물질과 정신의 이원론을 지양하고 분리된 양극에 다리를 놓으려는 연금술사는 융의 심오한 통찰과 일맥상통한다고 보았다. 연금술의 비밀은 금화와 기본 구성요소, 구별된 열등 기능과 차별된 것, 무의식과 의식을 섞고 용해시킴을 통한 성격의 변형, 사실상 초월적 기능을 말한다(Ewen, 2003).

9) 동시성론

융은 인생 말년에 동시성의 원리를 개발하였는데 이러한 원리는 무의식의 독특한 기능과 관련되었다. 그것은 사건이 원인 결과에 의한 것이기보다는 의미있는 일치성에 의해서 관련되었다는 것이다. 예를 들면 시계가 사람의 죽은 시각에 멈추는 것과 같은 것이다. 그러나 융은 이러한 일치성을 순수한 우연에 있는 것이 아니라고 했다. 동시성 현상은 꿈과 현실적인 사건과의 관련을 나타내는 수많은 체험담에서 볼 수 있다(Ewen, 2003).

10) 분석심리학의 적용

정신분석에서처럼 분석심리학에서 꿈은 무의식의 숨겨진 영역에 대한 중요한 단서를 제공한다. 그러나 꿈 해석에 대한 융의 접근은 프로이트와 다른 중요한 차이가 있다.

(1) 개인적 그리고 집단적 꿈(Personal and Collective Dreams)

당신의 가족, 친구 그리고 일상에 대한 꿈은 개인적 무의식으로부터 나타난다. 반대로 집단무의식은 신성하고 환상적인 원형의 꿈으로 나타난다. 융은 이러한 구별이 중앙아프리카의 Elgoyi 토착민에게 두드러진다고 말한다. “little”(personal) 꿈은 덜 중요한 것으로 간주되지만 “big” 꿈을 꾼 사람은 전체 부족을 소집하고 모든 부족민들에게 말한다(Ewen, 2003).

14) 종교

융은 종교에 대한 적극적인 접근을 시도하였고 동·서양 종교를 광범위하게 연구하여 결국 인간은 개성화를 따라야 한다고 결론지었다. 종교에 대한 분석적으로 접근하면서 신 원형의 존재를 가정하였다. 이러한 신 원형은 강한 종교적 감정을 초래한다. 그는 친절함과 잔인함의 상반되는 면이 신에게 있다고 여겼다. 그는 종교적인 신화를 인 간무의식의 상징적인 표시로 다뤘다. 예를 들면, 타인을 위해 대신 죽은 그리스도는 적대적인 힘 사이에서 일시 중지된 자아의 내적 시련의 전형이라는 것이다. 이러한 융의 생각에 반대도 있었지만 세대를 통해 전수되었고 종교적인 사고를 발달시키는 데 기여하였다(Ewen, 2003).

15) 분석심리학에서 본 자아(Ego)와 자기(Self)의 차이점

(1) 자아의 개념과 형성

① 자아란 무엇인가?

자아는 의식의 중심이다. 자아가 의식의 중심이라면, 의식과 무의식을 합친 전체 정신을 자기라고 한다. 무의식의 의식화를 통하여 전체정신인 자기에게 접근한다. 무의식을 바다라고 한다면, 자아는 그 바다를 관장하는 수장이라 할 수 있다. 자아의 역할 중 하나는 바깥세계와 관계를 맺고 적응하는 것(의식을 통제하고 견고히 하는 것), 다른 하나는 무의식의 내면세계를 살펴 관계를 맺고 이에 적응하는 기능(무의식의 내용을 의식에 받아들여 이를 동화시키거나 그 뜻을 인식하는 것)이다.

② 무의식에서 자아는 태어난다.

태아는 무의식 자체라고 할 수 있다. 그러므로 최초에 무의식이 있었다. 그리고 무의식에서 자아의식이 싹텄다고 할 수 있다. 프로이트 관점과의 차이로 그는 최초에 자아의식이 있었으나 억압에 의해 의식이 무의식 속으로 밀려들어 갔다는 것이다. 그 결과 심리적으로는 히스테리로, 신체적으로는 conversion으로 표현되는 것이다.

③ 어린이와 원시인의 자아의식

어린이의 심성은 매우 원초적 상태에 머문다. 만 2세 무렵까지 아이는 동물이나 원시인처럼 무의식 상태에 있다. 유아의 심리는 처음에는 어머니의 정신 일부, 뒤에는 아버지의 정신 일부가 되며, 자기 고유의 정신은 나중에 비로소 생긴다.

의식은 아직 다도해 같은 성격을 띠고 있어 통일성을 이루지 못한다. 3~5세에 이르면서 또는 '나'를 말하기 시작하면서 비로소 의식이 생기고 개별적 정신(individual psyche)이 존재하게 되며 의식의 발전이 시작된다. 의식 조각들의 결합 과정은 사실 전 생애에 걸쳐 완전히 멈추는 법은 없다고 한다.

④ 의식에서 의식성으로

사춘기가 지난 다음 자아의식은 대상과의 원초적 동일시에서 벗어나게 되는데, 이러한 원초적 동일시에서 벗어나기까지 상당한 기간이 걸린다.

의식은 무의식의 산물로서 그것은 격렬한 노력을 필요로 하는 조건이다. 의식됨으로써 사람은 피곤해지고 의식에 의해서 사람들은 지친다. 하지만, 의식성은 자아의식을 갖춘 성숙한 자아다. 자신이 미처 몰랐던 것을 집중적으로 통찰하고 깨닫는 자세 즉, '깨어 있음'을 말한다. 의식이 '나는 한다.'라는 반성되지 않은 의식이라면, 의식성은 '나는 내가 무엇을 하는지 안다.'는 깨달음이다.

⑤ 집단정신과 나

자아의식 속에는 개인적인 외에 많은 다른 집단적 내용이 있다. 어린이의 자아의식 속에는 부모의 생각과 감정이 스며있고 청소년기에 이르면 어느 정도 자아의식이 굳건해지면서 부모에 대한 고태적 동일시(환상)에서 해방되면서 부모에 대한 의존심에서 벗어나기 시작한다. 페르조나는 자아가 외부세계와 관계를 맺고 이에 적응해가는 가운데 형성되는 행동양식, 일종의 기능 콤플렉스이다. 고대 그리스의 가면이라는 뜻으로 사회적 역할에 해당된다. 집단적 태도가 굳어지면, 그 개인은 한 가지 특징만 나타내는 '틀에 박힌 사람'이 된다. 페르조나는 그 사람 고유의 자아가 아닌 외적 산물, 외적 인격이다. 하지만 자아는 외적 관계 못지않게 정신 내적 관계를 이어주는 내적 인격, 즉 심혼(아니마, 아니무스)과 관계를 맺는다.

자아를 페르조나와 완전 동일시할 때 자아는 무의식의 내면세계와 관계를 상실함으로써 정신적 해리로 대변되는 여러 신경증을 겪게 된다. 하지만 페르조나는 사회생활에 필요한 것으로 인간 집단으로 속으로 자신의 삶을 확장하는 징검다리가 된다. 사회 공중도덕부터, 친구관계, 인간 윤리규범에 이르기까지 젊은이는 페르조나를 배워야 한다.

⑥ 심리학적 유형에 따른 자아의식의 특성

자기실현에서 집단정신이 좋은 것이냐 나쁜 것이냐 하는 문제보다 우리의 생각 속에 어떤 집단의식이 들어 있는지를 의식하는가 못하는가 하는 '의식성'의 문제와 진정한 자신의 개성을 찾기 위해 무의식을 의식화하는 노력이 더욱 중요하다.

⑦ 자아와 무의식

자아는 끊임없이 변한다. 그리고 자아는 개인에 따라서, 시대의식에 따라서, 문화권에 따라서 그 특성과 성향이 다르다. 인도인의 자아, 현대 서구인의 자아, 중세기 독교인의 자아를 무엇이라 규정하겠는가? 시대의식이 비합리적이면 자아에도 비합리적인 요소가 들어갈 것이다. 중년에 이르면서 사회활동을 통해 잊어버린 의식은 내면세계와 다시 관계를 맺는다. 무의식의 내적 인격인 아니마와 아니무스는 자아로 하여금 자기로 인도하는 매개자 역할을 한다.

(2) 자기(Self) 개념과 형성

① 자기란 무엇인가? 전체 정신으로서의 자기

의식과 무의식을 통틀어 인간의 모든 정신현상 전체를 자기(self)라 한다. 즉 '하나가 된 인격'이다. 자아의식만으로는 결코 하나가 된 인격이라 할 수 없다. 전체 인격이란 그 사람이 무의식을 의식화해 나감으로써 서서히 드러나는 것이다. 하지만 무의식은 넓고 깊어서 완전히 의식화할 수 없다. 다만 인간은 전체 인격에 가까워지고자 부단히 노력할 뿐이다.

② 중심으로서의 자기와 자기원형

전체 정신의 중심은 자기 원형으로서 무궁한 에너지를 갖추었으며 자율적으로 정신기능을 조절하여 전체 정신을 실현시키는 원동력을 갖고 있다. 그것은 무의식에 있는 조절자, 질서와 지남력의 원형이다.

집단적 무의식을 구성하는 원형은 인간 정신의 선험적인 원초적 조건으로 시공간, 인종, 문화, 시대의 차이에도 불구하고 인간이면 누구나 태어날 때부터 이미 가지고 있는 인간 형태의 조건들이다. 그것은 태초부터 인류가 경험해 온 모든 것의 침전이다. 자기원형은 집단적 무의식의 원형 가운데서 가장 핵심적인 것으로 무의식에 있는 정신의 조절자로서 전체정신을 실현할 수 있도록 하는 조건을 만든다. 그러한 자기원형의 활동은 오직 자아의식이 무의식의 의식화를 적극적으로 추진할 때만 발휘된다.

무의식이 self의 전체성인 동시에 원형이라는 사실은 인간이 태어날 때부터 누구에게나 자기실현, 즉 전체 정신을 실현할 수 있는 원동력이 무의식에 존재한다는 사실. 개인적 무의식에 대비된 집단적 무의식도 관찰될 수 있다. 집단무의식을 구성하는 원형은 인간정신의 선험적인 원초적 조건으로 시공간, 인종, 문화, 시대의 차이에도 불구하고 인간이면 누구나 태어날 때부터 이미 가지고 있는 인간행태의 조건들임. 이것은 태초부터 인류가 경험해온 모든 것의 침전이다(모성원형, 부성원형, 아니마, 아니무스, 그림자원형, 남성성의 원형, 여성성의 원형..., 체험을 통해 상으로 나타남으로써 인식된다).

③ 개성화(individuation)

본래의 자기가 되는 것으로 자기실현으로 규정될 수 있으며, 이것은 집단에 의해 만들어진 가상인 페르조나 속에 감추어진 자신을 해방시켜 'Self'와 페르조나를 분리하여 구별하는 일이다. 페르조나 자체가 자신의 본질은 아니므로, 집단사회의 규범인 페르조나를 버리고 Ego보다 위에 있고 전체를 포괄하는 자기로 이바지한다는 뜻이다. 고통과 버림, 상실을 통해 자아가 실현될 수 있다.

④ 대극과 대극 합일로서의 자기, 만다라

음과 양이 있는 천지 간의 모든 대극들의 융합으로 구성을 지님. 만다라 상은 신경증적 혼란, 정신적 혼란, 방향 상실의 상태에 처할 때 꿈으로 나타난다. 혼란에 질서를 부여하고 중심을 잡을 수 있게 한다는 점에서 인간 본성을 자기 치유하는 시도로 볼 수 있다. 내향과 외향, 사고와 감정, 페르소나와 아니마, 남과 여, 빛과 어둠, 의식과 무의식 등은 서로 대극을 이루나 상보적 성격을 지닌다. 융은 인간의 마음이 이런 대극의 역동성에 의해 하나의 전체성과 통합성을 갖고 있음을 주지한다. 그렇지 않다면 대극이 폭력적으로 분출되어 충돌하게 됨으로써 대극 간에 역동적 균형을 이루어야 한다. 만다라는 사람이 외부적인 것을 배제하고 내면적인 것을 보존하면서 중심으로 집중하도록 하는 그림이다. 그 그림은 '자기'에 속하는 모든 것, 즉 인격의 전체를 이루는 대극을 그 안에 품는다. 밖으로 향한 에너지가 객체에서 주체로 옮겨지면서 내면세계를 인식하게 될 때, 모든 에너지의 완전한 융합이 전체성 측면으로 두루 미쳐 어떤 변화에도 휩쓸리지 않는 상태에 이른다. 융은 이것을 기독교의 '영광체'에 비유하였다.

16) 자기실현이 곧 개성화

(1) 자기실현의 과정

자아가 의식의 중심이며, 자기는 의식과 무의식을 포괄하는 전체 정신의 중심이다. 인간의 무의식 속에는 전체인격이 되려는 내적 충동이 모든 사람이 태어날 때부터 갖추어 있다. 자기는 인격전체이면서 동시에 원형이다. 즉, 인간의 원초적 조건이다. 그 원형은 여러 가지 상징 속에 그 모습을 드러내며 각자 정신의 전체를 실현하도록 영향을 준다. 혹은 무의식을 의식화하고자 하는 자아의 적극적인 자세로 인해 무의식의 조절자인 자기원형이 활성화된다. 이렇게 인간은 의식을 넓히면서 자아에서 자기로 다가가면서 자기실현을 하게 되는 것이다. 자기실현은 '자기가 되는 것'으로 자기의 전체 정신을 실현하는 것이다. 그리스도나 불성이 자기의 상징이나, 자기는 진정한 의미의 그 사람의 개성(individuality)이다. 그러므로 실현해야 할 것은 집단규범으로서의 그리스도나 붓다를 흉내 내는 것이 아니라 개성적인 길을 걸어간 그분들의 정신과 용기이다.

진정한 개성화는 그 사람의 의식과 무의식을 통틀은 그 사람 그 자체로서, 전체 정신과 같으면서도 다르고 다르면서도 같은 것이다. 왜냐하면 모든 인간은 각기 개인적인 특성을 가지고 있지만, 집단적 무의식과 같은 보편적인 인간적 토대를 갖고 있기 때문이다. 자기실현의 목적은 도덕군자, 구원자, 집단에 의해 만들어진 페르조나가 아니라, 자기를 잘못된 페르조나의 은폐에서 해방시키고 우리의 가장 내적이며 궁극적이고 다른 것과 비길 수 없는 고유성으로서 개성화는 자기화 또는 자기실현으로 규정된다. 개성화는 자기화 또는 자기실현은 무의식의 내용을 끊임없이 자기 의식화를 통해 이루어진다. 의식화를 통해서 예민하고 자질구레한 자아-세계에 매달려 있는 자아(집착)에서 벗어나 보다 넓은 객체의 세상에 참여하는 것이다. 넓어진 의식은 더 이상 예민하고 이기적이며 사사로운 욕망, 조심, 희망과 야망이 뒤얽힌 실타래가 아니라, 객체세계에 접합된 관계기능이 된다.

(2) 자기실현은 언제 시작되는가? 고통과 상실은 자기실현의 기회

자기실현이나 개성화는 사람을 편안하게 하는 것이 아니라, 고통을 감내하는 힘을 주고 고통과 상실에서 의미를 발견하게 한다. 자기실현을 함으로써 인간은 더 많은 것을 보지만, 그만큼 더 많은 고통을 겪을 수 있다. 개성을 억압하는 획일적, 전체주의적 권위주의 사회에서 자기실현(개성화)는 어려움에 부딪힌다. 자기실현은 청소년의 과제가 아니라 중년 이후의 과제로서 철저히 내버려둔 내면세계와의 관계를 다시 맺음으로써 시작된다. 청소년기와 초기 성인기에는 삶 속으로 나아가야 한다. 청소년기 신경증은 대개 삶을 두려워하고 삶에서 후퇴하는 데서 생김으로 이들의 치료는 다시 삶 속으로 나아가게 하는 것을 돕는 일이다. 반대로 중년 이후의 신경증은 너무 많은 시간을 바깥 생활 속으로 나가 있어 본래의 자기를 망각한 데서 발생하기 때문에 이들에게는 내면을 보고 자기를 찾는 개성화 작업이 치료의 원칙이 된다고 융은 말한다. 중년에 청년의 자세를 고집하는 것이 노이로제의 근원이 된다.

(3) 버림과 구별(페르조나의 문제)

자기실현을 위해서 페르조나를 버리라는 것이 아니라, 구별하라는 것이다. 그것은 필요할 때는 써도 좋은 모자와 같은 것이다. 다만 그것이 본질이 아님을 확실히 의식할 필요가 있다.

(4) 신경증적 장애와 자기실현

융은 '자기로부터의 소외'가 신경증 가설의 핵심이며, 그로 인하여 인격의 '해리'라 하였다. 자기로부터의 소외는 왜 생기는가? 한마디로 자아를 집단정신의 한 단면이 페르조나와 지나치게 동일시한 때문이다. 그는 신경은 아직 그 의미를 발견하지 못한 마음의 고통이라고 했다. 신경증적 고통 뒤에는 전체가 되고자 하는 무의식의 목적이 숨어 있다. 의식과 무의식의 단절과 그로 인한 의식의 해리상태를 회복하고 통합된 전체가 되고자 하는 무의식의 기능이 의식의 일방성을 과도하게 보상함으로써 여러 가지 증상을 일으키지만, 궁극적으로 그것은 균형있는 전체가 되고자 하는 내적 치유기능의 표현인 것이다.

(5) 자기실현의 진행과정

① 그림자의 인식

무의식의 의식화 과정의 첫 번째 단계가 그림자의 인식이다. 항상 그런 순서대로 의식화되는 것은 아니지만, 대게 처음 부딪치는 문제는 그림자의 의식화이며 그 뒤에 아니마와 아니무스의 의식화가 진행되고 이를 통해 자기와의 대면이 이루어진다. 그림자는 무의식에 있는 열등한 인격이다. 그것은 내가 또는 남들도 싫어하는 것, 그래서 의식에서 배제되어 무의식으로 들어가 버린 자아의식의 여러 가지 성격 측면으로 이루어진다. 그림자는 내가 의식하지 못하는 나의 뒷면으로 자아의 무의식 측면에 있는 나의 짝, 나의 또 하나의 어두운 형제이다. 내가 그것을 의식하지 못하므로 우리는 자신의 그림자를 밖에서 본다. '똥 묻은 개 겨 묻은 개 나무라는 현상'이다. 그림자의 투사는 정치판처럼 다양한 인간관계에서 일어난다. 직장 따돌림은 집단적으로 공유하는 그림자가 한 사람에게 투사된 경우이다. 모두 집단적으로 상호간의 그림자를 투사하는 데서 시작된다. 그림자는 대개 의식의 일방적인 성향에 대립되는 무의식의 상대인 것이다. 사회적으로 선을 행하는 공인일수록 무의식에는 폭력배, 주정뱅이, 사기꾼 같은 부도덕한 그림자상이 나타난다. 관대한 자선가는 인색한 구두쇠의 그림자를, 검소한 주부의 꿈에는 사치와 허영을 일삼는 그림자가 동네를 누빈다. 공산주의자는 자본주의를 그림자로 가질 수 있다.

자신 속에 자신이 가장 싫어하는 열등한 부분이 존재하는 사실을 수용하기 힘들 것이다. 왜냐하면 그림자를 통해 투사된 대상은 내가 평생 그렇게 되지 않으려고 노력해온 나의 열등한 자아이기 때문이다. 통일된 마음으로 살지 않고는 위선을 면할 수 없으며, 도덕적 완벽주의가 그의 본성과 일치한다면 여기에 그림자가 생길 이유가 없다. 그림자가 있다는 것은 의식이 부단히 발전을 꾀하고 있다는 것을 증명하며 발전이란 일방적일 수밖에 없으니, 그 대극을 불러들이지 않을 수 없는 것이다. 무의식의 합성 작업은 고통스러워도 보람 있는 자기실현의 첫 걸음인 것이다.

② 아니마와 아니무스의 인식

외적 인격인 페르조나에 대응하여 내적 인격, 자아를 자기에게 이끌어주는 매개자의 역할을 한다. 아니마와 아니무스의 핵심적 특징은 자율성(autonomy)이다. 아니마는 기분(mood), 아니무스는 의견(opinion)으로 나타내는데, 아니마가 미숙하여 부정적인 작용을 할 때에는 쉽게 짜증을 내고, 초조하게 신체건강에 신경을 쓰게 되는 흔히 '남자답지 못한' 소심증을 나타낸다. 미숙한 아니마는 또한 색정적인 환상을 유발하여 자아를 유혹하여 그것이 밖으로 투사되면 그 대상이 된 여성에게 강박적으로 집착하게 된다. 남성의 아니마 의식화는 무엇보다도 남성의 무뚝뚝함을 페르조나로 삼는 데서 억압된 섬세한 정감을 되살리는 작업으로 시작된다.

여성 속의 남성성을 아니무스라 하는데, 여성의 외적 인격인 페르조나에 대응하는 무의식의 내적 인격이다. 아니마가 에로스이며 감성과 예감능력이라면, 아니무스는 로고스, 사유와 판단능력이다. 최고의 경지는 영적 진리로 이끄는 지혜로운 안내자(간디)라고 한다. 여성이 아니무스의 의식화를 게을리하면, 허무적이며, 비관적인 생각으로 자아에 위험한 영향을 끼친다. 만사가 귀찮고, 자신 없으며, 죽고 싶은 생각이 들 때 무의식의 살인적 아니무스가 작동하고 있을 가능성이 있다. 부정적 아니무스의 의견은 따지기 위한 따짐인 경우가 많고 매우 경직되고 틀에 박혀 합리적 대화로 교정되기 어렵다. 예를 들면, 우기는 것 등이다.

아니무스를 의식화하려면 여성은 먼저 사물을 객관적으로 보는 연습을 해서 자신의 확신이 옳은지 살펴보아야 하고, 꿈에 나타난 무의식의 권고가 자신의 확신에 어긋난다고 해서 그것을 배격해서는 안 된다. 자기를 괴롭히는 열등감과 무력감을 갖게 하는 부정적 아니무스는 긍정적인 방향으로 변하여 일을 계획하는 정신, 용기, 진실성, 정신적 깊이와 내면화의 최고 형태가 될 수 있다. 여성의 일방적인 남성화, 아니무스 사로잡힘이 보편화될 때 생길 수 있는 또 하나의 인격 왜곡과 해리 현상을 조심해야 한다. 사회에서 남들이 평가하는 안 하든 스스로 생각하고 판단하는 힘을 기르는 것은 중요하다.

③ 서양연금술에서 본 자기실현의 상징

시작과 마지막은 둘이 아니고 하나이다. 시작은 반이 아닌 전부인 것이다. 연금술에서는 안에 있는 귀중한 것이 증기가 되어 도망가지 않도록 그릇을 밀폐하고 불을 가해서 지지고 끓이는데 한편으로 관심의 대상을 밖으로 향하지 않게 하고 안으로 돌리는 철저한 내향화의 태도를 표현하며, 다른 한편으로는 무의식의 온갖 갈등을 자신 속에서 해결하기 위해 고통을 감수함으로써 말한다. 투사가 중단되면 처음에는 답답한 질식 상태가 되나, 그 투사하는 마음이 완전히 정화되면, 즉 투사 대상에서 완전히 떼어내서 자신에게 되돌려 오는 데 성공하면 감정적 갈등이 완화되어 마음의 평화가 온다. 연금술의 기술과 지혜를 도입하고자 하는 사람은 결코 거만해서는 안 되고, 성실하고 진지하며 깊은 이해력을 가지고 있어야 하고, 친절하며 명랑하고 쾌활한 표정을 지어야 한다고 한다. 또한 명상으로 통해 내적인 대화로 신을 부르거나 자기 자신 또는 좋은 천사와 대화를 나누는 것이다. 이것은 내면의 타자와의 대화를 통하여 무의식에 잠재하는 내용이 의식 면으로 떠올라 인식되는 것이다

④ 신화와 민담에서 본 자기실현의 상징: 단군신화

동물의 인간화라는 주제는 동물적 본능의 의식화를 말하며 인격의 분화발달, 나아가서 자기실현의 과정을 말한다. 무의식상태에 머물러 있는 자아는 동물상태에 머물러 있는 것과 같다. 단군신화에 나타난 동물의 인간화 과정은 원시사회의 전형적인 성인의식을 대변하는데, 북아메리카의 샤먼 후보자는 동굴에서 그의 보호신이 될 신령의 환상을 보기 전에 며칠 씩 굶은 채 기다라며, 남아메리카에서는 담배즙만 마신다. 마늘과 쑥을 먹으로 햇빛을 보아서는 안된다는 금기는 일상적인 바깥세계와 자신을 격리한 뒤 철저하게 영적인 내면세계의 성찰, 즉, 내향을 통해서 거듭나는 성인화의 잘 알려진 조건이다. 이렇게 한국의 건국신화는 참을성과 기다림과 금욕을 강조하였다. 단군신화는 음의 측면을 선택했는데, 내향, 인내, 순종, 끈기의 가치를 높이 평가한다고 볼 수 있다. 환인의 아들 환웅은 태양의 아들인 양의 존재이기 때문이다. 웅녀는 신단수 아래에서 기도와 환웅과의 결혼으로 하늘과 땅의 경계를 부수어 보호신과 하나되는 체험에 비길 수 있다. 대극합일의 상징으로 전체가 되는 자기실현의 상징으로 매우 중요한 것이다. 융에 의하면, 나무는 삶의 에너지, 개성화

과정(자기실현), 자기의 상징이다. 나무는 또한 생산하는 힘을 가지며, 신의 몸 그 자체이기도 하다. 창조는 희구하는 웅녀의 기도는 신단수 나무에서 이루어진다.

17) 분석심리학의 공헌 및 강점

(1) 분석심리학의 공헌

① 프로이트의 염세주의와는 반대로 융의 자기실현을 위한 선천적이고 실제적인 성향은 Honey, Rogers, 그리고 Maslow와 같은 이론가들의 일반적인 견해를 앞서갔다. 융은 정신분열에 대한 이해에 중요한 공헌을 하였다.

② 현대 심리학자들은 내향성-외향성이 융이 의도한 것보다 지나치게 단순하였음에도 불구하고 매우 중요한 것으로 간주하고 이것은 우리의 일상 언어의 일부분이 되어 왔다.

③ 융의 절대적인 혹은 명백한 제안들은 미술치료와 AA와 같은 치료의 현대 형태에 반영되었다. 그의 정신치료접근, 즉 주당 4회보다는 작게, face-to-face 인터뷰와 같은 방식, 정신분석가의 분석훈련 요구가 폭넓게 수용되었다. 융이 강조한 치료자들의 “living wholeness”는 로저스의 진실성(genuineness)를 앞서는 것이었고, 무의식적 투사의 중요성에 대한 믿음은 많은 현대 이론가들에 의해 인정되었다.

④ 집단적 무의식의 개념은 우리의 무언가가 죽음 이후에도 지속된다는 것을 말한다. 융은 우리의 삶이 의미를 가질 필요가 있다는 것을 예리하게 인식하고 있었다. 그의 종교에 대한 적극적인 접근은 비판과 동시에 지지의 대상이다.

⑤ 융에게는 자기 인식(self-knowledge)은 진정한 미덕이었다. 그는 인간의 본성 혹은 전체성의 파악을 위해서 관찰자 자신의 인격을 개발하고 성숙시키는 것이 불가피하다. 이것은 의식을 확대하는 것을 말한다. 올바른 치료자가 되기 위해서는 자신이 치료를 받아야 하는 교류분석을 제안하였다(Ewen, 2003).

(2) 강점

① 진단에 대한 태도: 진단이 절대적으로 필요한 것은 아니다.

한 인간의 생의 의미, 마음의 심층으로부터의 자아의 분리를 해석하려면 정신치료자는 임상의학의 테두리를 넘어서지 않으면 안 된다. 임상 정신의학에서 습관처럼 사용되는 진단, 예후, 금기 등의 용어를 포기해야 하는 때가 있다. 정신치료를 하는데 진단적 분류가 환자를 이해하고 치료하는 데 반드시 도움이 되지 않을 뿐 아니라 오히려 방해를 주는 경우조차 있다. 진단분류는 단지 외적인 좌표, 통계적, 일반적 기준에서 환자가 어디에 속했는지를 보는데 참고가 될 뿐이지 정신치료에 결정적으로 중요한 것은 아니다. 우리가 치료하는 것은 불안신경증이 아니라 그것으로 고통받는 한 "사람"이기 때문이다. 따라서 치료대상은 "환자"가 아니라 "개성을 가진 인간"이다(이부영, 1998).

② 폭넓은 지식을 바탕으로 한 다양한 치료적 접근을 강조한다.

인간 영혼의 비밀을 알기 위해서 보다 넓은 인류의 정신유산이 지니는 특징을 배워나가야 한다. 의학에서는 가르치지 않는 인류학, 종교, 신화 그 밖의 예술상의 여러 상징을 이해할 수 있어야 한다. 인간의 마음을 고치기 위해서 보수적인 신체의학의 관습을 극복해야 하며, 그것이 진실된 의학, 의료라 할 수 있는 것이다. 융은 환자의 효과적인 치료를 위해 가능한 많은 치료기법을 습득할 것을 권고하였다(이부영, 1998).

③ 종교와 세계관을 중시하는 영적 접근을 중시한다.

융은 신앙을 잃은 사람, 종교적인 상징을 생생하게 체험하지 못하거나, 이에 참여할 수 없는 사람들이 환자 가운데 많다는 사실을 지적한다. 환자 가운데 자기불안과 자기소외를 현존하는 신앙고백양식의 테두리 안에서 치료하는 사람이 있다. 종교적인 확신을 잃었거나 비정통적인 확신을 가지고 있는 경우에는 환자 개인 개인의 무의식 속에 자연발생적으로 발생되는 종교적 상징을 찾아보아야 한다(이부영, 1998).

④ 치료 방법이나 기술보다는 선입견, 편견, 권위적인 태도를 지양하는 치료자 자세의 중요성을 강조한다.

융은 인간의 개성을 살려 치료하는 태도가 필요한데 그것은 변증법적 자세이다. 고교생은 똑같다는 식의 전제를 하고 환자에게 훈시하는 일반적인 평가 기준을 갖고 개인을 대하고 치료하는 것이 아니라 변증법적 방식, 즉 내가 아직 모르는 어떤 개인과 나라는 개인과의 대화라고 규정한다. 환자를 지배하고, 그에게 영향을 주고자 하는 권위적인 마음을 모두 버리는데서 시작한다. 분석심리학에서 정신치료의 가장 중요한 특징의 하나의 치료방법이나 기술보다는 치료자의 자세를 무엇보다도 중요시한다는 점이다. 말로 사람을 고치는 것이 아니라 마음으로 고치는 것이라고 한다(Ewen, 2003). 정신치료자 자신이 바로 방법인 것이다.

⑤ 문화적 차이를 존중함과 동시에 보편적인 인간의 본성에 대해 중시한다.

정신치료자는 환자가 속하고 있는 문화권의 역사, 종교, 민담, 풍습 등을 이해하는 것이 중요하다. 이 점에서 융은 서양인이 서양인의 가치척도로 동양인의 심성을 평가하는 것이 잘못된 것임을 누구보다도 강조하였다. 융학파의 정신치료 목표는 한국인으로 한국인이 되게 하며, 아프리카인으로 하여금 아프리카인이 되게 하는 데 있는 것이다. 분석심리학은 서양문화에 대한 자체 반성을 바탕으로 이루어진 것이기 때문에 문화의 중요성과 위험성에 대한 충분한 인식과 동시에 어느 문화를 막론하고 존재하는 보편적이고 근원적인 인간의 본성을 살려가는 것을 목표로 삼고 있다(이부영, 1998).

18) 분석심리학의 취약점

① 정신의 자율권을 인정: 우리의 정신과 행동에 책임이 있다.

성(sexuality)이 프로이트를 독단주의로 내몰았다면, 융에게는 정신의 자율권이라 말할 수 있다. 사고와 환상을 우리에게 발생하는 자율적인 사건으로 간주하였고, 그들 자신이 목적을 가진 콤플렉스에 의해서 발생한 사건이라고 하였다. 당신의 머릿속에서 나오는 목소리를 듣는 것은 정상적일 뿐만 아니라 이것은 집단적 무의식, 개성화 과정을 배우는 데 필요하다고 하였다. 내적 목소리에 경청하는 것에 대해서 그 자체로 실제로 건강한 개인이 정신시설로 입소되기에 충분한 것이라고 언급하였기 때문에 근본적으로 현대 심리학적 표준과는 다른 것이다. 융이론의 이러한 면은 개인적인 경험에 의한 편견에 의해서 영향을 받았다. 원인이 무엇이든 간에 정신의 자율권 개념은 신경증이나 정신이상의 경계에 있는 사람들에게 위험한 먹이(fodder)를 제공한 것이다. 나의 머리에 있는 목소리가 나에게 그렇게 하라고 말하는 것을 믿음으로써 불법행동을 합리화하는 것이 너무 쉽게 되는 것이 문제다. 융은 단호하게 그것은 이론을 왜곡하는 것이라고 거부하였다. 그러나 융은 프로이트에게 좀 더 요구되는 관점인 '우리 자신의 정신과 행동에 책임이 있다'는 것을 극단적으로 선호하였다(Ewen, 2003).

② 유형론에 의한 지나친 단순화는 매우 위험하다.

유형검사는 대인관계, 특히 배우자 상호관계, 교육성취도, 직업적성, 자기 자신의 성격 성찰 등에 많이 적용될 수 있는 소지가 있고 이해하기가 쉽기 때문에 열등기능을 발견하는 데 도움을 줄 수 있다. 그러나 모든 인간 심성의 복잡한 문제를 유형설 하나로 해석하는 것은 너무 단순하고 그것도 객관적인 계측이 지닌 제약점을 무시하고 그 결과를 절대시할 때 여러 가지 문제가 야기될 수 있다. 유형검사를 피검자로 하여금 그런 깊은 마음의 심층으로 인도하는 제약된 도구로 인식한다면 그 나름의 효율성이 있을 것이다(Ewen, 2003).

③ 치료자 수련을 통해 기법과 기술을 전수하는 것이 매우 어렵다.

일례로 그림분석을 통해 무의식의 내용을 알아보고 최대한 무의식이 발현할 수 있도록 돕는 기술을 가르치고 실현하도록 돕는 것은 치료자의 역량에 따라서 다를 수 있기 때문에 그 치료적인 질적인 부분에 있어서 매우 차이가 크게 나타날 것이다. 꿈, 그림과 같은 것이 각 환자에게 있어 다른 의미를 지녔기 때문에 해석하는 데 있어서도 주의를 요하게 된다. 그리고 그림의 형태적, 공간적인 측면에서 보는 관점, 색채적인 관점, 그림의 내용에 대한 분석 등을 통해 해석을 하여야 한다. 융의 이러한 상징적 해석을 시도할 때는 융학파의 분석가 수련을 철저하게 받지 않는 상태에서는 매우 위험하다는 것을 알아야 한다. 때문에 치료자는 오랫동안의 수련을 통해서 이러한 기술을 익힐 수 있도록 노력하되, 단순히 오랜 기간의 노력만 필요한 것이 아니라 어느 정도의 통찰력을 지닌 자에게 가능할 것이다.

④ 개념적으로 문체상 명확하지 않고 혼돈되어 있다.

융의 저서는 명확하고 통찰력이 있지만 그의 문학적인 스타일은 따분하고 혼돈스러운 것으로 묘사된다. 논리적인 전개가 부족하다는 것이다. 그의 독자들은 자주 난해한 사상으로 이해하기 힘들어한다. 또한 융의 용어법은 잠재적인 혼돈의 근원이다. 예를 들어 본능에 대한 정의는 선천적인 행동결정요인일 뿐만 아니라 습관적이거나 학습된 반응을 포함하기도 한다(Ewen, 2003).

⑤ 과학적 정밀함이 결여되어 있다.

융의 집단적 무의식의 구성과 parapsychology에 대한 신념은 신비주의적이고 비과학적이라는 비판을 받아왔다. 정의에 있어서 차이점에도 불구하고 융의 리비도 모델은 프로이트만큼이나 공격에 취약하였다. 정신(psychic) 에너지의 양은 측정할 수 없는 정신(mental)활동에 투자되는데 그래서 융의 리비도 개념이 최근에 거의 외부에서 사용되지 않게 된다. 초월적 기능은 그것이 적용되는 과정을 설명하지 못하고 동시성은 일치성이라는 이름 이상의 것이 거의 없다. 융이 통계를 선호하지 않는 태도는 그로 하여금 특별한 사건의 중요성을 과장하도록 만들지도 모른다(Ewen, 2003).

⑥ 과학적 심리학에서는 융의 종교적 관심과 같은 난해한 이슈를 다룰 수 없다.

융이 정신적 그리고 종교적인 갈망을 강조하는 것은 중요한 논쟁거리가 되었다. 지지하는 사람들은 융이 심리학의 범위를 인간의 기능의 생물학적 범위에 대한 관심을 둠으로써 넓혔다고 하지만 융을 비판하는 사람들은 과학적 심리학은 그런 신의 본질, 초자연적인 존재와 같은 난해한 이슈를 다룰 수 없다고 논쟁하면서 융의 접근은 피상적이고 실패하였다고 말한다(Ewen, 2003).

그 밖의 환자에 대한 개입과정에서 주로 환자의 내면, 정신적인 면에만 집중하고 있고 치료기간의 적절성, 치료효과에 대한 과학적인 입증이 결여되어 있다. 치료기간과 치료 종결의 경우 미리 설정할 수 없는 문제로서 치료목표의 달성과 연관되는데 때때로 무의식적인 꿈을 통해서 치료과정의 평가를 상징적으로 할 수 있고, 환자 스스로가 치료종결을 꺼내는 경우가 많다고 한다.

19) 프로이트와 융의 이론 비교

프로이트와 융의 이론을 비교하자면 다음과 같다.

① 프로이트는 신경증 치료에 초점: 융은 정신분열 연구에 초점을 둔다.

② 프로이트는 태초에 자아 생기고, 그 후에 무의식이 생김: 융은 태초에 무의식(집단적 무의식)이 있었고 그 후에 자아(ego)가 생긴다.

③ 프로이트: 타인과의 원숙한 관계발달이 최종목표. 즉, 성적 욕구 충족으로 신경증으로부터 해방과 어른의 표징을 나타내는 개념으로 성숙한 이성관계에 가치를 둔다.

④ 융: 타인과의 관계는 고려사항이 아니며, 개인의 마음 그 자체에서 벌어지는 통합과 균형을 최종목표로 함. 마음 내부에서 갈등하는 '인성들'을 조화, 분열과 분리된 훼손된 자아의 조각을 맞추는 것이다.

20) 융의 성격발달에 대한 부연설명

융은 성격의 발달단계를 뚜렷하게 나누고 있지는 않으나 인생 전반기의 자기실현 개념은 타인과의 관계 속에서 적응해 나가는 것이라 하였다. 따라서 정신적이고 심리 내적인 것만 강조한 것이 아니다.

21) 프로이트의 성격 발달단계에서의 성장과 고착

프로이트는 성격의 발달단계에서 인간의 성격이 지속적으로 성장한다고 말하고 있나? 프로이트의 고착은 성장을 멈추는 것을 의미하는가?

① 프로이트의 경우 6세 이전에 성경 형성이 끝난다고 되어 있다. 성격발달에 대한 이론적 구축은 프로이트의 경우 그 내용에서 제한되어 있다.

② 프로이트의 고착의 의미는 성격발달이 멈춤을 의미하지 않는다. 지속적으로 성장함을 의미한다. 리비도가 성기의 발달에 따라 움직이게 되므로 모든 인간은 성인기까지 발달단계를 거치게 되는데 심리적 · 정신적 성장이 그 생물학적인 성장을 따라가지 못하여 늦어질 경우, 퇴행하여 고착되게 된다. 이때 발달에 지체가 발생하게 되면서 성격발달에 문제가 된다. 따라서 성인들을 치료할 때 이들의 어린 시절에 고착된 부분을 찾아내어 고쳐주는 것이 치료자의 역할이다.

표 4-2 프로이트와 융의 비교

프로이트	융
1. Stage Theory이다. 2. 생전에 이론을 어느 정도 발전시켰다. 3. 생물학에 근거를 둔 이론이다. 4. 주된 치료 대상: 신경증 환자이다. 5. 성격의 구조적 모델은 매우 비과학적이고 비논리적이다. 6. 매우 고집스럽고 폐쇄적인 성향을 지녔다. 자신 이론의 절대성 주장(독단주의) 7. 프로이트 자신이 신경증 환자였으며, 심각한 코카인 중독자였다. 8. 사회복지에 주는 시사점: 개인을 이해하는 데 중요한 기준을 제시해 주었다.	1. Stage Theory가 아니다. 2. 생전에 이론 발전 정도가 미약하였다. 3. 철학적 사상적 측면에 기초를 둔 이론이다. 4. 주된 치료대상: 정신증, 특히 정신분열증 환자다. 5. 융은 블레어(정신분열증을 발견한 학자) 밑에서 수련을 받고 그로부터 영향을 받았다. 6. 융 자신이 약간 정신분열증의 성향이 있었다. 7. 융의 이론은 유형론이다: 인간의 성향 파악이 용이하다. 8. 사회복지에 주는 시사점: 1) 치료자로서의 자세 2) 다양한 학문의 인정 3) 유형론: 인간을 쉽게 파악할 수 있지만, 틀에 맞추어 왜곡된 시각을 갖지 말자.

22) 정신역동학(프로이트, 융의 이론)의 사회복지실천 적용에의 함의

① 대부분 융의 이론에 대한 숙지와 사회사업실천에의 적용 가능성에 대해서 논의하고 배울 수 있었던 것을 긍정적으로 평가하였다.

② 프로이트의 정신분석은 수많은 비판 속에서도 사회복지계에서 실천이론의 중요한 근간이 되는 절대적인 영향력을 인정하였다. 세계적으로도 20세기의 3대 거장을 막스, 아인슈타인, 그리고 프로이트를 꼽을 정도로 세계적인 공헌도가 매우 높다.

③ 프로이트의 이론은 기본적으로 이드에 초점이 있으며 Ego에 대한 논의는 Neo-freudian들의 초점을 두었다.

④ 융은 치료자로서 환자에 대한 자세, 틀에 얽매인 진단적인 시각탈피, 다양하고 폭넓은 지식과 기술의 활용 면에서 사회복지사로서 본받아야 할 점이다. 현대인의 절대적인 사회적응에 무시된 참된 자기(Self)로 인한 마음 내적인 문제 해결에 도움을 요구된다. 그러나 현재 융 접근은 검증이 안 된 상태로서 실험에 입각한 과학적인 근거가 부족한 점을 주의하면서 지속적인 입증 노력이 요구된다.

⑤ 사회사업 실천에 있어 영성에 대한 관심이 많아짐에 따라서 융이론 적용 가능성이 높아지고 있다.

2. 아들러(Adler): 개인심리학의 창시자

1) 아들러의 생애

알프레드 아들러(Alfred Adler, 1870-1937)는 1870년 2월 7일 오스트리아 빈 근교의 조그만 마을에서 유태인 곡물 상인의 6형제 중 둘째 아들로 태어났다. 어머니는

아들러

전형적 비엔나 가정주부였다. 아들러는 병약하여 질병과 죽음의 끊임없는 공포 속에서 어린 시절을 보냈다. 세 살 때에는 바로 옆의 침대에서 동생이 죽어가는 광경을 목격했다. 그 자신은 두 번이나 교통사고로 죽을 뻔하기도 했고, 그 후 폐렴과 구루병으로 죽음의 문턱까지 가기도 했다. 그리하여 장래에 의사가 되기로 결심하였다. 중학교 때는 수학을 못해 자퇴를 권유 받기도 했다. 아버지는 그의 아들을 책망하는 대신에 용기를 북돋아 주었고, 그의 어려움을 스스로의 힘으로 극복해 나가도록 끊임없이 격려하여 주었다. 아버지의 그와 같은 격려에 힘입어 그 후 얼마 되지 않아 자기 반에서 가장 우수한 학생이 되기도 하였다. 그 후 아들러는 의사가 되었고 후에 정신과 의사가 되었다. 그 후부터 그는 정신과 의사로서, 심리치료가로서, 그리고 학교 및 가족상담 전문가로서의 봉사적 생활에 그의 일생을 보냈다.

그가 차남이었기 때문에 부모로부터 제대로 인정받지 못하고 자랐다는 사실은 그의 이후 생애뿐만 아니라 이론에도 매우 중요한 의미를 주었다. 아들러는 어려서 매우 병약했고 학업에서도 크게 성공하지 못했다. 이러한 점은 그가 차남이었다는 사실과 함께 열등감을 느끼게 하는 근거가 되었고 이를 극복하고 보상하기 위해서 끊임없이 노력하는 그의 생활양식이 가능하도록 하였다. 그는 결국 질병에 대한 보상으로서 의사가 되었다. 이러한 그의 경험들은 열등감과 우월성의 추구라는 개념이 주가 되는 그의 독특한 이론체계가 가능하게 하였다.

그는 대학 시절에 맑스주의 학생모임에 가담하였으며, 이 시절 사회주의의 심리학적 철학적 측면에 대해서 관심을 많이 가졌다. 이러한 점은 그가 특별히 "사회적 관심"을 중시한다는 사실들을 이해하는 데 도움이 된다.

아들러는 1898년 안과의로 개업했다가 이후 일반의학 부문의 실습을 거쳐 정신과 의사가 되었다. 1902년에서 1911년까지 프로이트의 곁에서 연구하는 활동적인 일원이었으나 서로 간의 견해 차이로 헤어지게 되고, 1912년 자신의 이론을 개인심리학이라 명명하고 개인심리학회를 창설하였다. 제 1차 세계대전 후 오스트리아 정부의 요청으로 비엔나의 여러 공립학교에서 아동상담소를 운영하면서 아동에 대한 집단치료와 가족치료를 실시하였다.

1902년 오스트리아 빈에서 프로이트가 주최하는 정신분석학회 '수요모임'에 초대되어 프로이트, 융 등과 함께 활동하였다. 이 수요모임은 훗날 '빈 정신분석학회'로 발전하였고, 아들러는 1910년에 초대 학회장이 되었다. 그러나 프로이트와 학설상의 이견을 보여 결별하고, 1912년 자신을 추종하는 학자들과 '국제 개인심리학 협회'를 창설하였다. 이로부터 아들러와 그의 동료들은 신경증에 관한 사회적 관심을 발전시켰다. 1차 세계대전이 끝난 후 빈을 중심으로 아동정신병원 22곳을 열었으나 1932년 아들러가 유태인이라는 이유로 강제 폐쇄되었다. 아들러의 상담방법은 당시 학교에서도 많이 활용되었는데 그 주된 기법들은 격려, 학급토의, 그리고 민주적인 원리와 자기책임의 강조 등이었다.

이와 같은 아들러의 개인심리학적 접근은 세계적으로 알려지게 되었다. 그는 1926년 미국에 초청받아 여러 대학에서 순회강연을 하는 동시에 뉴욕에서 개업까지 하였다. 1934년 나치의 추방 정책으로 미국에 이주한 후 정신과 의사로서의 일을 계속하는 한편 Long Island 의과대학에시 임상심리학 교수로 재직하면서 세계 곳곳에 강연 여행을 하였다. 아들러는 지칠 줄 모르는 강연자였던 동시에 많은 책과 논문을 남겼다. 또한 개인심리학 연구지도 발행하였다. 1926년 그는 미국에서 최초의 강의를 하였고, 1935년 나치스를 피해 미국에 정착하였으나 1937년 5월 강연여행 도중 스코틀랜드의 애버딘에서 심장마비로 생을 마감하였다. 아들러는 지칠 줄 모르는 강사였으며 활발한 저술활동을 한 것으로 알려져 있다. 그는 생애동안 300여 권의 책과 논문집을 발간했는데 대표적인 저술로 '개인주의 심리학의 이론과 실제'가 있다. 그리고 성격 발달에 있어 사회적 힘의 중요성을 강조한 점은 그의 후학들인 Erich Fromm, Karen Horney, Harry S. Sullivan의 이론에 직접적인 영향을 미쳤으며, Gordon Allport, Abraham Maslow, Rollo May, Vicktor Frankl,

Albert Ellis 등에게도 직접 또는 간접적으로 영향을 미쳤다. 그의 개인심리학은 신프로이트학파와 카운슬링 이론에 많은 영향을 주었다(위키피디아 백과사전, 2003).

2) 개인심리학

개인심리학은 아들러에 의해 개발된 성격이론과 심리치료, 이론체계로서, 인간은 '생각과 감정과 행동하는 존재로서 이것들을 서로 나눌 수 없으며, 신체적, 심리적, 사회적인 측면 역시 나누어 생각할 수 없기에 서로 상호작용하여 조화를 이루는 존재'란 개념을 바탕으로 한다고 할 수 있다.

따라서 아들러는 인간의 사고-감정-행동을 분리할 수 없는 한 단위로 보았다. 이를 전체주의(holism)라고 한다. 모든 행동에는 목적이 있으며, 인간의 사고-감정-행동은 목표에 의해 결정된다. 목표는 인간정신이 지향하는 가장 중요한 부분이다. 인간은 살아가면서 스스로 자신의 목표와 행동을 능동적으로 만들어 간다(유진상 옮김, 2024; 최호영 옮김, 2019; 홍혜경 옮김, 2016).

개인은 나누어질 수 없는 전체로서 사회 내에서 자신이 설정한 목표를 달성하기 위해 끊임없이 노력한다. 인간에 대한 이러한 기본적 전제를 가지고 아들러는 개인심리학을 개발하였다. 그는 인간 행동의 원인보다 행동의 목적을 강조했으며, 인간은 열등감을 극복하여 자기완성을 이뤄야 함을 강조하였다. 그가 개발한 이 심리학은 자신의 초기 경험이 바탕이 됐다. 아들러는 정신질환자들보다 일반대중에 대한 관심이 많았는데, 무의식보다 현실의 주관적 지각을 더 중요하게 생각했다. 특히, 인간은 일생동안 사회적 관계 속에서 사회적 관심을 얻기 위한 노력을 끊임없이 계속한다고 강조하였다.

아들러는 인간을 신의 현상학적인 장(field) 내에서 가공적 목표를 향해 움직이는 창조적이고, 책임이 있으며, "형성되어 가는 총체적인 존재"로 본다. 개인심리학은 인간의 생활양식이 열등감으로 인해 때때로 자기파괴적이 될 수 있다는 입장을 취한다. "정신병리"가 있는 개인은 아프다기보다는 의기소침한 상태에 있는 것이며,

치료적 과제는 치료자와의 관계, 분석 및 활동방법을 통하여 그 사람을 격려하고 그의 사회적 관심을 활성화시켜 주며, 새로운 생활양식을 발달시켜 주는 것이다(위키피디아 백과사전, 2025; 고은진 옮김, 2003).

3) 아들러의 인간관

알프레드 아들러의 인간관은 다음과 같다(홍혜경 옮김, 2016).

(1) 총체적 존재

아들러 심리학의 가장 중요한 가설로서 인간이 통일되고 자아일치된 유기체라는 것이다. 프로이트가 환원론의 입장에서 인간을 의식과 무의식, 원초아, 자아, 초자아로 분류한데 반대하고 인간을 더 이상 분류하거나 분리, 분할할 수 없는 그 자체로서 완전한 전체로서 보았다. 아들러는 이러한 자아일치된 통합된 성격구조를 개인의 생활양식이라 부르고 있다.

(2) 사회적 관심

개인심리학은 우리의 행복과 성공은 주로 사회와 관련되어 있다는 핵심사상에 근거한다. 우리는 사회의 일원이기 때문에 사회구조를 떠나 고립된 존재로 이해될 수 없다. 삶을 통해 소속되고자 하는 욕구가 인간행동의 기본이 된다. 우리가 경험하는 문제의 대부분은 자신이 가치를 두는 사람들에게 수용되지 못한다는 두려움에 관련되어 있다. 만약 이러한 소속감이 충족되지 못하면 불안이 발생한다. 아들러는 우리는 소속되고자 하는 강한 욕구를 가졌고 또 소속감을 가질 때만이 문제에 직면하고 그것을 처리하려고 노력한다고 주장하고 있다.

(3) 창조적 존재

아들러는 성격형성에 있어서 유전과 환경의 중요성을 인정하면서도, 개인은 분명히 이 두 요인 이상의 산물이라고 하였다. 그래서 사람들이란 창조적인 힘을 가지고 자기 인생을 좌우할 수 있는 존재로 묘사한다. 즉 자유롭고 의식적인 활동이 인간을 정의하는 특징이다.

(4) 주관성

개인주의 심리학은 현상학적인 관점을 수용하여, 개인이 자신과 자신이 적응해 나가야 하는 환경을 어떻게 보느냐에 따라 그의 행동이 결정된다고 하였다. 모든 개인은 그들 자신이 가진 통각의 도식과 일치하는 방향으로 그들 자신이 설계한 세계 속에서 산다.

4) 알프레드 아들러의 성격이론

알프레드 아들러의 성격이론은 다음과 같다(홍혜경 옮김, 2016).

(1) 열등감과 보상

인간은 특정 신체기관이 다른 신체기관에 비해서 더 약한 상태로 태어날 수 있는데 이때 그 신체기관이 병에 걸리기가 쉽다. 그래서 사람들은 이러한 신체적 열등성을 극복하려고 훈련과 연습을 통한 보상적 노력을 하게 된다. 이러한 노력은 한 개인에 있어 괄목할 성공을 가져다주기도 하는데, 이러한 시도가 성공적으로 이루어지지 못했을 경우 병적 열등감에 머물게 된다. 이러한 보상과정은 심리학적인 면에도 적용될 수 있다고 하였는데, 즉 개인은 신체의 열등감뿐 아니라 심리적인 또는 사회적인 무능감으로부터 생기는 주관적인 열등의식도 보상하고자 한다. 아들러는 열등한 사람은 열등감에 머무는 것이 아니라 우월한 위치로 나아갈 수 있는 '권력의지'가 있다고 설명한다.

(2) 우월성의 추구

여기서 열등감에 대한 보상의 노력은 결국 우월성의 추구라는 개념으로 연결된다. 아들러는 인간이 추구하는 궁극적인 목적을 바로 우월성의 추구라고 보았는데, 이는 단지 열등감을 극복한다는 소극적인 입장에서 한 단계 넘어서서 보다 적극적으로 향상과 완성으로 나아가는 것이라고 하였다. 아들러는 그 본질에 대하여 몇 가지로 정리하였는데, ① 인간의 기본동기이다 ② 모두가 공통적으로 가지고 있다 ③ 우월의 목표가 부정적인 경향이나 긍정적인 경향을 취할 수 있다 ④ 완성을 위한 노력은 상당한 정력과 노력을 요구한다. ⑤ 우월에 대한 추구는 개인과 사회 두가지 수준에서 일어나는데 개인으로서 완성을 위해서 노력하고, 사회의 일원으로서 우리의 문화를 완성하기 위해 노력한다는 것이다. 아들러는 이러한 목표를 달성하기 위한 개인의 노력을 생활양식이란 개념으로 설명된다.

(3) 생활양식

생활양식은 개인의 성격을 움직이는 체계적 원리로서 부분에 명령을 내리는 전체의 역할을 한다. 개인의 독특성, 즉 삶의 목적, 자아개념, 가치, 태도 등을 포함하는 것으로 삶의 목적을 달성하는 독특한 방법들이다. 이러한 생활양식은 우리의 독특한 열등감을 극복하기 위한 노력을 나타내며, 4~5세 경에 그 틀이 형성되어 그 후에는 거의 변화하지 않는다. 따라서 우리의 모든 심리적 과정의 의미는 개인 생활양식의 내용을 보아야만 비로소 알 수 있다. 아들러는 생활양식의 진정한 형태는 생활과제에 접근하고 이를 해결하는 태도에 따라 구별된다고 하였다.

(4) 생활양식의 유형

아들러는 생활양식을 사회적 관심과 활동수준이라는 두 가지 차원을 중심으로 다음과 같은 네 가지 유형으로 구분하였다.

① **지배형**: 사회적 관심이 거의 없으면서 활동수준이 높아 공격적이고 주장적인 형

② **획득형**: 이러한 사람들은 기생적인 방법으로 외부세계와 관계를 맺으며, 다른 사람에게 의존하여 욕구를 충족하는 형이다.

③ **회피형**: 사회적 관심도 적고 활동도 적다. 이들의 목표는 인생의 모든 문제를 회피함으로써 한치의 실패 가능성도 모면하려는 것이다.

④ **사회형**: 심리적으로 건강한 사람의 표본이 된다. 활동수준과 사회적 관심이 높아 자신의 욕구는 물론 다른 사람의 복지를 위해서 협력하려는 의지를 가진다.

(5) 생활과제

아들러는 인간은 최소한 세 가지의 주요 생활과제를 해결해야 한다고 하였다. 일, 사랑, 우정이 그것이다.

(6) 가족자리와 출생순위

가족자리란 가족집단의 사회심리적인 형태를 그리는 데 사용되는 용어이다. 즉 가족들의 성격유형, 정서적 거리, 나이차이, 출생순위, 상호지배 및 복종관계, 가족의 크기 등은 가족자리를 결정해주는 요소가 되며 개인의 성격발달에 영향을 미친다. 특히 출생순위는 중요한 의미를 가지며 각 출생순위에 수반되는 상황에 대한 지각이 중요하다. 일반적으로 어떤 특정한 출생순위에 태어난 아이들은 일반적인 특징들을 가지고 있는데 그것을 살펴보면 다음과 같다.

① **첫째**: 맏이는 잠시동안 부모의 사랑을 독차지하지만 동생이 태어나면서 사랑을 빼앗기게 되고 그것을 되찾으려고 노력하나 실패한다. 그 결과 그는 스스로 고립해서 적응해 나가며 다른 사람의 애정이나 인정을 얻고자 하는 욕구에 초연해 혼자 생존해가는 전략을 습득해 간다. 때문에 일반적으로 다른 성인들과 좋은 관계를 맺으며 타인의 기대에 쉽게 순응하고 사회적인 책임을 잘 감당하는 특징을 보인다.

② **둘째**: 둘째아이는 날 때부터 형이나 누나라는 경쟁자를 가지고 있으므로 그들

의 장점을 능가하기 위한 자극과 도전을 받는다. 이러한 이유로 첫째보다 훨씬 빠른 발전을 보이기도 한다. 그 결과 아주 경쟁심이 강하고 대단한 야망을 가진 성격이 되기 쉽다. 그의 생활양식은 자신이 형보다 낫다는 것을 증명하기 위해 노력하는 것이다.

③ **막내**: 막내는 동생에게 자리를 빼앗기는 자리를 경험하지 않고 귀염둥이로 자라게 될 수도 있지만 때로는 전혀 관심을 받지 못할 수도 있다. 또한 자기보다 크고 힘이 세고 특권이 있는 형들에게 둘러싸여 독립심 부족과 함께 강한 열등감을 경험하기 쉽다.

④ **외동**: 외동아이는 경쟁할 형제가 없으므로 응석받이가 되기 쉬우며 이러한 생활양식으로 인해 의존심과 자기중심성이 현저하게 나타난다.

(7) 가상적 목표론

아들러는 우리의 궁극적인 목표는 현실에서 검증되거나 확인될 수 없는 가상의 목표라고 하였다. 가상적 목표는 미래에 있는 것이 아니라, 미래에 대한 현재의 지각에 있으며, 주관적으로 또는 정신적으로 현재의 행동에 영향을 주는 이상 지금, 여기에 존재한다. 인간의 모든 심리현상과 행동은 가상적 목표를 이해함으로써 설명될 수 있다. 이는 결국 우월성의 추구 및 생활양식의 지침이 된다.

5) 상담의 과정

개인심리학의 상담과정은 다음과 같다(Sweeney, 2005).

(1) 치료목표

내담자의 사회적 관심, 즉 잘못된 사회적 가치를 바꾸는 것이다. 행동수정보다는 동기수정에 관심을 가지며 기본적인 삶의 전제들, 즉, 생의 목표나 기본개념에 도전하려 한다. Mosak(1984)는 다음과 같은 목표를 제시하고 있다.

① 사회적 관심을 기르기
② 패배감을 극복하고 열등감 감소시키기
③ 내담자의 생애유형 수정하기
④ 잘못된 동기를 바꾸기
⑤ 내담자가 다른 사람과 동등한 감정을 갖도록 돕기
⑥ 사회의 구성원으로 기여하도록 돕기

(2) 과정

개인심리학의 상담과정은 대개 다음과 같은 4단계로 분류해 볼 수 있다.

① 관계형성

아들러 학파의 치료자들은 내담자가 그의 삶에 책임감을 느끼도록 협동관계에서 일한다. 생산적 치료관계를 만드는 방법들은 첫째, 치료자가 내담자로 하여금 그의 단점이나 약점보다 강점이나 장점을 자각하도록 돕는 것이다. 이를 위하여 긍정적인 영역에 초점을 맞추고 격려와 지지의 방법을 사용한다. 둘째, 내담자의 주관적 경험과 욕구에 치료기법을 맞춘다. 치료의 초기측면에서 쓰는 주요 기법은 참여(눈맞추기, 내담자를 심리적으로 쓸모 있는 존재로 인정하기와 같은 행동에 참여), 경청(내담자의 언어적 · 비언어적 메시지를 포착하기 위해서 듣는 것이다), 목표의 확인과 구체화, 공감이다. 공감적 이해는 내담자의 주관적 세계를 파악하고 이런 이해를 내담자에게 전달하는 치료자의 능력이다. 만약 내담자가 자신이 이해받고 수용되고 있음을 느끼면 그는 치료에서 무엇을 원하는지에 초점을 두게 되어 치료목표를 세우게 된다.

② 개인역동성 탐색

이 국면에서 내담자의 목표는 자신의 생활양식을 이해하고 그것이 현재의 생의 과제에서 어떻게 기능하는지를 이해하는 것이다. 이 단계에서는 카운슬러가 내담자의 다음과 같은 주관적 상황과 객관적 상황에 대하여 논의해야 한다.

- 가족 내에서의 개인의 위치 탐색: 이 단계에서는 생활양식 조사와 같은 검사로서 기초자료를 수집한다.
  - 출생 순위: 가족 내의 모든 자녀의 이름을 출생 순위에 따라 기록하고 그들의 나이를 내담자 기준으로 기록한다(죽은 형제도 포함).
  - 형제에 대한 진술: 누가 당신과 가장 차이가 나는가? 어떤 면에서 그런가? 누가 당신과 가장 비슷한가? 어떤 면에서 그런가? 당신은 어떤 아이였는가? 다른 형제들에 대해서 설명해 보라.
  - 상대적 속성: 지능, 근면성, 성적, 집안일 하기, 순응성, 반항성, 타인들을 즐겁게 해줌, 비판적인 태도, 유머감
  - 형제 관계: 누가 누구를 돌보아 주었는가? 누가 누구와 함께 놀았는가? 누가 어머니를 가장 좋아했는가? 누가 아버지를 가장 좋아했는가? 누가 가장 잘 지내고 잘못 지냈는가?
  - 부모: 부모의 나이, 부모는 각각 어떤 분이었는가? 어떤 아이가 아버지를 가장 좋아했는가? 어머니를 좋아한 아이는? 어떻게 좋아했는가? 부모님들 간의 관계는 어떠했는가? 누가 자녀들에게 희망을 가졌는가? 어떤 식으로?
- 어린 시절의 회상: 어린 시절의 회상은 내담자가 구체적으로 명확하게 기억할 수 있는 것들에 한한다. 단순한 보고가 아니라 특수한 기억이며 기본 신념과 기본적 잘못을 나타낸다. 아들러 학파의 치료자들은 이러한 초기회상을 개인의 생애유형 발달에 중요한 단서로 본다. 그들은 사람들이 현재의 관점에 일치되는 과거 사건만을 기억하는 경향이 있다고 주장한다.
- 꿈: 개인심리학에서는 최근의 꿈 뿐 아니라 아동기의 꿈에 특별한 관심을 둔다. 꿈은 개인에게 목적적이고 독특하므로 꿈을 해석하는데 어떤 고정된 상징은 없다.
- 우선적 욕구: 내담자의 우선적 욕구를 평가하는 것은 그의 생애유형을 이해하는 중요한 길이다. 네 가지 전형적인 우선적 욕구는 우월성, 통제, 편안함, 즐거

가지도록 하는 것이다. 이후 자신이 원하는 정서를 스스로 만들 수 있다는 사실을 알게 된다.

⑩ **자기 포착하기**: 이 기법은 자기비난을 하지 않는 선에서 자기 파괴적인 행동이나 비합리적인 사고를 인식하도록 하는 방법이다. 즉, 자신이 원하지 않는 생각이나 행동을 시작하는 순간을 포착해서 더 이상 진행되지 않도록 하는 방법임을 말한다.

⑪ **내담자 수프(soup)에 침 뱉기 기법**

- 목적: 내담자가 자신의 수프에 침을 뱉음으로써 스스로 그 수프를 더 이상 먹지 못하도록 하고 있음을 알아차리게 하는 것이다. 자기 수프를 스스로 더 이상 먹지 못하도록 하는 것이란 내담자의 자기 패배적 행동이나 패턴 속에 스스로 갇히고 이 안에서 숨어 버리는 것을 의미한다. 이 기법은 내담자가 이러한 행동이나 패턴에 갇혀 있거나 숨어 있다는 것을 내담자에게 직면시키는 것이다.
- 상담화법 예시: L씨, 당신은 영어 배우는 것은 좋아하지만, 문학은 별로 관심이 없다고 말씀하셨습니다. 그런데 당신은 왜 문학을 전공하고 있나요? 당신은 자신의 수프에 침을 뱉어서, 스스로 그 수프를 먹지 못하게 하고 싶은 것 같습니다. 당신은 자신의 전공에 대해 후회하고, 다른 전공으로 바꾸고 싶지만, 이미 너무 늦었다고 생각하고 있습니다. 당신은 자신의 삶에 대한 결정을 회피하고, 다른 사람들의 결정에 따르고, 자신의 책임을 회피하고 싶은 것 같습니다.
- 과제 설정하기: 내담자 자신의 깨달음을 유도하는 것이다. 과제의 설정과 이행 문제를 해결하기 위해서 내담자는 단계를 설정하고 이에 적합한 과제를 이행해야 한다.

7) 아들러와 프로이트의 핵심 이론 비교

프로이트는 인간 무의식에 내재된 억압된 성적 욕망에 초점을 두었다면, 이를 비판한 아들러는 그 원인을 '열등감'에서 찾았다. 아들러는 "성욕의 억압은 신경증의 여러 원인 중 하나일 뿐, 전부가 아니다." 그리고 인간은 모두 타인과 대등하다고 느끼고 싶은 욕구를 갖고 있는데, 어린 시절부터 열등감을 느끼며 '대등 욕구'를 충족시키지 못하면, 자존감이 낮은 인간으로 자라게 된다고 한다. 그래서 아들러는 우리가 더 나은 인간이 되기 위해 노력하며 열등 콤플렉스를 극복하려는 건강한 마음을 가져야 한다고 강조하고 있다. 아들러가 중시했던 '열등감'은 갓 태어난 유아에게서는 나타나지 않는다. 타인과 자신을 비교하는 과정에서 생겨나는 열등감은 인간이 어느 정도 사회성을 갖게 된 이후에 마음에 영향을 미치기 때문이다. 수많은 인간이 서로 관계를 맺으면서 만들어 가는 '사회'가 없다면 아마 열등감도 존재하지 않을 것이다. 이 열등 콤플렉스를 포함하여 아들러의 이론은 사회가 인간의 정신에 미치는 영향을 중시한다. 그런 점에서 인간을 어디까지나 동물의 한 부류로 생각한 프로이트 이론과는 근본적으로 다른 발상이다. 한마디로 프로이트는 인간을 '본능적 존재'로 규정한 반면, 아들러는 '사회적 존재'로 보았다는 것이다.

그렇다면 마음의 병을 치료하는 방법은 어떻게 보았을까? 프로이트는 "우리 마음은 과거의 상처를 직면해야" 함을 강조하면서 '원인'에 집중했다. 원망과 고통을 털어놓는 과정에서 카타르시스를 통해 우리의 마음은 홀가분해질 수 있다고 강조한다. 그러나 아들러는, 과거의 상처를 바꿀 순 없지만 "인간은 노력하면 변화할 수 있다"고 했다. 과거의 상처는 지금의 우리가 바꿀 수 있는 게 아니기에, 그것을 치유하려 트라우마를 건드리는 것은 오히려 환자를 더욱 고통스럽게 만들 뿐이라는 것이다. 과거보다는 현재, 바꿀 수 없는 것보다는 바꿀 수 있는 것이 중요하게 생각하고 있는 것이다. 아들러는 이때 자신의 진정한 목적이 무엇인지 알아야 한다고 강조한다(이민연 옮김, 2016).

3. 에릭스(Erikson): 자아심리학의 창시자

1) 에릭슨의 생애

에릭 에릭슨(Erik Erikson, 1902-1994)은 청년기 말에 아동정신분석가로 출발하여 인간의 각 발달단계에 따른 과업과 문제를 성찰하였다. 특히 그는 청소년기의 정체성 유예라는 개념, 중장년기 삶의 생산성, 노년기의 자아통합에 이르는 등의 생활주기론(life cycle)을 구성하였다. 그의 이론은 자신의 생애 경험과도 연계된다.

에릭 에릭슨은 1902년 독일 프랑크푸르트에서 태어났다. 어머니는 유태인이었고 아버지는 프로테스탄트 덴마크인으로 에릭슨이 출생 전 어머니를 버렸다. 아버지의 얼굴도 모른 채 어머니 손에서 성장하였다. 3년이 지난 후 어머니가 유태계 소아과 의사인 Dr. Theodor Homburger와 재혼하였다. 40년간은 Erik Homburger라는 이름으로 알려졌으나, 미국 시민권을 얻었던 1939년에는 성을 Erikson으로 채택하였다.

에릭슨의 새 아버지와 어머니 둘 다 유태인이었으나, 에릭슨에게 친부에 대한 이야기는 하지 않았으며, 안락한 생활을 하였다. 하지만 외모는 친아버지의 피를 이어받아 금발에 키가 훤칠하였기 때문에 에릭슨은 유태인 사회에서 언제나 눈에 띄는 존재였으며, 이 때문에 또래 집단에 이방인(Goy) 취급을 많이 받았다. 이 시기부터 상당한 'Identity Confusion(정체성 혼란)'을 경험하기 시작하였다.

에릭슨은 엄격하고 형식을 갖춘 아카데믹한 분위기를 받아들이지 못하여 좋은 학생은 될 수 없었으며, 평생 대학 졸업장은 얻지 못하였다. 사춘기 무렵 독일은 패전하였고, 김나지움을 마친 후에 자신의 직업선택에 대한 고민에 휩싸여 moratorium 시기를 보내게 된다. 1년간 직업 없이 보헤미안처럼 오랫동안 유럽 각지를 떠도는 생활을 하다가 고향에 돌아와 예술학교에 등록하였다. 1년 후 Munich로 여행을 가서 그곳에 있는 또 다른 예술학교에 등록하였다. 2년 후 자신이 좋아하는 이태리

Florence로 가 살면서 그림을 완전히 포기하고 방랑자로 살면서 이태리의 문화와 역사를 배웠다. 이 시기에 그의 가족들과 친구들은 에릭슨을 이상하고 병들었다고 생각하지 않고 자신을 찾기 위해 애쓰는 방랑하는 예술가로 생각하였다고 한다.

1927년인 25세 여름 학창시절 친구 Peter Blos로부터 제의를 받아서 빈에 있는 작고 실험적인 미국인 nursery school에서 프로이트 부녀에게 분석 받는 사람들의 자녀들에게 미술을 가르치는 일에 함께 참여하기 시작하였다. 에릭슨이 프로이트 서클에 입문한 것은 25세가 넘어서였는데, 당시 72세였던 프로이트는 남자 제자들과의 여러 갈등을 뒤로 하고 딸 안나 프로이트를 비롯한 많은 여성 신봉자들에게 둘러싸여 만년을 보내고 있었다. 에릭슨은 프로이트가 용무가 있을 때면 자신이 차를 직접 운전하여 모시고 다니며 스승으로 접할 기회를 가졌다.

안나 프로이트에게 한달에 7불 정도의 상당히 낮은 수업료를 내고 받았다. 그 당시 안나 또한 자신의 아버지로부터 정신분석 교육과 슈퍼비전을 받고 있었기 때문에, 에릭슨에 대한 분석이 간접적으로 프로이트에게 전해졌을 가능성이 많다. 그는 아동의 꿈과 놀이가 후에 치료에서 언어로 옮겨지게 되는 중요한 시각적 이미지라고 보고하였다. 더욱 중요한 것은 프로이트 자신이 예술에 정신분석을 적용하는 것에 점차 관심을 갖게 되었기에 에릭슨은 새로운 set으로서의 책임을 갖게 되었고 아동분석가로서의 새로운 직업에 대해 심각하게 생각하기 시작했다.

에릭슨은 27세에 춤 공부를 위해 빈에 와 있던 캐나다계 미국 여성 Joan Serson (후에 사회사업가로 활약)을 만나게 되었고, 1930년인 28세에 결혼하여 2남 1녀를 두었다. 또한, 정신분석 교육을 수료하게 되는데, 빈 정신분석협회의 약 4년간 훈련을 마치고 1933년 멤버로 선출되었다.

그리고 나치가 권력을 잡자 에릭슨도 빈에서의 생활을 포기하고 우선 친아버지의 나라인 덴마크에서 일을 찾으려 했으나 여의치 않자, 1934년 미국 보스턴으로 이민을 갔다. 당시 미국은 정신분석학 분야에서는 아직 개척기여서 본고장 빈에서 오는 분석가들을 매우 환영하고 존중하였고 에릭슨은 당시로서는 드문 아동분석가였다.

Massachusetts에서 최초의 아동 분석가로 활동하면서 Harvard Psychological Clinic과 연계하였다.

1936년부터 예일대학인간관계연구소, 1939~1950년 캘리포니아 버클리 대학교수를 지냈다. 이 기간에 문화인류학자인 Margaret Mead, Gregory Bateson, 심리학자 Kurt Lewin, Henry Alexander Murray 등과 친교를 맺고 학문적인 자극을 받았다. 이들과의 만남을 통해 그는 단순한 정신분석가이자 임상가를 넘어 보다 폭넓은 교양과 지적 시야를 가진 사상가로 성장하게 되었다.

에릭슨의 학문적 업적은 다음과 같다.

첫째, 1950년 『Childhood and Society』를 발표하여 "Identity" 개념의 제창자로 유명해진 에릭슨이었지만, 1951년 충성선언(* 정부를 타도하려는 정당이나 조직을 지지하지 않으며 공산당원이 되지 않겠다는 맹세)에 서명을 강요한 캘리포니아 대학을 사임하고 Massachusetts, Stockbridge에 있는 Austin-Riggs Center에서 임상적 연구에 종사했는데, 여기서 특히 청년기 경계 예와 초기 분열병 환자의 치료에 주력했으며, "identity diffusion syndrome"에 대해서도 깊이 연구하였다.

둘째, 1958년에는 『Young Man Luther』를 출판하였고, 1960년 하버드대학 교수로 초빙되어 많은 제자들을 배출하였다. 학창 시절부터 그를 알아온 동료들은 학생 때 아카데믹한 연구에 맞지 않아 보이던 에릭슨이 교수로서 교육과 연구 및 임상활동을 모두 훌륭하게 해내는 것을 보고 놀랐다고 말한다.

셋째, 1963년 『Childhood and Society』의 재판이 출판되었으며, 간디(1969)를 연구하여 퓰리처상과 National Book Award을 수상하였다.

그 밖에 Times와 Newsweek에 그의 연구들이 실렸으며, 1973년 『역사 속의 아이덴티티』, 1975년 『Life History and the Historical Moment』 등도 여러 사람을 연구한 논문집이다. 1967년 『Toys and reason』을 발표하여 여아와 남아는 놀이에 대한 취향과 완구의 선택 등에 커다란 차이가 있음을 지적하였다.

1970년 68세에 하버드 대학교수직을 은퇴하고 온난한 캘리포니아에서 여생을 보냈다. 그러나 은퇴 후에도 활발한 저술활동을 계속하여 1978년 『성인기』, 1987년 『완결된 아이덴티티』 등을 발표했다.

1994년 92세의 나이로 Massachusetts, Harwich에 있는 요양원에서 사망하였다(위키피디아 백과사전, 2025; 고은진 옮김, 2003),

2) 에릭슨 이론의 발달과정

에릭슨 이론의 발달과정은 다음과 같다(송제훈 옮김, 2019; 위키피디아, 2025; 윤초희 · 정현천 옮김, 2022).

(1) 개인적 영향

에릭슨은 '아버지 없는 아이'로 태어나서 '양자'로 성장하였고, 프로이트의 서클에서는 '의사가 아니지만 분석가'로서 훈련을 받았다. 그 후에는 이민의 형태로 다민족 사회였던 미국에서 자신의 지위를 확립하는데 파란만장한 생애를 보냈다. 그 때문에 그는 항상 '나는 대체 무엇인가?' '나는 이 사회에서 어떻게 살아가야 할 것인가?'라는 자문을 끊임없이 했을 것이다. 그의 Identity 개념은 바로 이러한 물음에 대한 대답인 것이다. 'Identity'라는 것은 '자기가 자기로서 존재하고 있다'는 생생한 실천적인 의식과, 그 자신이 사회의 일원으로서 사회와의 사이에 '내적인 일관성'을 갖고 있다는 안심감이 합쳐졌을 때 비로소 성립되는 개념인 것이다.

(2) 시대적 영향

2차 세계대전 이후 미국은 에릭슨의 자아심리학에 열광하였다. 그는 사상적 영웅으로서 지식인과 학생, 특히 청년층에 열광적인 환영을 받았다. 그는 후에 많은 천재적인 인물 연구를 통해 '역사'와 '개인'의 만남을 관찰하였다. 그리고 개인사적인 과제의 해결이 그 시대와 그 사회의 역사적 요청에 부합했을 때 비로소 그 인물의 사상과 행동은 '탁월한 것', '사회에 중요한 것'으로 평가받는다는 결론을 지었다.

<table>
<tr><th>단계</th><th>생활주기</th><th>추정연령</th><th>심리사회적 위기</th><th>주요 관계 범위</th><th>기본 강점</th><th>주요 병리</th><th>심리성적 단계</th></tr>
<tr><td>5</td><td>청소년기</td><td>13~19</td><td>정체감 : 정체감 혼란</td><td>또래집단</td><td>성실</td><td>거절</td><td>생식기</td></tr>
<tr><td colspan="8">아동기와 성인기 사이의 전환이 일어나는 청소년기의 발달은 에릭슨이 특히 중시하였는데 청소년은 자기 자신을 과거부터 현재까지 동일한 존재로 지각해야 하고 다른 사람이 자기를 지각할 때도 자신과 동일한 모습으로 지각한다는 사실에 대해 확신을 가져야 한다. 이런 일관성에 대한 자신감, 즉, 자아정체감은 개인의 내적 충동, 타고난 재능, 기회 그리고 아동기에 획득한 자아가치(ego value)가 모두 합해져서 내적 동일성과 개인이 타인에게 주는 의미에 대한 확신감과 연속성을 형성하였을 때 비로소 형성된다. 자아정체감 형성은 일생에 걸친 발달적 과정으로 자신의 생활양식과 직업분만 아니라 자기 자신에 대한 신념을 유지할 수 있는 능력은 일생을 통해 발달할 수 있어야 한다.</td></tr>
<tr><td>6</td><td>초기 성인기</td><td>20~24</td><td>친밀성 : 소외</td><td>우정, 성, 경쟁, 협동 상대</td><td>사랑</td><td>배타성</td><td></td></tr>
<tr><td colspan="8">주요관계 범위가 친구나 애인으로 확대되어 사랑이 자아특질로 나타나는 시기이다. 이 시기에 젊은 성인들은 구혼, 결혼, 자신의 적성에 맞는 일을 찾으려 한다. 이렇게 자신의 이성에 대한 감정, 미래와 희망에 대한 끊임없는 탐색과 도전을 통해 자아탐색에 몰입하게 되는데 이런 몰입이 자아도취에 빠지게 하여 자신을 고립 상황에 놓이게 할 수도 있다. 진정한 친밀감은 합리적인 자아정체성이 형성되었을 때만 가능하다. 에릭슨은 친밀성이 성적 친밀감 이상의 것으로 타인의 복지에 대한 관심과 지적 자극을 유발하는 상호작용까지도 포함하고 있다.</td></tr>
<tr><td>7</td><td>중 · 장년기</td><td>25~64</td><td>생산성 : 침체</td><td>직장과 확대가족</td><td>보호</td><td>거부</td><td></td></tr>
<tr><td colspan="8">생산성에 자녀양육을 가장 중요한 과업으로 보았고, 부하직원, 동료 친구를 잘 보호하고, 직업이나 여가활동에 참여함으로써 얻게 되는 창조성, 더 나아가 다음 세대로의 사상의 전수까지 포함된다. 생산성은 타인을 충분히 보호하고 그들에게 관심을 기울이지 못하게 될 경우 부정적 자아특질인 거부(rejectivity) 또는 권위주의가 형성된다.</td></tr>
<tr><td>8</td><td>노년기</td><td>65~사망</td><td>자아통합 : 절망</td><td>인류</td><td>지혜</td><td>원망</td><td></td></tr>
<tr><td colspan="8">자아통합을 이룬 경우 과거, 현재, 미래 경험이 연속성을 지니게 된다. 후회가 별로 없고, 성공뿐 아니라 실패에도 잘 대처한 개인이 자아 통합을 할 수 있다. 절망은 죽음을 두려워하고 새롭게 살 수 있는 기회를 가지려는 사람들에게 지배적으로 나타난다. 강한 절망감을 가진 노인은 인생이 너무 짧다고 느껴 인간 존재에 대해 별다른 의미를 느끼지 못하고 자신과 타인에 대한 신념을 상실한다. 그 결과 경멸, 즉, 약점과 단점을 비웃는 것은 자아통합과 절망의 위기를 성공적으로 해결하지 못한 사람에게 강하게 나타난다. 에릭슨은 아동이 신뢰감을 발달시키는 정도는 이전 세대가 어느 정도의 통합성을 유지하고 있는가에 달려있다고 보았다. 또한 노인이 죽음을 두려워하지 않을 만큼 통합성을 유지하고 있다면 건강한 자녀들은 인생을 두려워하지 않을 것이라고 하여 세대 간의 상호관련성을 강조하였다.</td></tr>
</table>

출처: 김동배(2021)

표 4-4 에릭슨의 심리사회발달 단계

연령	덕목	주요 병리	심리사회적 위기	중요 관계	존재 질문	예
0~1세	희망	철회	신뢰감 vs. 불안감	엄마	나는 세계를 신뢰할 수 있는가?	수유, 유기
2~3세	의지	강박	자율성 vs. 수치심	부모	나답게 행동해도 좋은가?	배변 훈련, 스스로 갈아입기
4~6세	목적	억제	주도성 vs. 죄책감	가족	내가 하고 움직이고 활동해도 괜찮을까?	답사, 도구 쓰기 또는 예술 만들기
7~11세	유능	비활성	근면성 vs. 열등감	이웃, 학교	인간과 사물의 세계에서 나는 무언가 이룰 수 있을까?	학교, 운동
12~20세	성실	거절	정체감 vs. 정체감혼미	또래, 역할 모델	난 누군가? 난 뭐가 될 수 있는가?	사회적 관계
20~41세	사랑	배타성	친근감 vs. 고립감	친구, 애인	난 사랑할 수 있는가?	연인 관계
41~65세	관심 보호	거부	생산성 vs. 침체성	가정, 동료	나는 내 삶을 하루하루 소중하게 여길 수 있는가?	일, 부모
65세 이상	지혜	혐오	통합성 vs. 절망감	사람, 자애	나다웠던 것이 괜찮은가?	삶의 모습

출처: 위키피디아 백과사전(2024)

(2) Ritualization(의식화)

자아가 사회에서 요구하는 바와 그 기준들을 따르도록 하는 대인간의 의식을 일컫는다. 예를 들면 Yurok 부족은 식사 때 적게 떠먹기 천천히 떠먹기, 음식을 씹는 동안 수저를 다시 내려놓기 등처럼 성격 발달에 영향을 주는 강력한 사회적 요인을 가리키는 말이다.

(3) 프로이트와 에릭슨의 성격발달에 대한 관점 차이

프로이트와 에릭슨의 성격발달에 대한 관점 차이는 〈표 4-5〉와 같다(Ewen, 2003).

과정에서 불가피하게 들어가야 한다. 치료자의 정체성이 확고하지 못하다면 치료적인 접근이 효과적일 수 없다.

③ 정신병리에 대한 사회개혁

사회는 정체감의 발달에 중요한 역할을 하기 때문에 개인들에 대한 치료에서도 중요하다.

- Fromm, Horney처럼, 에릭슨도 여성의 성적 관심(sexuality)에 대한 정신분석학적 입장을 비판하였고, Horney의 주장에 대해서 동의(여성의 남성 성기에 대한 선망은 남성중심의 사회에서 남성의 favored 역할을 질투하는 것이며, 남성은 여성의 모성 능력을 선망하는 것)하였다.
- 에릭슨은 감정이입과 같은 능력에 있어서 여성이 남성보다 더 우월하고, 부권으로부터 해방된 여성들이 전쟁을 선호하는 남성적 성향을 평화와 생존을 위한 새로운 방향으로 대체해갈 것이라는 희망을 표현하였다.

④ 종교

프로이트와 달리, 에릭슨은 종료를 집단적 신경증으로 보았다. 종교적인 사고의 어떠한 형태들은 정신병리와 유사하고, 채워질 수 없는 환상적인 약속들을 제공함으로써 안전에 대한 유아기적 소망을 추구하는 것이라는 데 동의한다.

- 에릭슨은 프로이트의 믿음(종교는 타고난 욕구가 아니고 많은 사람들이 생산적인 작업과 예술적 창작으로부터 신앙을 얻으려고 한다)에 동의한다. 그러나 종교는 신뢰(trust)와 희망(hope)과 같은 근본적인 자아의 질에 가치 있는 지지를 제공한다.
- 상호관계에서 있어서의 황금 법칙: 우리가 다른 사람들이 우리에게 하길 바라는 만큼 우리가 다른 사람에게 하는 것은 현명한 것이 아니다. 왜냐하면 그들의 요구와 기호는 우리의 것과 상당히 다를 수 있기 때문이다. 대신에 이상적인 행동은 다른 사람의 발달과 우리 자신의 발달 모두를 향상시킨다. 나 자신을 발달시키는 것처럼, 다른 사람의 최고 잠재력을 발달시킬 수 있는 것을 다른 사람에게 하는 것이 가장 좋다. 예 간디의 무저항 운동

⑤ 심리역사적 분석 사용

에릭슨은 마틴 루터, 아돌프 히틀러, Gorky, 간디, 제퍼슨, 버나드 쇼 등과 같은 역사적인 인물에 대한 전기적인 연구를 함에 있어서 단점들을 보완하여 심리 · 역사적 분석을 사용하였다. 에릭슨은 그의 이론적 근거를 바탕으로 이들이 겪었던 삶의 위기와 위기대처방식을 묘사하는 데 주안점을 두었다.

- 일반적인 전기는 자유연상과 같은 방법으로 해석되지 않았다.
- 심리역사가 역전이에 의한 편견을 피할 수 없다.
- 역사가 역사적 사건을 설명하기 위해 개인의 발달사에 관한 부분을 무시한다.
- 정신분석가는 개인의 행동을 기술하기 위해 보다 포괄적인 역사적 과정을 경시한다.

6) 에릭 에릭스 이론의 강점 및 기여

(1) 실증적 입증

에릭슨의 이론은 여러 연구들에서 실증적인 입증이 되고 있다. 신뢰, 불신감, 희망, 자율성이 영유아기와 초기 아동기 동안의 성격발달에서 중요한 역할을 한다는 것은 강력히 입증하고 있다.

- 정체성은 친밀한 관계의 발달에 따라 향상되고, 이전 발달단계에서 경험하는 위기를 성공적으로 해결하는 것과 관련이 있다는 지적이 있다.

(2) 심리분석이론의 지평 확대

에릭슨의 가장 큰 공헌은 성격발달에서 사회와 문화의 영향력을 강조함으로써 심리분석과 사회학을 통합하여 심리분석이론의 지평을 넓혔다는 것이다.

(3) 건강한 성격발달에 대해 관심

병리적 성격에 대한 관심보다 건강한 성격발달에 대해 관심을 두었다. 프로이트는 자아의 기능을 id와 superego의 요구를 중간에서 조절하는 것으로 설명한 반면 에릭슨은 건강한 성격발달에 있어서 자아의 역할에 관심을 두었다. 그리고 자아는 기본적으로 건강하다는 데서 이론을 출발하고 있다. 따라서 인간에 대한 관점 역시 인간이 발달단계에 따라 위기를 경험하지만 비교적 삶에 만족하고 행복하게 산다는 입장을 취한다(Michael Green, 2009).

(4) 자아정체감으로 생애단계 설명

1960년대 초까지 발달심리학자들은 유아기, 아동기, 청소년기까지만을 다루었다. 에릭슨은 하나의 통일된 생애 주제인 자아정체감을 가지고 전 생애 단계를 설명하였다(Michael Green, 2009).

(5) '정체성 위기'의 일상화

'정체성 위기'라는 용어가 일상적 언어가 되었다. 에릭슨은 놀이치료를 고안하여 정신병(psychotics)과 신경증을 지닌 어린이를 치료한 첫 분석가들 중의 한 사람이다. 프로이트가 아동기를 제외한 것에 대해 에릭슨은 청소년기에 중점을 두었다.

(6) 간디에 대한 에릭슨의 연구

소수 집단의 권리를 옹호한 사람 중의 하나이고 사회적인 편견을 강력하게 반대하였으며 여성의 성에 대한 그의 관점은 프로이트보다 훨씬 평등주의였다.

(7) 심리역사성(Psychohistory)의 탁월성

에릭슨의 심리역사적 분석방법이 다른 발달심리학자들에게 인정을 받지 못한 것은 매우 불행한 일이지만, 개인의 자아정체감, 문화적 맥락, 역사적 시대정신 세 측면을 통해 인간을 이해하려 한 방법의 탁월성에 대해서는 인정해야 한다. 따라서 다른 심리학자들이 사용한 방법보다도 분석에 사용한 자료가 풍부하고 다양하였다.

그러나 이러한 분석법은 심리사회적 위기를 경험하는 동안 그들의 생각을 써 놓은 글 또는 문서들이 없다면 불가능하다(Michael Green, 2009).

(8) 심각한 오류 수정

에릭슨이 Horney와 Sullivan보다도 더 명성을 얻는 것은 프로이트의 정신분석의 강점을 유지하면서 동시에 심각한 오류들을 수정하였기 때문이라고 생각된다.

7) 비판 및 취약점

(1) 실증적인 증거 부족

① 여러 출판물에서 나타난 청소년의 정체성 위기에 대한 연구는 다수 있지만, 아동기, 성인기와 노년기에 대한 에릭슨의 주장을 직접적으로 검증할 연구들이 거의 없다. 그리고 유아기의 신뢰와 불신에 대한 위기는 아기의 엄마에 대한 애착연구를 통해 간접적으로 증명되고 있을 뿐이다. 따라서 에릭슨의 주장의 대부분은 제안에 불과한 것이다(Michael Green, 2009).

② 인간 발달단계별로 경험하는 위기들과 적응과정에서 경험하는 갈등을 실증적으로 측정하기 어렵다. 단지 관찰이나 직접적인 자기보고에 의해서만이 그러한 것들을 이해할 수 있을 뿐이다(Michael Green, 2009).

③ 에릭슨의 발견들은 임상 관찰에 근거한 것이어서 질적인 분석이나 통계적인 분석이 부족하다.

(2) Pro-Freudianism과 정치적 편의주의(expediency)

에릭슨의 글들은 명백하고 혼란된 분열을 가져왔으면서도, 다른 편에서는 자신을 정신분석학자로서 규정하면서 프로이트 이론에 대한 강한 충성을 공언하고 있다. 자아정체감이라는 그 자신의 이론적 구조가 고명한 선배에 기인한 것이라고 여겼는데 실은 프로이트가 단지 지나가면서 한 용어 하나를 반복해서 인용한 것이다. 그러

같은 어떤 자아기능은 욕동으로부터 나와 일차적 자율성을 갖는다. 고로 conflict-free하다고 할 수 있다. 하지만, 유년기 발달 과정에서 좌절과 갈등으로 연합되면 자아의 자율기능은 반응하지 못하게 된다.

⑪ Mastery-Competence: 환경과 성공적으로 상호 작용하는 개인의 능력이 실제적 능력이며, 그런 능력에 대한 주관적 감정을 "유능감(sense of competence)"이라고 칭한다.

⑫ synthetic/Integrative Function: 개인 내부에 분산화되고 파편화되었던 성격 측면들을 합치되고 통일된 구조로 맞추고 묶는 기능

10) 자아의 힘(Ego Strength)

자아의 힘이란 무엇인가? 타인과의 상호작용과 사회환경과의 상호작용에서 개인이 가져오는 심리 내적인 장치 또는 능력을 의미한다.

11) Pro-Freudian

에릭슨은 Freudian인가? Neo Freudian인가? 그리고 왜 Pro-Freudian이라고 불리는가? 왜 Post-Freudian이라고 불리는가? 에릭슨은 자신의 이론을 설명함에 있어서 자신의 이론은 id psychology에서 뿌리를 두고 있다고 주장하고 전통적인 프로이트학파를 계승함을 주장하였다. 그러나 실제 그의 이론을 살펴보면 정신분석이론의 어느 부분을 동의하고 있지만 많은 부분 벗어나고 반대되는 주장이 많다. 그럼에도 불구하고 에릭슨은 굳이 본인을 정신분석학파에 집어넣고 싶어 하였는데 그 이유로 크게 세 가지를 지목할 수 있다. 그의 성장 과정 중 청소년기에 경험한 정체성 혼란 및 유예기간의 경험, 미국으로의 이민이 가져온 정체성의 문제, 그리고 자신의 정규 학력의 부재로 인한 학문적 존립의 어려움 등의 이유로 인해 에릭슨은 프로이트학파임을 강력히 주장함으로써 학문에 있어서의 정체성을 확보하고자 하였던 것으로 추

정된다. 즉 에릭슨을 비판하는 사람들은 에릭슨이 과도하게 프로이트 학파임을 주장하고 나선다는 점을 비판하는 용어로 Pro-Freudian이라고 지칭한 것이다.

Neo Freudian은 Fromm, Sullivan, Adler, Horney 등은 프로이트 이론 중 성적 에너지를 거부하고, 프로이트와 결별을 하였다. 그러나 실제 이들의 이론들은 정신분석에서 주장하는 기본 틀에서 벗어나지 못하고, id, ego, superego로 구성된 성격의 구조를 그대로 인정하였다. 한편, 에릭슨은 id와 ego가 서로 별개이며, ego는 출생 시점부터 독립적으로 발달해나감을 주장하여 프로이트의 이론을 부정하면서도 프로이트의 이론에 뿌리를 두고 있음을 강조하였다. 즉 에릭슨은 id, ego, superego를 거부하지는 않지만 ego가 id에서 파생된다는 프로이트의 이론을 정면으로 부정한 것이다. 따라서 에릭슨이 이론을 개발하였음에도 불구하고, 프로이트를 버리고 새로운 이론을 붙이기에는 명확하지 않았기 때문에 Post-Freudian이라고 불리는 것이다. 이것은 20세기의 모더니즘을 부정하고 고전적·역사적인 양식이나 수법을 받아들이려는 예술 운동인 포스트모더니즘과 동일한 예이다.

12) 발달의 의미

심리사회적 발달이론이라고 하는데 여기서 '발달'의 의미는 무엇인가? '인간의 발달'을 보는 관점은 생물학자와 인간발달 학자들 간에 서로 다르다. 생물학자들은 수정부터 성숙에 이르는 순간까지의 변화만을 성장(growth)으로, 그리고 유기체의 세포, 조직, 기관 등이 쇠퇴(deterioration)하기 시작하여 불가피하게 죽음에 이르는 과정을 노화(aging)로 구분한다. 즉 성장과 발달을 동의어로 사용한다. 인간 발달학자들이 말하는 노화란 인간발달의 각 단계에서 일어나는 획득(gains)과 손실(losses), 즉 인간 발달과정에서 나타나는 긍정적인 변화와 부정적인 변화를 모두 포함한다고 주장한다. 예를 들면 유아기에 젖을 빠는 기능을 하지 않게 되는 반면에 씹는 기능을 하게 되고, 노인들은 기억력이 떨어지게 되지만 젊은이들이 가질 수 없는 인생의 지혜를 얻는다. 따라서 인간의 발달은 신체적 기능, 인지기능 등의 기능들 중에서 하나의

의 무의식 밑바닥에 있는 유아적 무의식을 다루었는데, 비온은 더 깊이 들어갔다. 비온은 상담과정에서 상담자는 내담자에 대해 아무것도 모르는 것을 견딜 수 있는 능력이 있어야 함을 강조하였다. 무지-경청-이해-해석의 과정이 바로 비온이 말하는 상담과정이다. 따라서 내담자에 대해 안다는 마음이 굳어지게 되면 새롭게 담을 수 있는 '틈'이 사라지게 됨으로써 내담자에 대해 이해할 수 없음을 이해하는 자세를 강조하였다.

위니콧

위니콧(Winnicott)은 어머니와 유아의 관계 개념을 발전시켰다. 위니콧의 이론은 안나 프로이트와 멜라니 클라인의 이론을 모두 수용하면서 자아심리이론과 대상관계이론을 연결하는 역할을 하였다. 위니콧은 '충분히 좋은 어머니(good enough mother)', '보듬어주는 환경(the holding environment)'의 중요성을 강조하였다. 이유는 영유아가 의존 상태일 때 건강한 성격을 형성할 수 있도록 환경을 제공해 주는 양육자(어머니)의 역할 개념을 설명함으로써 자녀의 심리적 발달과 '자기(self) 형성'을 설명해 주기 때문이다. 위니콧은 양육자의 '돌봄의 질'에 따라 아이는 '참된 자기(true self)' 또는 '거짓 자기(false self)' 경향성으로 발달될 수 있다고 하였다.

여기서 '충분히 좋은 어머니'라는 개념은 아이의 심리적 성장과 발달을 위해 보듬어주는 촉진적 환경을 제공하는 양육자를 의미한다. 이때 아이의 모든 필요와 욕구를 들어주어야 한다는 것이 아니라 아이의 반응에 민감하되 상황에 따라 아이가 받아들일 수 있을 만큼의 적절한 좌절도 제공한다는 것이다. 실제로 '이만하면 좋은' '괜찮은' 어머니에 더욱 가까운 의미이다. 치료자(상담자) 역시 내담자를 과대평가하거나 과소평가하는 실수를 삼가해야 하며, 실제 내담자에게 치료자로서 '괜찮은' 혹은 '이만하면 좋은' 대상이 되어주는 것이 중요하다.

위니콧이 설명한 '보듬어주는 환경'이란 아이의 발달과정에서 아이가 필요로 하는 모성적 환경을 의미한다. 위키컷은 아이의 심리 · 정서적 발달은 이미 3세 이전에 이루어지기 때문에 아이의 발달이 순조롭게 이루어질 수 있도록 하는 다음의 모성적 환경 요소들이 중요하다고 하였다.

① 안아주기(holding): 아이가 밉고 귀찮게 해도 싫어하지 않고 사랑스럽게 안아주고 돌보아주는 개념

② 다루기(handling): 생애 초기에 안아주는 환경의 중요한 측면으로 엄마가 유아의 신체를 돌보는 것에서 시작하여 자연스럽게 유아를 안아주는 것까지 포함

③ 대상 제공하기(object providing): 엄마가 아이의 대상이 되어주는 것을 의미하며 아이에게 인간관계를 포함한 공유하는 전체 현실세계를 소개해 주는 일

④ 반영하기(mirroring): 엄마가 유아의 욕구와 몸짓을 정확히 이해하는 것, 엄마가 반영해주는 거울 역할은 안아주기와 자아통합을 위한 중요한 요소

⑤ 공격으로부터 살아남기(surviving): 위니콧은 태아, 영·유아의 공격을 운동성이라고 보았으며 이런 초기 공격성을 생명력의 일부로 인식하고 엄마가 이러한 공격에 견뎌주는 것이 필요하다고 봄

⑥ 놀이하기(playing): 놀이 속에서 나타나는 유아의 몸짓, 소리 안에는 참된 자기의 요소가 잠재된 것임. 이에 엄마가 유아의 놀이에 제대로 반영해 주었을 때 잠재되어 있던 아이의 참된 요소가 자기 안에 자리 잡게 되면서 "나"라는 존재에 대한 느낌이 생생하게 된다고 봄

Chapter 06

행동주의이론

행동주의(behaviorism)는 관찰과 예측이 가능한 행동들을 통해 인간이나 동물의 심리를 객관적으로 연구할 수 있다고 보는 심리학 이론이다. 1913년 존 브로더스 왓슨이 자신의 심리학 논문에서 처음으로 정의했다. 이반 파블로프의 고전적 조건화(Classical Conditioning) 이론, 벌루스 스키너의 조작적 조건화(Operant Conditioning) 이론, 반두라의 사회학습이론인 관찰학습(Observational Learning)을 중심으로 구성된다.

1. 파블로프(Pavlov): 고전적 조건화 이론

파블로프

이반 페트로피치 파블로프(Ivan Petrovich Pavlov, 1849~1936)는 러시아의 생리학자이며 1904년 노벨 생리 의학상을 받았다. 개를 이용하여 '조건 반사'로서 뇌의 작용에 대해 연구한 것으로 유명하다. 조건 반사 연구를 통하여 특정 반응을 이끌어 내지 못하던 자극(중성자극)이 그 반응을 무조건적으로 이끌어 내는 자극(무조건자극)과 반복적으로 연합되면서 그 반응을 유발할 수 있다는 사실을 증명해 보였다. 특정 자극에 대해 무의식적으로 반응하는 현상 중에서, 그 자극과 이에 상응한 반응이 선천적으로 타고난 본능과는 관계가 없음에도 불구하고 학습을 통해 조건반사 반응이 새롭게 형성될 수 있다는 사실을 밝혀냈다. 파블로프는 조건반사를 통하여 대뇌피질에서 소화와 생리적 작용이 발생됨을 연구하였다. 이에 당시 개가 음식을 보고 침을 흘리는 것이 당시 심리학에서는 개 입장에서 생각하는 내성법이 유행하였다면, 파블로프는 이것은 무조건 반사 내지 생득반사이고, 개는 음식에 메트로놈 소리만 들려주어도 타액을 분비하는 것을 발견하게 된다. 그는 노년에서 “내 실험에 희생된 700마리의 강아지 이름을 모두 기억한다.”며 괴로움을 토로했다고 한다(데일리포스트, 2019.09.19; 이현정 옮김, 2016).

그의 연구는 19세기 후반 학계의 지배적 사고였던 마음이란 물질이 아니기에 과학적 연구대상이 될 수 없다고 본 틀을 바꾸어 놓았고, 심리학이 철학에서 분화되어 독립적인 학문적 체계를 구축하는데 일조하였으며 행동주의 심리학에도 영향을 주었다.

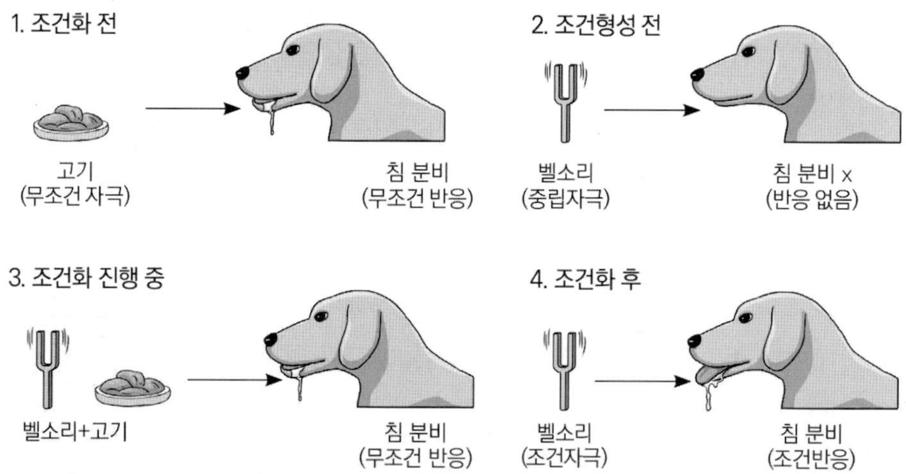

출처: 위키피디아 백과사전(2024).

그림 5-1 파블로프의 고전적 조건화 개 실험

이 실험의 바탕이 되었던 심리학이론은 고전적 조건화이다. 이반 파블로프의 개 실험으로 비롯된 이 고전적 조건화(classical conditioning)는 조건화되지 않은 자극과 반응, 조건화된 자극과 반응의 4가지 요소로 구성된다. 조건화되지 않은 자극과 조건화될 자극이 함께 제시되면 조건화되지 않았던 자극이 조건화되는 것을 고전적 조건화라고 한다.

2. 왓슨(Watson): 행동주의 심리학의 아버지 · 행동주의의 창시자

왓슨

왓슨(John Broadus Watson, 1878-1958)은 성격을 결정짓는 요인은 외부의 환경 자극이라고 주장하면서 인간의 정서도 조건 형성될 수 있음을 9개월 된 어린 고아 앨버트에게 공포반응 조건 형성하기 실험을 적용하였다. 이것이 바로 어린 앨버트 실험이다(Little Albert experiment, 1920). 존스 홉킨스 대학 교수였던 존 B. 왓슨은 행동주의 심리학의 모태가 되었던 어린 앨버트 실험을 통해 파블로프가 동물을 대상으로 실시한 조건형성을 이후 인간에게 적용시켜 공포와 같은 인간 정서도 조건 형성이 된다는 최초의 실험이었고 이는 성공하였다. 9개월 된 앨버트가 흰쥐에 공포 반응을 보이도록 하기 위해, 왓슨은 흰쥐와 큰 소리를 짝지어서 제시하였다. 처음에는 흰쥐를 두려워하지 않던 앨버트는 점차 몇 번의 흰쥐와 큰 소리를 들은 뒤 흰 쥐에 대한 공포 반응을 보였다. 흰 쥐뿐만 아니라 토끼, 개, 털 코트에까지 공포 반응을 보였다. 이는 고전적 조건 형성에 나타나는 자극 일반화의 현상이라고 할 수 있다(위키피디아, 2024).

왓슨의 앨버트 실험 방법은 다음과 같다(위키피디아 백과사전, 2025; 하지연, 2016).

1. 큰 소리 또는 깨지는 소리를 싫어하나, 동물은 무서워하지 않는 정서적으로 안정된 아이를 찾았다. 이 실험에는 9개월짜리 유아인 Albert가 동원되었다.
2. 처음에는 단순히 동물을 보여주었고 접촉시켰으나 동물을 무서워하지 않았다. 처음 접한 사물들을 두려움 없이 만져보려 하면서 호기심을 보였다.
3. 이후 Albert에게 1주일에 2번씩, 총 7회에 걸쳐 앨버트가 흰 쥐와 접촉할 때마다 뒤에서 쇠막대기를 두드려 큰 소리를 내어 앨버트에게 겁을 주었다.
4. 규칙적으로 큰 소리와 동물을 동시에 제시하다 보니 이후에는 흰 쥐뿐만 아니라 수염 가득한 산타클로스, 흰 토끼, 강아지를 봐도 두려움에 떨며 거부반응을 보였다.

이 실험의 경우에는 큰 소리가 조건화되지 않은 자극이며, 동물이 조건화되는 자극이었다. 왓슨은 인간의 감정이 조건화에 의해 학습 가능하며, 행동은 특정한 자극과 조건만 주어진다면 통제와 변화가 가능하다는 점을 확인시키는 성과를 보여주었다.

1924년 왓슨은 그의 책 『행동주의(Behaviorism)』에서 주장했듯이 누구든 본성과 상관없이 교육을 통해 원하는 방향의 인간으로 만들어낼 수 있다고 생각했던 것이다. 인간 발달에서 끝없는 논쟁거리 중 하나인 '본성과 양육'에서 왓슨은 급진적인 수준으로 '양육'의 중요성을 강조했다. 그리고 이를 '아기 앨버트' 실험을 통해 입증해 보인 것이다. 왓슨은 환경결정론을 주장하면서 "나에게 12명의 건강한 아이를 주어 모든 조건이 충족된 나의 세계에서 기를 수 있게 해준다면, 잘 만들어진 나의 세계에서 그들을 키우고, 내가 선택한 전문가(의사, 변호사, 예술가, 상인, 대통령, 거지, 도둑)가 되도록 만들 수 있으며, 이는 아이의 부모가 가진 재주, 경향, 습성, 능력, 직업과 인종과는 상관없다."라고 주장하면서 인간의 행동과 학습은 환경에 의해 결정됨을 주장하였다. 그러나 왓슨의 어린 앨버트 실험은 9개월 영유아를 대상으로 실험이 이루어진 점, 아기에게 인위적으로 불안과 공포 정서를 심어주어 고통을 겪게 했다는 점, 알버트는 원인을 알 수 없는 뇌수종으로 이 실험 5년 후 6세에 세상을 떠나고 만 것이다.

왓슨의 실험 이후, 인간을 대상으로 한 과학적 실험에 많은 제한이 가해지게 되었다. 학문의 발전을 위해서 인간의 존엄성을 훼손할 수 없다는 명제가 학계에 확립되고, 실험 시에 결과에 대한 충분한 고지와 인권, 윤리성, 안전성을 해치지 않는 선까지만 허용된다는 인식을 보편적으로 구축하게 된 것이다(EPN 교육정책뉴스, 2019.5.14).

3. 존스(Jones): 행동치료의 어머니

존스

메리 코버 존스(Mary Cover Jones, 1897-1987)는 행동주의 과학으로 확인된 학습 기법들을 적용함으로써 내담자의 문제가 되는 행동을 고치는 것을 목적으로 하는 치료를 시작하였다. 주된 목표는 내담자의 부적응적인 측면의 과잉행동 혹은 적응적인 측면의 과소행동을 보다 적절하다고 여겨지는 수준으로 교정하는 것이다. 메리는 왓슨의 앨버트 실험결과 강연을 들은 이후 흰 쥐 공포증으로 힘들어하는 3살짜리 남자아이 피터를 데리고 반대 방향의 실험을 진행했다. 왓슨이 앨버트에게 불쾌한 소음과 흰쥐를 결합해서 공포 증상을 만들었다면, 존스는 흰쥐 옆에 아이가 좋아하는 음식을 함께 두는 '긍정적 자극'을 결합하는 방식으로 새로운 조건화를 만들어내려고 한 것이다. 피터는 점차 흰쥐에 대한 두려움이 적어지기 시작해서 조금씩 가까이 갈 수 있게 되었고, 마침내 두려움 없이 흰쥐를 만질 수 있게 되었다. 이것이 가장 고전적인 행동치료의 시초이다. 이후 존스는 다양한 임상 환경에서 행동치료를 적용하고 기법을 개발하면서 '행동치료의 어머니'라 불렸다. 메리 코버 존스의 치료법은 오늘날에도 임상 장면과 일상적 생활에서 자주 사용되고 있으며, 생각자리 같은 아동교육이나 학교 현장에서도 폭넓은 응용이 가능하다는 잠재력이 있다. 그녀가 적용한 치료법은 다음과 같다(위키피디아 백과사전, 메리코버존스, 2025; 위키피디아 백과사전 '어린 앨버트 실험'으로 시작된 행동주의 심리학, G. Paul Bishop. at Psychology's Feminist Voices., 2024).

① 혐오자극법: 내담자가 중독되었거나 반사회적으로 선호하는 대상이 있을 때,

그것을 제시하면서 그와 함께 혐오스러운 자극을 제시하여 연합시킨다.

② 단계적 탈감작 요법: 예를 들어 고양이 공포증 환자의 경우, 처음에는 "고양이"라는 단어를 읽거나 큰 소리로 말하게 하다가, 이후 고양이 우는 소리를 듣다가, 그 후 고양이 사진을 보고, 실물 고양이를 멀리서 보고, 가까이 가서 보고, 마침내는 만져보는 식으로 자극을 높여갈 수 있다.

③ 강화와 처벌: 스키너가 정립한 도구적 조건형성의 원리를 응용한 것으로 흔히 당근과 채찍의 활용이다.

④ 대리시연: 반두라의 관찰학습을 긍정적인 방향으로 적용하는 것이다.

4. 스키너(Skinner): 급진적 행동주의이론

스키너(Burrhus Frederic Skinner, 1904-1990)는 해밀턴 칼리지에서 영문학 학사 학위를 받았다. 뒤늦게 심리학을 전공하게 되면서 이후 행동주의 학파의 수장으로서 주로 뇌의 행동 강화 실험에 대해 연구하였다. 스키너의 조작적 조건화 실험으로 쥐를 대상으로 한 스키너의 상자(Skinner Box) 실험이 유명하다(이신영 옮김, 2017; 위키피디아 백과사전, 2025).

1) 스키너의 조작적 조건화

스키너는 쥐를 상자 안에 넣고 쥐가 막대를 누를 때마다 먹이가 나오도록 세팅했다. 처음에 쥐는 우연히 막대를 눌렀지만 곧 먹이가 나온다는 것을 학습하고는 일부러 막대를 누르는 행동을 자주 보였다. 스키너는 이를 이론화하여 막대를 누르는 행위가 먹이를 얻는다는 긍정적 강화(positive reinforcement)로 작용한다고 했다. 즉 긍정적인 결과가 있는 행동을 하도록 변화시킬 수 있다는 것이다. 반대로 상자 안의 쥐가 활동할 때 불쾌한 전기충격을 주는 장치를 사용해서 활동량을 줄이도록 했는데 이를 부정적 강화(negative reinforcement)라고 했다. 그는 이런 식으로 긍정적 강화와 부정적 강화를 적절히 이용해서 행동을 원하는 방향으로 이끌 수 있다고 주장했다. 이를 조작적 조건화(operational conditioning)라고 한다.

2) 스키너의 상자

스키너의 상자는 자극[S1](배고픔) 〉〉 반[R](지렛대 누르기) 〉〉 강화자극[S2](음식제공)이라는 조작적 조건화 실험의 첫 사례이다.

그림 5-2 스키너의 상자

3) 강화의 유형

스키너의 행동수정에 있어 네 가지 형태의 강화가 있는데 그 유형은 긍정적 강화(positive reinforcement), 부정적 강화(negative reinforcement), 소거(extinction), 처벌(punishment)이 있다. 스키너는 강화(reinforcement)와 처벌(punishment)을 통해서 유기체의 행동을 조절할 수 있음을 밝혔다. 그 구체적인 방식에 따라서 정적(positive)인 것과 부적(negative)인 것으로 나누어질 수 있음을 보여주었다. 여기서 정적인 방법과 부적인 방법이라는 분류는 결코 가치 판단적인 것이 아니다. 긍정적 방법은 주거나 더하는 것이고, 부정적 방법은 빼앗거나 줄여주는 것이다(위키피디아 백과사전, 2025)[1].

표 5-1 강화와 처벌의 종류

		강화	처벌
		~을 더 하게 한다.	~을 하지 않게 한다.
긍정적(+)	~을 제공하거나 준다.	정적 강화	정적 처벌
부정적(-)	~을 제거하거나 뺏는다.	부적 강화	부적 처벌

① 긍정적 강화 반응 후 긍정적 자극을 제공하여 행동을 강화한다.

예 잘한 사람에게 포상 휴가, 월급인상을 해주거나 토큰경제(token economy)

② 부정적 강화 반응 후 부정적 자극을 제거하여 행동을 강화한다.

예 예비군 훈련을 열심히 하면 예비군 훈련을 조기 퇴소시켜 주는 것을 들 수 있다.

③ 긍정적 처벌: 반응 후 부정적 자극을 제공하여 행동을 처벌한다.

예 수업 시간에 말 안 듣는 아이를 생각하는 의자에 앉히거나 나쁜 짓을 한 아이에게 체벌하는 것을 들 수 있다.

④ 부정적 처벌: 반응 후 긍정적 자극을 제거하여 행동을 처벌한다.

예 컴퓨터 게임을 일정 시간 이상 하는 경우 용돈을 줄이는 것을 들 수 있다.

⑤ 소거(extinction): 어떤 행위를 없애기 위한 것이다. 이 방법은 어떤 행위를 감소시키기 위하여 과거에 그런 행위와 관련되어 있던 긍정적인 강화를 철회하는 것이다.

행동주의는 인지적인 사고과정을 고려하지 않고 인간을 포함한 동물들은 "왜" 특정 행동을 하는지에만 초점을 두고 있으며 이에 강화이론은 사람의 행동이 환경적인 결과에 의하여 결정된다고 보고 있다. 강화(reinforcement)란 같은 행동이 반복해서 일어나게 하는 것 또는 학습자가 이미 갖고 있는 느낌이나 태도, 지식을 더 견고히 해주는 것을 의미한다.

1) 위키피디아 백과사전, 검색어 행동주의, 강화, 소거, 처벌. 2025.

① 강화스케줄: 기본적으로 강화이론은 바람직한 행위를 유도하기 위해 긍정적인 강화를 사용할 것을 강조하고 있다. 긍정적인 강화를 사용함에 있어 연구자들은 보상의 패턴에 따라 새로운 행위를 습득하는 데 걸리는 시간과 그러한 행위가 지속되는 정도가 달라짐을 발견하였다. 이와 같은 긍정적인 강화의 시기와 기초를 구체화한 패턴의 변화를 강화스케줄(reinforcement schedules)이라고 하며 연속강화(continuous reinforcement)와 부분강화(intermittent reinforcement)의 두 가지 강화스케줄이 있다.

- 연속강화스케줄: 바람직한 행위는 행위가 있을 때마다 보상을 주는 방법
- 부분강화스케줄: 간헐적으로 행위에 대한 보상이 이루어지는 것

② 강화방법: 어떠한 강화방법이 보다 효과적인지는 학습의 내용과 학습 환경에 따라 다르다. 그러나 일반적으로 연속강화법보다는 부분강화법이, 부분강화법 가운데서도 간격법보다는 비율법이, 비율법 가운데에서는 고정법보다는 변동법이 보다 효과적이라고 한다.

표 5-2 강화 방법

고정	고정간격법	고정비율법
	정해진 시간마다 강화가 이루어짐	행위가 일어나는 매번 때마다 강화가 이루어짐
변동	변동간격법	변동비율법
	강화 시기가 무작위적으로 변동	강화가 이루어지는 데 필요한 행위의 횟수가 무작위적으로 변동

5. 반두라(Bandura): 사회학습이론(관찰학습이론)의 창시자

앨버트 반두라(Albert Bandura, 1925~2021)는 미국의 심리학자로 사회학습이론의 주창자이며 현대 교육심리학 분야의 석학이다. 아이오와대학교 시절 학습이론가인 스펜스(Kenneth Spence)의 영향을 받아 행동수정이론 · 관찰학습 · 자기효능 등에 관해 연구

반두라

하였으며, 보보인형 실험(Bobo doll experience)이 유명하다(윤운성 외 옮김, 변화하는 사회 속에서의 자기효능감, 2004); 이진호, 2024; 위키피디아 백과사전, 2025). 반두라는 스키너가 조작적 조건화에 입각하여 행동이라는 결과는 조작될 수 있기 때문에 바람직한 행동은 강화되고 그렇지 않은 행동은 처벌될 수 있다는 이론에는 동의하였다. 그러나 인간의 행동은 단지 자극과 반응이라는 유형을 뛰어넘어 상당히 복합적인 사회적 상호작용이 개입된다는 사실을 강조하였다. 따라서 인간의 행동은 사람과 환경 간의 상호작용에 의해 형성되며, 또한 그 환경에서 발생되는 사건에 대한 인지적 평가에 의해 행동이 형성된다고 믿었다. 이것을 상호결정론이라고 한다. 그러므로 반두라가 의미하는 인간행동의 사정과정에는 스키너의 행동적 평가를 포함하여 사건의 목적, 동기, 의미 등에 대한 개인적 인지(사고나 신념)을 포함한다는 점에서 다른 행동주의이론과 차이점이 있다.

또한 반두라의 사회학습 이론은 미드(Mead, G. H.)의 상징적 상호작용 이론과 피아제의 인지발달이론에서 제시한 핵심적 가정들을 공유하는 인간행동에 대한 견해를 갖고 있다. 즉, 인간의 행동은 내적이고 외적인 영향과의 상호작용에 기반을 두고 있으며, 특히 인지에 있어서 상호작용의 역할은 중요하다고 보았다. 이러한 상호결정론은 결국 인간행동에 영향을 미친다. 따라서 행동주의이론가들이 행동에만 초점을 둔 것과는 달리, 반두라는 인간의 신념, 사고, 인지와 같은 내적 요인이 중요한 역할을 한다고 하였다(최옥채 외, 2023).

1) 반두라의 자기효능감(self-efficacy)

반두라는 자기효능감이라는 개념을 처음 제시하였다. 이는 개체가 어떤 상황에서 적절한 행동을 할 수 있다는 기대와 신념이다.

표 5-3 자기효능감의 구성요소

자기효능감	성취감
	대리적 경험
	심리사회적 상태
	사회-언어적 설득

이때 개인적 성취감이란 자신이 할 수 있는 목표부터 차근차근히 성취해가는 성공 경험을 의미한다. 이는 작은 목표와 계획으로 시작한 도전을 성취하고 점차 큰 목표로 나아감으로써 자기효능감 높일 수 있다. 이때 말 그대로 자신이 세운 목표와 같은 목표를 세워 성취한 사람을 찾아 비슷하게 행동하는 것을 대리경험이라고 한다. 이 부분은 반두라가 주장한 사회학습이론과 이어지는 부분으로 어떤 모델의 행동을 관찰하여 모방함으로써 학습하게 된다는 점이다. 직접적인 경험보다 간접적인 경험이 우선되어 "다른 사람도 했는데 나도 할 수 있다."라는 방법으로 자기효능감을 높이는 것이다. 타인의 성공과 실패를 목격하는 것은 유사한 상황에서 자기효능감을 평가하기 위한 비교 근거를 제공하기도 한다.

심리정서적 상태도 자기효능감에 영향을 미친다. 긍정적인 감정이든 부정적인 감정이든 인간은 자기 스스로 어떻게 인식하고 수용하는가에 따라 자신의 상황을 규정할 수 있는 것이다. 어떤 일에 해낼 수 있다는 마음가짐을 가지고 도전하는 사람과 "나는 이 일에 자신 없어. 잘하지 못할 거야."라는 마음가짐을 지닌 사람의 시도 결과는 다를 수밖에 없다는 것이다. 이때 사회-언어적 설득이 필요한데 자기 자신이 아닌 타인이 자신의 장점과 능력, 노력을 인정해주는 것이다. 이는 격려와 칭찬을 통해서 자기효능감을 높일 수 있는 방법이다. 인간은 자기 자신보다 타인에게 받은 인정과 칭찬으로 자신감을 얻기도 하기 때문이다(윤운성 외 옮김, 2004).

2) 자기규제(self-regulation)

반두라는 개인은 자기규제를 통해 자신의 행동을 감독하고 스스로 자부심을 가지게 되는데 인간 행동은 자기강화에 의하여 규제된다고 한다. 즉, 인간의 행동이란 외부로부터 보상이나 처벌에 따라서 영향을 받기도 하지만 개인 내적으로 자기 기준의 지배를 받기도 한다는 것이다.

3) 상호결정론(reciprocal determinism)

반두라는 상호결정론에 행동, 인지, 환경이라는 개념을 사용하였다. 이들 요소들은 지속적으로 상호작용하며, 서로 영향을 주고받으며 발달한다고 보았다. 행동의 내적 및 외적 결정요인이 있지만, 행동은 내적 요인이나 외적 요인 두 가지의 단순한 조합에 의해 결정되지 않는다는 것이다. 환경 자극이 행동에 영향을 주고, 개인 내적 요인(기대, 자기 효능감, 목표 등)도 행동 방식에 영향을 주며, 행동은 새로운 환경과 개인 내적 요인을 만들어내며 계속해서 상호작용하는 것을 말한다. 이러한 입장에 따르면 사람들은 단순히 환경 사건에 반응하기만 하는 게 아니라 적극적으로 환경을 창조하고 변화시키기 위해 행동한다고 볼 수 있다. 한 가지 요소의 변화는 다른 두 가지 요소에 자연히 영향을 미치기 때문에 행동만 따로 분리해서 초점을 두지 않고, 개인적·환경적 특성을 함께 고려함으로써 환경 변화나 개인 특성 프로그램을 개발하여 행동의 변화가 보다 효과적으로 실천될 수 있도록 하는데 활용될 수 있다(윤운성 외 옮김, 2004).

4) 사회학습이론(Social Learning Theory), 관찰학습(Observational Learning), 모델링(modeling)

사회학습이론, 관찰학습, 또는 모델링은 행동주의 심리학과 인지주의 심리학 이론의 반영이다. 이는 다른 사람의 행동과 그 결과의 관찰로 학습이 이루어진다고 보는 이론으로 고전적 조건형성(Classical conditioning)과 조작적 조건화 이론(Operant Conditioning) 및 인지 심리학 등에 그 기반을 두고 있다. 개체가 개별적으로 어떤 행동을 수정할 수 있다는 면과 함께 다른 개체의 모델링(modeling)을 통해 보상하는 모방에서 더 많은 유기체가 그런 유의미한 행동을 효과적으로 학습할 수 있다는 인간의 심리 · 행동이론이다(위키피디아백과사전, 2024).

5) 보보인형(Bobo doll experiment) 실험

반두라는 1961년 실시된 '보보인형' 실험을 통해 인간의 관찰학습을 통한 모방행위 가능을 제시하였다.

보보인형 실험을 위해 그는 유치원 아이들을 두 그룹으로 나누었다. 한 그룹에는 어른이 보보인형을 발로 차고 넘어뜨리는 폭력적인 동영상을, 다른 그룹에는 어른이 보보인형을 소중히 어루만지고 다정스럽게 말을 거는 동영상을 보여주었다. 그 후 실제 인형이 있는 방에 아이들을 두고, 인형을 어떻게 다루는지 관찰하였다. 반두라는 이 실험을 통해 보보인형을 때리고 고함을 치는 공격적인 행동과 언어를 화면으로 보여 주었을 때, 그것을 본 아동들이 방에서 인형을 가지고 놀면서 인형을 때리고 고함을 치는 행위를 나타낸다는 충격적인 결과를 얻었다. 이는 모든 행동이 직접적인 강화나 보상으로 만들어진다는 기존의 주류 학풍이었던 스키너(Skinner)와 존 왓슨(John Watson) 중심에 행동주의에 도전하는 새로운 관점이었다. 보보인형 실험에 따르면 아동은 강화나 처벌이 없어도 인형을 때리고 괴롭혔다. 이들은 단순히 관찰한 행동을 '모방'(imitation)했을 뿐이었다. 이런 관찰학습은 기본적인 네 가지 과정(process)에 의해 구분되는데, 그 과정은 다음과 같다(Bandura, 1971).

(1) 주의집중(Attention)

이 과정은 유기체가 관찰학습의 모델이 되는 행동과 그 결과에 주의를 기울이는 것을 말한다. 이는 관찰학습의 가장 기본적인 단계가 된다. 만약 모델의 행동에 주의를 집중하지 않거나 부적절한 측면에 주의를 집중한다면 관찰학습은 일어나지 않는다. 예를 들면 음악시간에 학생들이 악기를 다루는 교사에게 집중하지 않는다면 학생들이 그 악기를 다루기 어렵게 되는 것과 같다. 따라서 관찰학습의 모델이 되는 행동이나 그 모델은 관찰학습을 경험하는 관찰자의 주의를 이끄는 힘이 있어야 한다. 인간은 유능하고 호감이 가며 인격이 훌륭한 모델에게 더 주의를 잘 기울이는 경향이 있다. 따라서 현장에서 수업을 진행하는 교사는 관찰자의 훌륭한 모델이 되기 위해 노력할 필요가 있다.

(2) 파지(Retention)

이 과정은 관찰학습의 모델이 되는 행동을 돌이켜보기 위해 관찰자가 하는 인지적 행위이다(Chance, 1999). 파지과정에서는 관찰한 행동들을 보통 언어로 표상하여 기억하는데, 언어적인 표현이 힘든 것은 이미지로 기억하게 된다. 위에서 음악시간에 교사가 보여준 악기 다루는 방법에 대해 학생들이 기억하고 있어야 다음에 쉽게 따라할 수 있게 되는 것과 같다. 만약 학생들이 기억하지 못한다면 관찰학습은 일어나지 않게 된다. 파지 과정에서 중요한 것은 인지적 시연이다. 인지적 시연은 언어나 이미지의 형태로 기억하기만 하는 것이 아니라 마음속으로 그려보는 것을 말한다. 음악시간에 교사가 보여준 악기 다루는 방법을 바로 언어의 형태로 기억하는 것이 아니라 학생 자신이 악기를 다루는 양 마음속으로 그려보는 것이 파지과정에 도움을 주게 된다는 것이다. 이것을 인지적 시연이라고 한다.

(3) 행동재생(Motor Reproduction)

이 과정은 기억되어 있는 모델의 행동을 본인의 신체로 직접 재생산하는 과정을 말한다. 관찰한 모방행동을 성공적으로 재생하려면 머릿속에 기억한 것만으로는 안되고, 직접 행동으로 연습해보아야 정확하고 성공적인 모방이 가능한 것이다. 따라서 반두라는 관찰자의 행동이 모델 행동과 일치되기 위해서는 실제 운동적 반복이 필요하다고 주장하였다(Bandura, 1971). 음악시간에 악기를 다루는 방법을 보여 준 교사는 수업중에서처럼 단순히 보여주고, 방법을 암기시키는 것 뿐만 아니라 스스로 연습할 수 있도록 기회를 주어야 한다. 이런 운동재생의 과정을 통해 관찰자는 모델의 행동을 완전히 숙지할 수 있게 되는 것이다.

(4) 동기화(Motivation)

이 단계는 실제 행동으로 실현하고자 하는 동기나 욕구의 과정을 말한다. 관찰자가 모델의 행동을 정확하게 기억하고 운동능력을 지니게 되었다고 하더라도 유기체가 직접 행동하려는 동기가 없으면 실제 행동으로 나타나지 않게 된다. 이 동기화를 결정짓는 요인은 행동의 결과가 어떤 것이냐 하는 것인데, 모델에게 주어진 행동의 결과가 어떤 것이었느냐에 따라 동기화의 결과가 달라진다. 따라서 교사는 관찰자의 성공적인 관찰학습을 위해 바람직한 행동을 할 때마다 강화를 제공해 줄 필요가 있다. 모델을 통한 관찰학습이 매우 효과적이기는 하나, 유의할 점이 있다. 만약 어떤 학생이 휴지를 주웠을 때 교사가 칭찬하는 것을 목격한 다른 학생이 다음번에 휴지를 주웠는데, 교사가 칭찬하지 않으면 더 이상 휴지를 주우려 하지 않을 뿐 아니라 부정적인 정서반응을 유발할 수 있다.

Chapter 07

인본주의이론

1. 로저스(Rogers): 인간중심 치료의 선구자

로저스

칼 로저스(Carl Ransom Rogers, 1902~1987)는 902년 1월 8일 시카고 외곽 오크 파크에서 6남매 중 넷째로 태어났다. 위스콘신 매디슨 대학교 농업학과에 입학했다. 1922년(20세)에 국제 기독교 프로그램에 참여해 중국에 다녀온 이후, 목사가 되기로 하고 진로를 변경했다. 컬럼비아 대학교 교육대학원에 입학하여 1928년에 석사학위, 1931년에 박사학위를 받았다.

1935년부터 1940년까지 로체스터 대학교에서 강의를 하였으며, 1939년 첫 번째 저서인 『The Clinical Treatment of the Problem Child』를 썼다. 1940년 오하이오 주립대학교 교수가 되었으며, 1942년에 2번째 저서인 『Counseling and Psychotherapy』를 썼다. 1945년 카운슬링 센터 설립을 위해 시카고 대학교 교수로 초빙되었으며, 1947년 미국 심리학회(APA) 회장이 되었다. 1987년 2월 4일 사망했으며, 며칠 뒤에 노벨 평화상 후보로 추천되었다(Rogers & Yalom, 1995; 주은선 옮김, 2009; 김한중, 2021).

1) 로저스의 인간 중심 치료(Person-Centered Therapy, PCT)

1940년대에 로저스가 창시한 인간 중심 치료(PCT)는 기존의 정신병원에서의 명령적 지시적 요법이 아닌, 비지시적 요법으로서, 상담을 위주로 하여 환자를 치료하는 방법이다. 인간 중심 상담의 목표는 내담자가 자기존중을 회복하고 왜곡된 자기개념을 수정함으로써 자기를 실현할 수 있도록 돕는 것이다. 로저스는 인간은 경험하는 유기체로서 자신을 실현화하기 위한 기본적 동기를 갖고 있다고 본다. 인간중심 접근 상담자는 유기체의 지혜를 믿으며 인간이 기본적으로 신뢰를 경험할 수 있는 유기체라고 본다. 로저스는 "경험은 나에게 최고의 권위다"라고 말한 것처럼, 그는 유기체의 경험을 중시하였다. 개인이 자신이나 자기로서 보는 현상학(phenomenology)적 장(field)의 이러한 부분이 자아다. 자아는 조직화되고 일관된 게슈탈트로 상황이 변함에 따라 끊임없이 형성되는 과정에 있다. 유기체는 하나의 기본적 경향성과 추구를 가지고 있는데 그것은 경험하는 유기체를 실현하고, 유지하고, 향상시키는 것이다. 로저스는 상담자가 내담자의 변화를 위해 가져야 할 필요 충분한 세 가지 태도로서 일치성, 공감적 이해, 무조건적 긍정적 존중을 제시하였다. 따라서 인간은 유기체로서 실현화 경향성을 갖고 있는 존재이며 사회적이고 미래지향적인 존재인 것이다. 자기실현의 의지와 아울러 선한 마음을 갖고 태어난다고 보았다. 인간은 본래 부적응상태를 극복하고 정신적 건강상태를 되찾을 수 있는 능력을 갖고 있다고 믿기 때문에, 상담자는 상담과정에서 최선의 해결책을 알고 있는 권위적인 존재로 임하지 않는다. 따라서 내담자 역시 상담자의 지시에 따르는 수동적 존재라고 생각하지 않는다(Rogers & Yalom, 1995; 주은선 옮김, 2009; 김한중, 2021).

2) 내담자 중심이론(client-centered therapy 또는 person-centered therapy)

로저스는 인간은 누구나 현실을 각기 달리 지각하고, 주관적인 경험이 행동을 지배하며, 외부 현실보다는 오히려 자신의 내부적인 경험에 의한다고 믿었다. 마찬가지로 그는 개인을 이해할 수 있는 유일한 방법은 그들의 개인적인 세계에 들어가서 그들의 내적 참조의 틀(internal frame of reference)을 이해하는 것이라고 믿었다. 즉, 다른 사람을 이해하기 위해서는 판단하는 것을 멈추고 그 사람이 어떠한 것을 바라보는 대로 그것을 보려고 노력할 필요가 있다. 로저스에 따르면, 사람에게 유일하게 기본적으로 동기화된 힘이 있다면 사람은 누구나 자신이 꼭 되고자 하는 방향으로 추진한다는 자기실현 경향이 있다. 인간이 타고난 성장 잠재력을 가지고 있기 때문에 적응 유연성이 있고, 역경에서 금방 회복할 수 있다고 믿었다.

로저스는 '유기체적인 가치화 과정(Organismic Valuing Process, OVP)'과 '충분히 기능하는 사람'(Fully functioning person) 사이의 가설 경로를 가정했다. 그는 모든 사람이 각자 자신의 자아개념에 따라 실제 경험을 만나도록 이끄는 자기실현 경향성이 있다고 믿었다. 그러한 적합성이 있을 때 자기인식은 기본적이며, 진정한 감정, 자기수용으로써 가치가 있다. 경험들은 OVP(유기체적 가치화 과정)에 따라 평가되는데, 그것은 유기체의 기본적 요구와 필요에 따른 것이다.

개인은 자기이해, 자기개념, 태도 및 자기주도적 행동을 바꾸기 위한 방대한 자원을 이미 자기 자신 안에 가지고 있으며 이러한 자원을 활용할 수 있다. 단지 촉진적인 심리적 태도로 설명될 수 있는 분위기가 제공되어 진다면 말이다(Rogers, 1995).

3) 현상학적 장(phenomenology field)

개인의 주관적 경험의 세계를 말한다. 같은 현상이라도 사람마다 그것을 경험하고 느끼는 방식에는 차이가 있기 때문에, 로저스는 인간 혹은 인간행동을 이해하려면 사람들이 자신의 경험을 어떻게 주관적으로 느끼고 경험하느냐를 이해해야 한다고 보았다(Rogers, 1995).

4) 충분히 기능하는 사람(the fully functioning person)

이는 자신에 대해 가식 없이 말할 수 있을 뿐만 아니라 스스로를 인정하고 자신의

Châtenay와 결혼하여 세 자녀를 두었고 Piaget는 유아기부터 자신의 자녀를 대상으로 인지발달과정을 연구했다. Piaget는 1936년에 하버드로부터 명예 박사 학위를 받았으며, 1972년 피아제는 에라스무스상[1]을 받았다(위키피디아 백과사전, 2025; 김용식, 2024; 김정민 옮김, 2006).

1) 피아제 이론의 형성과정

피아제는 아동은 어른이 가르치는 대로 배우는 것이 아니라 스스로의 방법으로 배운다는 사실을 강조하였다. 그리고 아동의 과학적 · 수학적 추리능력이 어떻게 발달하는지를 밝혔으며, 아동의 사고가 어른들의 사고보다 부족한 것이 아니라 아동의 사고방식이 어른과 다르다는 점을 이론으로 밝힌 점에 큰 공헌을 하였다. Harry Beilin은 Jean Piaget의 이론 형성 과정을 4가지 단계로 설명하였다(Beilin, Harry , Pufall, Peter B., Psychology Press, 1992, Piaget's Theory). 피아제의 이론 형성 과정의 4가지 단계는 사회학적 발전 모델, 지적 발달의 생물학적 모델, 지적 발달의 논리적 모델의 정교화, 비유적 사고 단계의 네 가지로 구분된다.

(1) 사회학적 발전 모델

피아제는 1920년대에 심리학자로 처음 발전하기 시작하였다. 그는 어린이 마음에 숨겨진 측면을 조사하면서 어린이가 자기중심주의에서 사회중심주의로 옮겨간다고 제안했다 또한 종종 어린이가 예상하지도 기대하지도 않은 질문을 하였고 어린이가 사회적 상호작용과 더 진보된 아이디어에 도전한다는 사실을 이론화했다.

1) 에라스무스상: Praemium Erasmianum 재단 이사회가 유럽과 전 세계의 사회문화 또는 사회과학에 뛰어난 공헌을 한 개인이나 기관에 매년 수여하는 유럽에서 가장 뛰어난 상 중 하나다. 이 상은 네덜란드 르네상스 인본주의자인 데시데리우스 에라스무스의 이름에서 명명되었다

(2) 지적 발달의 생물학적 모델

피아제는 사고와 지적 발달 과정이 종의 적응 생물학적 과정의 확장으로 간주될 수 있다고 믿었다. 이 과정에는 '동화와 조절'이라는 두 가지 지속적인 과정이 있다. 동화는 어린이가 기존 스키마(schema, 생각의 틀)와 일치하는 방식으로 새로운 사건에 반응할 때 발생한다. 조절은 어린이가 기존 스키마를 수정하거나 새로운 대상이나 사건을 처리하기 위해 완전히 새로운 스키마를 형성할 때 발생한다.

피아제는 유아들이 손에 닿는 모든 것을 입으로 빨 때 동화 행위에 참여하는 것이라고 주장했다. 그는 유아들이 모든 물체를 입으로 빨아야 할 물체로 변형시킨다고 주장하면서 아이들은 자신의 정신 구조에 맞게 물체를 동화시키고 있다고 하였다. 피아제는 개인의 필요나 개념에 맞게 세상을 변형할 때마다 어떤 면에서는 동화시키고 있다고 가정했다. 피아제는 또한 아이들이 자신의 필요에 맞게 물체를 동화시킬 뿐만 아니라 환경의 요구에 맞게 정신 구조 중 일부를 수정하는 것을 관찰했다. 이것은 조절이라고 알려진 두 번째 적응 부문이다. 시작하기 위해 유아들은 빨기와 같은 주로 반사 행동에만 참여했지만 얼마 지나지 않아 물체를 집어 입에 넣었다. 이렇게 할 때 그들은 반사 반응을 수정하여 외부 물체를 반사 행동으로 수용했다. 두 가지는 종종 갈등하기 때문에 지적 발달의 원동력을 제공했다. 두 가지를 균형 있게 조절하려는 끊임없는 필요성이 지적 성장을 촉발한다. 피아제는 자신의 이론을 시험하기 위해 자기 자녀들의 습관을 관찰했다.

(3) 지적 발달의 논리적 모델에 대한 정교화

피아제가 3단계에서 개발한 모델에서 그는 지능이 연령과 관련된 일련의 단계로 발달하며, 한 단계가 완료되어야 다음 단계가 발생하기 때문에 점진적이라고 주장했다. 각 발달 단계에서 아이는 해당 연령대의 현실에 대한 견해를 형성한다. 다음 단계에서 아이는 개념을 재구성하기 위해 이전 수준의 정신 능력을 따라잡아야 한다. 피아제는 지적 발달을 아이들이 이전 수준에서 형성된 아이디어를 다음 수준에서 습득한 새롭고 더 높은 차원의 개념으로 끊임없이 재구성해야 하는 상향 확장 나선형으로 생각했다. 1960년대에 피아제의 아이디어가 "재발견"되었을 때 미국 심리학자들에 의해 주로 논의되었던 것은 "제3의 피아제 지적 발달의 논리적 모델"이었다.

(4) 비유적 사고의 연구

피아제는 지각이나 기억과 같이 전적으로 논리적이지 않은 지능 영역을 연구했다. 논리적 개념은 항상 시작점으로 돌아갈 수 있기 때문에 완전히 가역적이라고 설명된다. 즉, 주어진 전제에서 시작하여 결론에 도달하기 위해 논리적 단계를 따르면 결론에서 시작하여 전제에 도달하기 위해 동일한 단계를 반대 순서로 수행할 수 있다는 것이다. 피아제가 연구한 지각 개념은 조작할 수 없다. 비유적 과정을 설명하기 위해 피아제는 그림을 예로 들었다. 윤곽선을 윤곽선이 나타내는 형태에서 분리할 수 없기 때문에 그림을 분리할 수 없다. 기억도 마찬가지이다. 기억은 결코 완전히 가역적이지 않다. 사람들은 반드시 두 지점 사이에 있는 모든 중간 사건을 기억할 수는 없다는 것이다.

피아제의 이론은 생물학적 성숙과 단계에 기초하고 있기 때문에 준비성의 개념이 중요하다. 준비성은 특정 정보나 개념을 언제 가르쳐야 하는지에 대한 것이다. 피아제의 이론에 따르면, 어린이는 적절한 인지발달 단계에 도달할 때까지 특정 개념을 가르쳐서는 안 된다는 것이다. 예를 들어, 전조작 단계의 어린아이는 "돌이킬 수 없는" 사고에 참여하며 어떤 식으로든 변형된 항목이 원래 상태로 돌아갈 수 있다는 것을 이해할 수 없기 때문이다.

2) 피아제의 인지발달 과정 4단계

피아제의 인지발달이론에 따르면, 인지발달 과정은 감각운동기, 전조작기, 구체적 조작기, 형식적 조작기 4단계로 구분된다. 4단계의 인지발달은 개인의 지능이나 사회 환경에 따라 각 단계에 도달하는 개인 간 연령의 차이는 있을 수 있으나, 발달 순서는 결코 뒤바뀌지 않는다고 가정하고 있다. 또한 각 단계는 주요 행동양식으로 설명될 수 있는 전체적인 심리구조로 특징 지워진다. 각 단계는 전 단계의 심리적 구조가 통합된 것이며, 다음 단계의 심리적 구조로 통합되기 위한 준비과정이기도 하다. 즉, 각 단계의 사고과정은 서로 다르며 시간이 경과함에 따라 더욱 복잡하고 객관적이며 타인의 관점을 생각하는 방향으로 발전하게 된다.

(1) 1단계 감각운동기(sensorimotor period)

출생에서 약 2세까지를 말한다. 이 시기의 영아는 자신의 감각이나 손가락을 입에 넣고 빠는 등의 운동을 통해서 자신의 주변 세계를 탐색한다. 즉, 새로운 정보를 얻기 위해 자신의 감각을 사용하고 새로운 경험을 찾기 위해 운동능력을 사용하고자 애쓴다. 그 결과 반사활동에서부터 제법 잘 조직된 활동을 할 수 있으며, 간단한 지각능력이나 운동능력이 이 시기에 발달한다. 이 시기의 주요 발달과업으로는 주변의 여러 대상물로부터 자신을 분리시키기, 빛과 소리 자극에 반응하기, 흥미 있는 일을 계속하기, 조작을 통한 물체의 속성 알기, 대상 영속성의 개념 획득하기 등을 들 수 있다.

(2) 2단계 전조작기(preoperational period)

2~7세까지의 연령에 해당하는 시기이다. 피아제는 이 시기를 전개념적 사고 기간과 직관적 사고 기간의 두 소단계로 다시 구분한다. 전개념적 사고 기간[2)]은 2-4세까지, 직관적 사고 기간은 4~7세까지로 보고 있다. 이 시기의 유아들은 자기중심적 사고를 하며, 문제해결 시 논리적 추론보다는 보고 들은 것, 즉 직관적 사고에 의존

2) 개념이란 사물의 어떤 특징이나 관계, 속성에 관한 생각으로 정의할 수 있는데 이 단계의 아동은 환경 내의 대상을 상징화하고 이를 내면화시키는 과정에서 성숙한 개념을 발달시키지 못해서 이 단계를 전개념적 사고 기간이라고 부른다.

한다. 소꿉놀이, 학교놀이 등 상징적 사고를 하며, 모든 사물이 생명이 있다고 간주하는 물활론적 사고를 한다. 또한 동기보다 행위의 결과에 따라 잘못한 정도를 파악하는 도덕적 실재론의 태도를 보이며, 꿈이 실제로 일어나는 것이라고 믿고 자신의 꿈이 다른 사람에게도 보인다는 생각을 한다. 그 밖에도 세상의 모든 사물이나 자연현상은 사람이 자신의 목적에 맞게 쓰려고 만들어진 것이라고 믿는 인공론적 사고를 하며, 보존성의 원리를 어렴풋이 이해하기 시작하지만, 아직 형성되지는 않는다.

(3) 3단계 구체적 조작기(concrete operational period)

6세에서 11세에 해당하는 시기이다. 이 시기는 구체적인 문제에 대한 논리적 사고가 가능하며, 특정 사실에 따라 사물을 분류할 수 있게 된다. 따라서 이 시기의 아동은 사물을 위계에 따라 분류하는 유목화가 가능하다. 또한 이 시기는 양, 무게, 부피의 보존 개념을 확실하게 획득하여, 동일성, 보상성, 역조작성의 논리를 충분히 이해하게 되며, 전조작기의 자기중심적 사고는 이 시기에 와서 탈중심적 사고로 바뀌게 된다.

(4) 4단계 형식적 조작기(formal operational period)

12세경의 사춘기에서 성인기에 접어들기까지를 말한다. 형식적 조작기의 가장 중요한 특징은 추상적인 사고가 가능하다는 사실이다. 추상적 사고란 융통성 있는 사고, 효율적인 사고, 복잡한 추리, 가설을 세우고 체계적으로 검증하는 일, 직면한 문제 사태에서 해결 가능한 모든 방안을 종합적으로 고려해 보는 일 등을 말한다. 이 시기가 되면 청소년들은 처음으로 도덕적, 정치적, 철학적인 생각과 가치문제 등을 이해하기 시작하며, 타인의 사고과정을 이해하고, 다른 사람들은 문제를 어떻게 보고, 어떻게 생각할까 등의 문제에도 관심을 갖게 된다. 또한 구체적 조작기 아동이 구체적 세계 안에서 논리적 사고를 하는 반면, 형식적 조작기의 아동은 현실적 세계를 넘어서 가상적 추론이 가능해진다.

3) 피아제 인지발달이론의 한계점

피아제 인지발달이론은 인간의 사고방식이 어떻게 변화하는지 이해하는 데 많은 통찰력을 제공하지만, 그의 이론에는 몇 가지 한계점도 존재한다. 모든 어린이가 같은 속도와 순서로 발달하며 한 단계에서 다음 단계로 분명하게 이동한다고 가정하는 것과 같은 문제가 있다. 또한 그는 어린이가 자기중심적 사고를 한다고 하나 이 시기에 어린이는 다른 사람들이 자신의 시각을 공유하지 않을 수 있다는 사실을 인지하지 못하기 때문에 자기중심적 사고를 하게 된다는 점을 과대평가하였으며, 해당 국가의 문화적 요인과 교육의 역할을 무시하는 경향이 있다는 것이다. 그러나 그의 이론은 어린이의 인지발달에 대한 근본적인 이해를 제공함으로써 교육전략의 선택에 매우 유용한 역할을 한다는 점에서 유용하다.

2. 콜버그(Kohlberg): 도덕성 발달이론의 창시자

로렌스 콜버그(Lawrence Kohlberg, 1927~1987)는 미국 심리학자로서 장 피아제의 인지발달이론에 영향을 받아 도덕성 발달이론을 '3단계'로 구분하였다(Miller, Vandome, McBrewster, 2010).

콜버그

1) 인습 이전 수준(Pre-conventional level: 4~9세 이전)

자기중심적이고 이기적인 도덕적 판단이 특징이며, 이 수준의 아동은 사회의 규범이나 기대, 즉 인습을 잘 이해하지 못한다. 일반적으로 9세 이전 연령은 인습 이전 수준에 해당된다.

① 1단계: 벌과 복종에 의한 타율적 도덕성 단계(Obedience and punishment orientation)

② 2단계: 도구적 목적과 교환의 단계(Self-interest orientation): 자신에게 이익이 되는 정도에 따라 행동을 판단

2) 인습적 수준(Conventional level: 10세 이상 아동, 청소년, 대다수의 사람)

인습적 수준의 사람들은 다른 사람의 견해와 입장을 이해할 수 있다. 10세 이상의 아동, 청소년, 대다수의 성인이 인습적 수준에 해당한다.

① 3단계: 개인 간의 상응적 기대, 관계, 동조의 단계, Interpersonal accord and conformity, 대인관계의 조화로서의 도덕성

② 4단계: 사회체제와 양심보존의 단계, Authority and social-order maintaining orientation, 법과 질서를 준수하는 것으로서의 도덕성

3) 후 인습적 수준(Post-conventional level: 20세 이상 소수만 도달)

후 인습적 수준의 도덕성은 자신이 인정하는 도덕적 원리를 토대로 한 도덕성으로, 사회규범을 이해하고 인정하지만, 법이나 관습보다는 개인의 가치기준에 우선 순위를 두고 도덕적 판단을 한다.

① 5단계: 권리 우선과 사회계약, 혹은 유용성의 단계, Social contract orientation

② 6단계: 보편적 · 윤리적 원리의 단계, Universal ethical principles

4) 도덕성 발달이론의 한계점

콜버그의 도덕성 발달이론의 한계점은 다음과 같다.

① 콜버그는 도덕성 발달 단계는 퇴행이 없다고 주장하였으나, 실험에 따라서는 대학생이 되었어도 인습적 단계에 머물거나 인습 이전 수준도 발생함에 따라 도덕성 발달단계의 퇴행이 가능함으로 무시하였다.

② 문화적 보편성이 결여되었다. 미국의 개인주의 문화권에서 발현된 도덕성을 기준으로 함으로써 동양의 집단 문화적 특성은 고려하지 않았다.

③ 도덕적 사고 및 추리를 지나치게 강조하고 도덕적 행동과 감정 간의 관계에 대한 연구가 부족: 도덕적 원천으로서 이타심 혹은 사랑과 같은 정의적 측면에

대한 고려가 결여되었다.

④ 여아들이 남아들보다 도덕성이 열등하다고 주장함으로써 성차별 논란이 있다.

⑤ 도덕성을 결정하는 데 영향을 미치는 다양한 상황적 요인 및 개인적 특성을 전혀 고려하지 않았다.

3. 엘리스(Ellis): 합리정서행동치료

엘리스

엘리스(Albert Ellis, 1913~2007)는 합리정서행동치료(Rational Emotive Behavior Therapy)의 영감을 고대 철학, 특히 스토아학파의 영향을 받았다고 밝혔다. 그중에서 스토아학파 후기의 철학자 에픽테토스(Epictetos/Epictetus)의 "인간은 일에 의해서가 아니라 일을 받아들이는 방식에 의해 불안해진다."라는 사상에 큰 영향을 받았다고 한다. 예를 들어서, 엘리스의 첫 번째 이론이자 주된 이론인 합리적 치료이론은 외부의 것들에 의해 정서적으로 영향을 받는 사람은 거의 없다고 가정하며 "외부의 일과 사건에 대한 그의 인식, 태도 또는 내면화된 문장에 큰 영향을 받는다."에 의한 철학적 근거를 설명하고 교본에 에픽테토스가 쓴 것과 비교하였다. 수세기 후 셰익스피어는 에픽테토스의 사상에 대해 햄릿(Hamlet)에서 "어느 것에도 좋고 나쁨은 없지만 생각이 그렇게 만든다."라는 새로운 해석을 하였다. 합리정서행동치료(REBT)란 실제 상담에서 사용되는 심리 치료 시스템으로 알버트 엘리스(Albert Ellis)가 1950년대 수립한 이론이다.

엘리스는 1956년에 미국 심리학 협회에서 그의 이론을 발표한 후 1957년 "합리적인 심리 요법과 개별 심리학"이라는 제목의 독창적인 논문을 발표했다. 엘리스는 1960년대 중반에 정신과 의사 아론 백(Aaron Beck)과 만남을 가졌는데 아론 벡은 약 10년 후 처음으로 "인지 치료"를 시작하였다. 엘리스는 자신의 이론이 정서적인 측면에서 접근을 무시하는 것으로 오해를 받자 1961년 "합리정서치료(Rational Emotive Therapy, RET)"로 이름을 바꾸었다. 그러나 1993년 이후에는 인지-정서-행동적인 측면을 함께 생각하는 포괄적이고 합리적인 관점임을 나타내기 위해서 "인지정서행동치료(Rational Emotive Behavioral Therapy: REBT)"로 명칭을 바꾸었다(앨버트 엘리스 저자 · 정태연/이민희 옮김, 비로소 나를 사랑하는 방법: REBT 이용한 자존감 향상법, 솔과학, 2016; 위키피디아 백과사전, 검색어, REBT, 2024).

1) 엘리스 이론의 가정과 전제

엘리스 이론의 가정과 전제는 다음과 같다(정유선 옮김, 2024; 위키피디아 백과사전, 2024).

(1) 엘리스 이론의 전제

엘리스는 인간은 이성에 따라 합리적이고 올바른 사고를 할 수 있는 동시에 왜곡된 사고를 할 수도 있는 잠재기능을 가지고 태어났다고 생각하였다. 합리정서행동치료의 근본적인 전제는 동일한 부정적 상황이라도 개인에 따라 자신과 타인을 둘러싼 세계에 대한 의미와 철학, 평가하는 신념 등에 따라서 각자 다르게 받아들일 수 있으며 만약 비합리적으로 상황을 받아들일 경우 심리적 장애를 경험할 수 있다는 것이다. 이 개념은 로마 시대에 비슷한 생각을 하였던 것으로 알려진 철학자 에픽테토스에게서 유래된 것으로 종종 인용되었다. REBT에서 피상담인은 심리적인 교란 및 변화에 대한 A-B-C-D-E-F이론(ABC 인지행동모델)을 학습하여 이러한 전제를 배우고 자신의 상황에 적용한다.

(2) ABC 인지행동모델

REBT에서 피상담인은 심리적인 교란 및 변화에 대한 A-B-C-D-E-F이론(ABC 인지행동모델)을 학습하여 이러한 전제를 배우고 자신의 상황에 적용한다. ABC 인지행동모델이란 선행사건(Activating event)과 그것을 받아들이는 신념(Belief)-합리적 신념

(Rational Belief: RB)와 비합리적 신념(Irrational Belief: IB)-으로 인한 결과(Consequence)의 과정으로 사람이 어떤 일을 받아들이는 방식을 설명한 것이다. 여기에서 선행사건은 판단의 이전에 일어난 사건으로 외부의 상황, 생각, 느낌 또는 다른 종류의 내부적 사건을 포함된다.

(3) 비합리적 신념

A-B-C 모델에서 가장 중요한 비합리적인 신념이란 개인이나 집단이 가지고 있는 비논리적이거나 비현실적인 신념을 의미한다. 합리정서행동치료에서는 사람들의 부정적 행동을 유발하는 모든 형태의 신념을 비합리적 신념이라고 지칭한다. 이것은 어떠한 방식으로도 타당화될 수 없고, 융통성 없는 사고방식으로 주로 "~을 절대 해서는 안 된다.", "~을 하면 비참해질 것이다." 등의 형태를 띤다. 선행사건을 신념체계를 통해 해석함으로써 정서적-행동적 결과가 생긴다. 만약 비합리적 신념체계를 통해 선행사건을 받아들였을 경우 심리적 장애 또는 심할 경우 정신적 질환이 발생한다. A-B-C에 이르는 과정을 통해서 내담자가 가진 비합리적 신념이 드러났을 경우 내담자의 심리적 문제를 해결하기 위해서 논박(Dispute)이 이루어진다. 논박이란 내담자의 비합리적 신념체계의 문제점을 논리적, 실용적, 현실적으로 지적하고 의문을 제기하여 비합리적 신념을 합리적 신념으로 바꾸는 과정이다. 이 과정에서 형성된 합리적 신념체계를 통해 받아들인 사건은 긍정적인 효과(Effect)와 감정(Feeling)을 가져온다.

(4) A-B-C-D-E-F 단계

A-B-C-D-E-F 단계에 대해서 요약해서 설명하면 다음과 같다.

① A(Activating Event, 선행 활성화 사건): 내담자가 노출되었던 문제 장면 또는 선행사건, 인간의 정서를 유발하는 어떤 사건이나 현상 또는 행위를 의미한다. 예를 들면, 낙방, 실직, 중요한 타자와의 결별을 들 수 있다.

② B(Beliefs, 신념 체계): 문제 장면에 대한 내담자의 관념 또는 신념, 어떤 사건이나 행위 등과 같은 환경적 자극에 대해서 각 개인이 갖게 되는 태도이다.

③ C(Consequences, 결과): 선행사건 때문이라고 내담자가 보고하는 정서적, 행동적 결과, 선행사건에 대한 해석에 따라 느끼게 되는 정서적인 결과이다. 예를 들면, 비합리적 사고의 결과 느끼는 불안, 원망, 비관, 죄책감 등을 들 수 있다.

④ D(Disputing, 논박): 비합리적 신념이나 사고, 상념에 대해 도전해 보고 그 생각이 사리에 맞고 합리적인지 다시 생각하도록 하기 위한 치료자의 논박이다.

⑤ E(Effective New Beliefs, 효과적인 새로운 신념): 비합리적 신념을 직면, 철저하게 논박함으로써 합리적인 신념을 갖게 된 다음에 느끼게 되는 자기 수용적인 태도와 긍정적인 감정의 결과이다.

⑥ F(New Feelings and Behaviors, 새로운 감정과 행동): 새로운 신념을 통해 변화된 감정과 행동을 경험한다. 내담자가 합리적인 신념을 발견하고 삶에 대한 효과적인 철학을 갖추게 되면서 새로운 감정과 행동을 취하게 된다.

2) 엘리스 이론의 가정

합리정서행동치료에서는 모든 인간이 타고난 이성적 능력, 즉 자기 자신과 스스로를 돕고 건설적인 일을 할 수 있다는 기대감과 비합리적인 경향을 모두 갖고 있다고 가정한다.

그리고 사람들이 자기 비난, 자기 연민, 임상적 분노, 상처, 죄의식, 우울증, 불안 등의 정서적 어려움과 지연, 강박, 회피, 중독과 같은 행동 및 행동 경향을 가지고 있다고 주장한다. 이것은 교육 과정에도 적용이 되어서 상담사가 비합리적 신념과 철학을 식별하는 방법을 내담자에게 가르친 다음 적극적으로 질문하고 논박하며 보다 합리적이고 자조적인 것으로 대체하기 위하여 종종 사용되기도 한다. 이를 통하여 내담자는 건설적인 합리적 사고와 감정 그리고 행동 방식을 얻을 수 있다. 합리정서행동치료의 주목적 중 하나는 부정적인 선행사건이 사람들의 삶에서 발생할 때마다 사람들에게 죄책감, 실망, 좌절감, 짜증 등의 감정을 느끼게 하는 선택권이 자기 자신에게 있음을 알려주는 것으로 사람들이 부정적 상황에 스스로 대처할 수 있는 능력을 길러준다.

정신기능 장애에서의 인지(사고)-정서(감정)-행동적 과정에 대해서 엘리스는 다음과 같이 설명한다. "인간의 사고와 감정, 행동은 실제로는 서로 다른 과정이 아니라 각각의 과정이 상당히 겹치고 순수한 상태로는 거의 이루어지지 않는다. 우리가 감정이라고 부르는 것의 대부분은 편견, 또는 강하게 인식되는 종류의 생각이다. 하지만 감정과 행동은 사고가 감정과 행동에 영향을 미치는 것처럼 사고에 상당한 영향을 미치고 영향을 준다. 평가는 인류의 근본적인 특성으로 피드백 메커니즘을 가진 일종의 폐쇄 회로에서 작동하는 것처럼 보인다.

3) 합리정서행동치료의 차별성

합리정서행동치료에 따르면 일반적으로 개인이 가지고 있는 신념 중 많은 부분이 생물학적으로 어린 시절에 주입되었고 이후 성인으로 성장하는 과정에서 여러 가지 사건을 경험하면서 이러한 신념이 더 확고해진다고 한다.

이런 신념과 사람들의 심리 사이의 연관 관계를 이용하여 상담을 통해 내담자의 심리 질환을 해소하는 기법이 바로 합리정서행동치료이다. 엘리스가 이 이론을 개발해낸 시기 대부분의 정신과 상담은 정신분석적 접근을 기반으로 이루어졌다. 정신분석치료는 프로이트의 이론으로부터 발전했는데, 그는 사람의 심리가 의식과 무의식으로 나뉘어져 있다고 주장하였고 사람의 심리에 영향을 끼치는 것은 의식뿐 아니라 무의식도 포함된다고 밝혔다. 실제로 많은 사례들을 통해 정신분석치료가 효과가 있다는 것이 밝혀졌지만, 이런 방식으로 심리적 장애를 치료하는 데에는 많은 시간과 돈이 들었다. 그런 상황에서 엘리스는 과거의 사건에 거의 중점을 두지 않는 대신에 현재의 평가와 철학적 사고-자신과 관련지어 생각하고 행동하는 방식, 사람들의 생활환경을 변화시키는 데에 초점을 맞추는 새로운 이론을 개발해냈다.

그의 새로운 이론은 정신분석치료와 달리 오랜 시간과 비용이 들지 않는다는 점에서 기존과 다른 차별성을 가지고 있다.

4) REBT의 목표와 치료자의 역할

합리정서행동치료는 이론과 실습을 병행하는 치료 시스템이다. 일반적으로 REBT의 목표 중 내담자가 불필요하게 자신을 화나게 한다는 사실을 배우고, 자신의 분노를 조절하는 방법을 가르친 다음 이를 활용하여 내담자가 이전보다 더 행복하고 충만한 삶을 영위할 수 있도록 돕는 것이다. 치료의 주안점은 합리정서행동치료 교육 모델을 기반으로 하여 내담자의 특성에 맞춰 치료 계획을 수립하는 것이다. REBT는 치료사 또는 상담사가 무조건적인 수용 또는 긍정적인 측면을 입증함으로써 치료의 효과가 높아진다는 이론을 제시하지만, 항상 내담자를 따뜻하게 격려하고 돌보는 관계를 구축하도록 강요되는 것은 아니다. 치료사 또는 상담사의 역할은 내담자가 스스로의 문제를 극복하는 과정에 있어서 내담자의 우려를 이해하고 다음 단계로 나아갈 수 있도록 격려하는 촉진제 및 교사로 일하는 것을 포함한다(이동귀 옮김, 2011).

5) REBT의 목표

REBT의 주 목표는 증상 제거가 아니다. REBT는 주로 내담자의 가장 기본적 가치관 중의 일부 특히 그들에게 장애를 일으키는 가치관을 검토하고 변화시키기 위해 고안되었다. 만약 내담자의 두려움이 결혼의 실패에 대한 것인 경우라면, 목표는 구체적인 그 두려움의 감소가 아니다. 대신 결혼이라는 일반적인 실패에 대한 내담자의 과장된 공포를 없애는 것이다. REBT의 11가지 목표는 다음과 같다(이동귀 옮김, 2011).

(1) **자신에 대한 관심**(self-interest)

정서적으로 건강한 사람은 우선 자신에 대해 관심을 가지며 그리고 나서 다른 사람에 대해 관심을 갖는데, 그렇다고 해서 몇 명의 선택된 사람들과 깊은 인간관계를 맺지 못한다는 뜻은 아니다. 그들은 자기 자신에 완전히 빠져버리지 않으면서도 기본적으로 자신에 대해 관심을 갖고 다른 사람에 대해서도 무조건 희생적이지 않다.

(2) **사회적 관심**(social-interest)

인간은 군집성에 대한 성향을 갖고 있으므로 완전히 혼자 존재하기는 힘들다. 사회적 관심은 합리적인 것으로 그것에 의해서 보다 더 큰 행복을 느낀다. 만일 사회적 집단 내에서 만족하고자 한다면 가까운 사람에 대해 보다 신중히 행동해야 하고 만일 도덕적으로 행동하지 않거나 다른 사람의 권리를 보호하려고 노력하지 않는다면 현실적으로 안정된 삶을 살 수 없다.

(3) **자기 지향**(self-direction)

정서적으로 건강한 사람은 그들의 삶에 대해 책임을 지며 그들 자신의 문제를 독립적으로 해결하려고 노력한다. 다른 사람의 협력이나 도움을 좋아할지는 모르지만 그런 지지를 필요로 하거나 요구하는 것은 아니다.

(4) **관용**(tolerance)

성숙하고 현실적인 개인은 다른 사람이 실수하거나 잘못하는 것을 허용하며 그런 행동을 경멸하지 않는다.

(5) **유연성**(flexibility)

건강한 사람은 사고가 유연하며 변화에 대해 개방적이고 그들 주변의 다양한 사람들에 대해 고집스럽지 않은 관점을 갖고 있다. 그들은 자신이나 다른 사람에 대해 경직되고 불변하는 규칙을 만들지 않는다.

(6) **불확실성 수용**(acceptance of uncertainty)

성숙한 개인은 자신이 개연성과 기회의 세계에서 살고 있다는 것과 절대적 확실성은 존재하지 않는다는 사실을 인식하고 수용한다. 종종 흥미진진하고 격동을 느끼게 하는 개연성과 불확실한 세계에서 살고 있는 것을 두려워하지 않고, 질서정연함을 좋아하긴 하지만 그것을 불편할 정도로 요구하거나 명령하지 않는다.

(7) **전념**(혹은 수행)(commitment)

건강한 개인은 사람이든 사물이든 아이디어든 자기 외부의 어떤 일에 생기 있게 빠져듦으로서 더 건강하고 행복하게 된다. 그래서 그들이 일상적인 생활의 일부를 이루어나갈 수 있는 중요한 일에 적어도 한 가지 각별한 창조적인 흥미를 갖거나 관련을 갖는다.

(8) **과학적 사고**(scientific thinking)

성숙한 개인은 혼란된 개인에 비해서 보다 객관적이고, 합리적이고, 과학적이다. 그들은 깊이 느끼고 확실하게 행동한다. 그러나 한편 자신과 결과에 대해 반성하고 이들 결과를 결정하고 평가하는 논리적 규칙과 과학적 방법을 적용함으로써 자신의 감정과 행동들을 조절한다.

(9) **자기 수용**(self-acceptance)

건강한 개인은 그가 살아있다는 것만으로도 자신을 수용하며 자신의 가치를 외적 성취나 다른 사람의 생각에 따라 평가하지 않는다. 그들은 자신을 입증하려고 노력하기보다는 즐기고자 노력한다.

(10) 위기 채택(risk-taking)

정서적으로 건강한 개인은 삶 속에 많은 위기가 존재함을 알고 있으며 그들은 자신이 진정으로 원하는 것이 무엇인지, 그것을 얻기 위해 어떤 노력을 해야 하는지 스스로에게 물으며 어리석게 빠져들지 않지만 위기를 회피하지 않는 경향을 지닌다.

(11) 반유토피아주의(non-utopianism)

성숙한 사람은 자신이 유토피아에 도달하는 것은 불가능한 일이며 자신이 원하는 모든 것을 가질 수도 없고 자신이 원하지 않는 모든 것들을 피할 수도 없다는 사실을 수용한다. 정신적 건강을 위해 끊임없이 노력하는 것은 있을 수 있는 일이지만 완전한 정신건강도 일종의 허상임을 알고 있다.

6) REBT의 특성과 다른 치료 기법과의 차이

REBT를 사용하는 치료자들은 내담자의 과거사 듣기, 고통스러웠던 경험을 얘기하도록 고무하는 것, 정서화(emotionalizing)에 동정적으로 장단을 맞추는 것, 감정을 주의 깊게 또 예리하게 반영해 주는 것 등에는 많은 시간을 할애하지 않는다. 보통 그 기법들을 최소로 유지하려고 노력하는 데 그 이유는 이런 성질의 긴 이야기가 내담자의 기분을 더 좋게 하기는 하지만 실제로 더 좋아지도록 도와주지는 못하는 관대한 치료의 한 유형일 뿐이라고 간주하기 때문이다. REBT는 철학적, 인지적, 행동적 치료를 기본 성격으로 지시적, 적극적, 교육적, 설득적인 과정과 기법을 사용하는 게 특징이다. 따라서 내담자의 과거 경험을 듣거나 내담자의 감정에 초점을 맞추어 공감하는 데 큰 비중을 두지는 않는다. Ellis는 과거 경험에 대한 통찰을 얻는 데 비중을 두는 정신분석과 관련하여 내담자는 과거 문제가 아니라 현재 문제를 가지고 오는 것이며 과거 문제에 초점을 두는 것은 과거의 문제가 현재에도 존재하는 것으로 믿게 만들 우려가 있다고 보아 현재의 문제를 통찰하는 것에 초점을 둔다(이동귀 옮김, 2011).

7) REBT를 실천하는 상담자의 역할과 강조점

REBT를 실천하는 상담자는 내담자를 있는 그대로 평가 없이 수용한다는 점에서 인본주의 상담과 유사하지만 인간적 관심과 온정적인 관계에 크게 비중을 두지 않는다는 점에서 차이가 있다. 그러나 일부 상담자들 중에는 라포 형성이 상담 효과를 높이는 데 긍정적으로 기여함을 강조하고 실천한다. 그리고 REBT에서는 상담과정을 통하여 내담자가 자신을 이해하는 데 도움을 주기 위해 다음의 몇 가지를 강조한다.

① 인간의 감정이 사고방식이나 신념체계에 따라 달라진다는 것이다.

② 내담자의 감정을 지배하고 있는 비합리적 신념이 무엇인지, 그리고 상대적으로 합리적 신념은 무엇인지를 보여준다.

③ 이러한 과정에서 내담자가 타당화될 수 없는 비논리적 명제를 가지고 있다는 것과 그러한 신념들이 어떻게 장애나 증상들을 초래하는지 보여준다. 즉, 사고와 감정이 어떻게 상호작용하는지, 내담자의 분노, 불안, 우울 등의 감정과 관련되어 있는 비합리적 철학을 논박하면서 내담자 자신의 자기 패배적 언어를 분석하게 된다.

④ 비합리적 신념에 대한 논박을 습관화하기 위해 여러 가지 기법들이 동원되고 그것들이 어떻게 합리적인 생각으로 대치될 수 있는지, 과학적인 사고방법은 무엇인지 가르치게 된다(이동귀 옮김, 2011).

8) 비합리적 신념과 비합리적 사고

REBT에서 바라본 정신병리 관점에서 심리적 부적응, 정신장애의 근본적 원인은 비합리적 신념과 비합리적 사고라고 본다.

(1) 비합리적 신념의 근본적 원인

비합리적 신념은 잘못된 당위적 신념에서 비롯된다.

① 내담자 자신에 대한 당위성

내담자 자신에 대한 당위성에 대해 논박한다. 예를 들어 내담자의 당위적 사고 must(~해야만 한다), 완벽성, 실수인정을 못함 등과 같은 신념에 대해 논박한다. 내담자의 '심오한 당위적 요인'이라고 부르는 점을 상담자가 지적해주면서 내담자에게 당위적 사고화를 포기해야 하는 합당한 이유들을 제시한다. 상담자는 내담자가 옳고 그름을 지적하는 것이 행동의 유용한 지표가 아님을 지적해 준다. 내담자에게 '바람(want)'과 '당위(must)' 사이의 차이를 분명히 설명을 해주어야만 한다. 그리고 '바람'이나 '선호적 사고'는 수용될 수 있다는 점에서 논쟁 대상이 아님을 확인한다. 마지막으로 당위성(must)에 도전하여 논박한다.

또한 필요성에 대한 당위로 당위적 사고의 독특한 하위 영역에 대해 논박한다. 내담자들은 이 세상을 행복하게 살기 위해 그들이 소유하고 싶은 것과 소유해야만 하는 것 사이의 차이를 구분하지 못한다는 점. 그리고 가장 기본적 논박으로 상담자는 내담자에게 그들 자신의 언어를 심각하게 문자 그대로 어떻게 취하는지에 관하여 보여줄 수 있는지 제시하고 논박한다.

② 타인에 대한 당위성

타인에 대한 당위성으로 인간의 당위성 방향이 타인에게 향하는 경우에 대해 논박한다. 다른 사람도 자유의지가 있다는 점을 지적해준다. 그리고 우리는 다른 사람의 의지에 대한 완벽한 통제력을 가지고 있지 않다는 점을 제시한다. 마지막으로 다른 사람의 행동을 통제하기 위한 시도에 부정적인 결과가 연계된다는 사실에 대해서도 알려준다.

③ 세상에 대한 당위성

세상에 대한 당위성으로 무생의 사물, 사회기관 그리고 자신의 운명을 통제하려는 당위성에 대해 논박한다. 가장 기본적인 논박으로 세상은 내담자가 원하는 대로 돌아가지 않는다. 그리고 사실상 세상은 상당히 복잡하고 알 수 없는 이유로 돌아가기도 하며 또한 개인을 위해 세상이 달라질 필요가 없다고 보는 현실을 지적한다. 따라서 비합리적 신념에 대한 설득력 있는 반박을 위한 네 가지 질문을 던져보는 것은 유용할 수 있다.

- 그것이 사실인가? (증거)
- 다르게 볼 여지는 없는 것인가? (대안 찾기)
- 그래서 어떻다는 것인가? (논리 찾기)
- 그래서 그것이 어디에 쓸모가 있는가? (유용성 따져보기)

(2) 정신병리의 근원

정신병리의 근원은 비합리적 자동적 사고에서 비롯되어 부정적 감정을 유발시킨 결과이다.

① 흑백논리(이분법 사고): 사물을 흑색과 백색 두 가지로만 보는 경향성
② 과잉일반화: 한두 번의 사건에 근거하여 일반적인 결론을 내리고 무관한 상황에도 그 결론을 적용시키는 오류
③ 성급한 결론: 자신의 생각이나 결론을 뒷받침할 확실한 증거 없이 어떤 일을 부정적으로 해석해버리는 경향
④ 부정적인 면에 대한 선택적 주의: 잘못된 부분에 계속 집착하면서 자신의 좋은 측면은 인정하지 않음
⑤ 감정적 판단: 자신의 감정이나 느낌을 사실의 증거로 생각하는 것
⑥ '해야만 한다', '하지 않으면 안 돼'를 과용함: 자신에게 엄격한 규율을 강요하고 자신을 채찍질하는 것

⑦ 잘못된 명명: 극단적인 과잉일반화의 한 가지 형태. 잘못된 행동을 말하는 대신 부정적인 낙인을 달아주는 것

⑧ 선택적 추상화: 어떤 상황에서 일어난 여러 가지 일 중에서 일부만을 뽑아내어 상황 전체를 판단하는 오류

⑨ 과잉확대 및 과잉축소: 자신의 실수나 타인의 성공은 과장해서 해석, 자신의 잘한 일이나 타인의 실수는 불공평하게 축소시켜 열등감을 유발하게 함

⑩ 모든 게 내 탓이오: 실제적인 이유가 없음에도 불구하고 자신이 어떤 불행한 사건의 원인이라고 생각하면 비현실적인 죄책감의 원인이 됨

(3) 비합리적 사고 탈피를 위한 3가지 영역의 치료 기법

비합리적 사고 탈피를 위한 3가지 영역의 치료 기법은 다음과 같다(이동귀 옮김. 2011).

① 인지적 기법

- 논박(disputation): 비합리적인 생각과 자기언어를 확인한 후 이를 합리적인 생각과 자기언어로 재구성하기 위해 사용되는 기술
- 내담자의 언어를 변화시키기: '해야만 한다'를 '그렇게 하면 더 낫다'로 사용하게 한다. 예 혼잣말(self-talk) 변화시키기
- 유추: 좋지 않은 습관이 자신에게 미치는 나쁜 점을 깨닫도록 한다. 예 항상 미루는 습관이 자신의 어떤 행동 특성 때문에 나타나는지 유추해 보도록 촉구한다.
- 자기방어의 최소화: 내담자가 잘못을 저질렀어도 그것 때문에 내담자가 경멸당할 이유는 없다는 것을 알게 한다.
- 대안 제시: 자신이 가지고 있는 생각보다 더 많은 선택들이 가능한 경우가 있으며 그것을 찾게 격려한다.
- 유머 사용: 지나치게 진지하고 심각한 생각과 태도에 반격을 가할 유머를 사용한다.

② 정서적 기법

- 합리적 정서 상상: 내담자에게 일어날 수 있는 가장 최악의 상황 중 하나를 상상하게 하여 상황에 맞지 않는 부적절한 감정이 적절한 감정으로 변화될 수 있도록 한다.
- 부끄러움 제거 연습: 부끄럽게 느껴지는 행동을 하는 과제를 주어 사람들이 다른 사람들에 대해 별 관심을 두지 않는다는 것을 깨닫게 한다.
- 무조건적 수용, 감정적 언어 사용: 감정적인 언어표현을 내담자 자신에게 적용할 수 있도록 한다.

③ 행동적 기법

- 보상기법, 역할연기: 행동적 상담에서 다루어지는 대부분의 행동적 기술을 거의 그대로 활용할 수 있다.
- 활동과제 부과: 실제 장면에서 행동을 해보고 오도록 과제를 내는 방법도 있다.

9) Ellis의 합리적 정서행동치료(REBT) 단점 및 장점

REBT에 대한 비판으로는 이 접근에서 중요한 개념으로 언급하는 합리적 신념과 비합리적 신념이 무엇인가 대한 명확한 규정과 평가가 부재하다는 것이다. 또한 합리적 사고를 강요하는 상담자의 권한이 남용될 수 있다는 한계가 있다. 그러나 REBT는 철학적, 인지적, 행동적 치료를 기본 성격으로 지시적, 적극적, 교육적, 설득적인 과정과 기법을 사용하는 게 특징이다. 이에 내담자의 해결될 수 없는 과거 문제에 초점을 두지 않고 지금-현재를 중심으로 문제를 통찰하고 해결해 보려고 한다.

4. 벡(Beck): 인지요법의 아버지

벡

인지치료는 1960년대 미국의 심리학자 아론 벡(Aaron T. Beck, 1921~2021)에 의해 고안되었으며, 왜곡된 인지와 신념의 파악 및 수정을 통한 치료를 강조하는 심리치료 기법을 말한다. 인지치료는 그 자체로도 경험적으로 입증된 훌륭한 치료기법이지만, 행동주의와 결합된 인지행동치료의 형태로도 많이 활용된다. 흔히 인지행동 치료로 명명되는 인지치료는 그 근간에는 정신분석이론, 신프로이트학파의 대상관계이론, 행동주의이론이 있다. 엘리스는 REBT(합리정서행동치료)의 창시자이며 정신분석의 단점을 극복한 인지치료방법을 도입했으며, 아론 벡은 인지치료의 효과를 과학적으로 입증했다. 엘리스가 초석을 닦아놓은 인지적 접근은 아론 벡에 의해 인지치료로 확립하였고 벡은 우울증과 불안에 대한 자기보고 척도를 개발하였다.

인지치료는 그 근간에 정신분석이론, 신프로이트 학파의 대상관계이론, 행동주의이론이 있으며, 그 철학적 배경으로는 "인간은 객관적인 현실에 의해서 고통받는 것이 아니라 그것에 대한 견해로 고통받는다."라는 이성과 주관성을 강조한 스토아철학, 현상학, 합리주의와 이성주의 철학을 바탕으로 개인의 의식적 경험을 중시한다. 또한, 협동적 경험주의, 자기치료의 철학, 심리 교육적 모델을 강조한다. 인지치료는 지금까지 현대 심리치료의 주된 흐름을 이루고 있는 인지행동치료의 중심 치료법으로서 마음 챙김을 비롯한 다양한 기법을 통합하여 발전하고 있다(위키피디아 백과사전, 2024; 민병배 옮김, 2017; 민병배 · 유성진 옮김, 2009; 원호택 옮김, 2005; 이성직 · 조난숙 옮김, 2022).

1) 인지치료의 특징

인지치료는 다음과 같은 특징이 있다.

① 무의식에 휘둘리기보다는 개인의 의식적 경험을 중시한다는 차원에서 정신역동적 치료와 차이가 있다.
② 인간은 자유의지가 있으며 선택이 가능하나 변화하는 인간은 환경에 의해 통제를 받는다는 측면에서 급진적 행동주의와 구별된다.
③ 협동적 경험주의(collaborative empiricism) 측면에서 치료자와 내담자의 협동적 관계를 강조한다.
④ 자기치료(self-treatment)의 철학적 측면에서 내담자의 자기치유 능력을 키워 치료 효과가 지속 가능하다.
⑤ 심리-교육적(psycho-educational model) 모델에 근거하여 개인의 문제를 이해하고 해결하는 방법을 가르칠 수 있다.
⑥ 인지치료자들은 인간의 심리적인 문제를 일으키는 비합리적 사고를 바꾸기 위해 다양한 방법을 사용하였는데, 그 대표적인 방법으로는 다음 2가지가 있다. 그 하나는 Ellis의 합리적 정서행동치료 REBT(Rational Emotive Behavior Therapy)이며, 나머지는 Beck의 인지행동치료 CBT(Cognitive Behavioral Therapy)이다.

2) CBT(Cognitive Behavioral Therapy)의 주요 개념

Beck의 CBT의 주요 개념은 다음과 같다. 정신병리에 영향을 미치는 인지적 요인들에는 자동적 사고, 인지적 오류, 역기능적 인지도식과 신념 등이 있다.

(1) 자동적 사고(Automatic Thought)

자동적 사고는 ① 나의 세계, ② 나 자신, 그리고 ③ 나의 미래의 세 가지 인지적 오류에 기인한다. 따라서 인지행동치료 이론의 핵심은 사람들이 경험하는 심리적 문제는 스트레스 사건을 경험했을 때 자동적으로 떠오르는 부정적인 내용들인 것이다. 이러한 자동적 사고는 매우 빠르게 의식 속을 지나가기 때문에 개인에게 명료하게 인식되지 않으며 단지 그 결과로 뒤따르는 우울감정만이 인식된다. 그러나 자동적 사고는 주의를 기울이면 쉽게 자각될 수 있을 뿐만 아니라 변화시키기도 쉬워서 인지치료의 초기에는 자동적 사고를 포착하여 수정하는 데 초점을 맞춘다. 엘리스의 ABC모델에 따르면, 자동적 사고는 B에 해당하는 인지를 뜻한다.

1960년대 초반에 우울증 환자들을 치료하던 Beck은 환자들이 부정적인 생각과 결론을 자동적으로 떠올린다는 것을 발견했다. 이를 '자동사고'라고 하면서 우울증 환자들이 갖는 특징적인 사고방식을 인지적 심리(cognitive trial)로 분류했는데, 자기 자신, 세상, 미래에 대한 부정적인 생각이었다. 예를 들어 나 자신(나는 무가치한 사람이다)과 나의 세상(세계는 온통 사기꾼들로만 가득 차 있어), 그리고 나의 미래(더 이상 나은 미래가 오진 않을 것이다)에 대해서 부정적인 신념을 가지고 있는 것이다. Beck은 이러한 왜곡된 자동적 사고를 찾아내서 교정하면 정서와 행동 모두 호전을 보인다고 주장했다.

(2) 인지적 오류들(Cognitive Errors)

생활사건의 의미를 해석하는 정보처리과정에서 범하는 체계적인 잘못을 인지적 오류 (Cognitive errors) 또는 인지적 왜곡(Cognitive distortion)이라고 한다. 인지치료에서는 개인이 지니고 있는 인지적 오류를 수정하려고 하는데, 인지적 오류의 종류는 다음과 같다.

① 이분법적 사고(Dichotomous thinking): 두 개의 극단으로만 해석한다.
   예 "답을 완벽하게 쓰지 않는 이상 나는 실패한 거야."

② 과잉일반화(Over generalization): 특수한 상황의 경험으로부터 일반적 결론을 내리고 무관한 상황에도 그 결론을 적용시킨다. '항상', '모두', '전혀'가 들어간다.
   예 "난 지난번 운전면허 실기 시험에 떨어졌어. 그러니 이번에도 역시 떨어지겠지."

③ 임의적 추론(Arbitrary inference): 지레짐작 자의적 해석으로 자신의 생각을 뒷받침하는 증거가 없거나 명백한 반대의 증거가 있음에도 특정한 결론을 내린다.
   예 "친구가 내 신경을 거슬리게 하려고 일부러 큰 소리로 노래를 부르고 있군."

④ 선택적 추상화(Selective abstraction): 특정한 사건과 관련된 일부의 정보만 선택적으로 받아들여 그것이 마치 전체를 의미하는 것처럼 잘못 해석. 많은 긍정적인 건 잊고 부정적인 것 하나만 선택한다.

예 "100명 중 99명이 나를 칭찬해도 단 1명의 악플러만 있어도 내 삶의 의미가 없어."

⑤ 정신적 여과(mental filtering): 이는 어떤 상황에서 일어난 여러 가지 일 중에서 일부만을 뽑아내어 상황 전체를 판단하는 오류이다. 중요한 정보들은 여과시켜 버리고 극히 일부만을 남겨놓는다.

예 "엄마가 요리를 못하면 엄마로서 자격이 없어."

⑥ 과장과 의미 축소(Magnification and Minimization): 실제보다 훨씬 심각하게 생각하거나 의미를 축소하는 경우이다.

예 과장: "이혼을 했으니 내 인생은 끝장이다."

의미축소: "친구가 내가 만든 과자가 정말 맛있다고 하는데 그냥 인사말이겠지. 뭐."

⑦ 개인화(Personalization): 자신과 무관한 사건을 자신과 관련된 것으로 잘못 해석한다.

예 길을 걷다가 다른 사람들의 웃음소리를 듣고 마치 자신을 비웃는 것으로 생각한다.

⑧ 인지협착(Tunnel vision): 사건의 한 가지 측면만 본다.

예 "내가 죽어버리면 사람들이 내 억울함을 알아주겠지."

⑨ 잘못된 명명(Mislabeling): 사람의 특성이나 행위를 기술할 때 과장되거나 부적절한 명칭을 사용하여 기술하는 오류이다.

예 ADHD 진단을 받은 아동에게 '너는 실수투성이 거짓말쟁이야.'라고 부르는 것

(3) 역기능적 인지도식(Dysfuctional Schema)과 신념(Belief)

사람이 살아가면서 자기 나름대로 자기와 세상을 이해하는 틀을 발달시키는데

삶을 사는 과정에서 하나의 체계화된 지식 덩어리를 이루게 될 때 이를 인지도식이라 부른다. 역기능적 인지도식이란 그 개인의 인지도식의 내용이 부정적 성질의 것을 의미하며 이는 심리적 문제를 초래하는 근원적 역할을 한다. 살아오는 과정에서 부정적인 내용들로 인지도식을 구성한다면 심리적 문제에 매우 취약하게 되기 쉽다. 벡은 핵심신념과 중간신념이 자동적 사고에 영향을 미친다고 하였다.

① 역기능적 신념: 특정한 생활사건에 대한 해석내용인 자동적 사고와 달리, 삶의 믿음이나 원칙으로서 절대주의적이고 완벽주의적이며 융통성이 없이 경직된 내용으로 구성되어 있다.

② 핵심 신념: 어린 시절에 중요한 인물과 상호작용하면서 형성되는 것으로서 가장 근원적이며 깊은 수준의 믿음이다.

③ 중간신념: 핵심신념과 자동적 사고를 매개하는 것으로 삶에 대한 태도, 규범, 가정을 말한다.

3) 인지치료의 최근 동향과 전망

(1) 마음챙김에 기반 스트레스 감소법(Mindfulness-Based Stress Reduction, MBSR)

MBSR은 동양의 마음챙김 명상과 서양의 의학을 접목하여 탄생되었다. 또한 마음챙김에 근거한 치료법 중 가장 역사가 길고 많은 임상적 연구결과가 있는 '의료명상교육 프로그램'이다. 서구에서 마음챙김 명상(mindfulness meditation)을 수행 외의 목적으로 처음 적용한 사람은 존 카밧진(Jon Kabat-Zinn)으로 1970년대 후반에 MBSR 프로그램을 개발하였고, MBSR은 만성통증을 비롯, 불안, 우울, 범불안장애 및 공황장애 등 각종 질환에 치유효과를 가지고 있다.

MBSR 프로그램에서는 8주간 매주 한 번씩 두 시간 삼십 분 동안 30명 정도의 사람들이 집단으로 모여서 호흡 마음 챙김 명상, 몸 관찰(body scan), 하타 요가(몸중심의 요가), 먹기 명상, 걷기 명상 등을 배우고 소감을 나눈다. 그동안의 연구에서 MBSR은

통증을 줄여주고 다양한 증상의 감소와 심리적 웰빙의 증진에 도움이 되는 것으로 밝혀지고 있다. 마음챙김는 회피하지 않고 있는 그대로 바라보는 것일 뿐만 아니라 떨어져서 보는 것이다. 마음에 불안이나 우울 등의 고통이 있을 때 그 속에 매몰되지 않고 그 경험을 낱낱이 떨어져서 보는 것이다. 화가 날때 '화'에서 세상을 보는 것이 아니라 '화'를 보는 것이다. 마음챙김은 전통적으로는 보통의 상태에 있는 사람들이 자신의 진면목을 깨닫고 인격의 완성을 이루는 수행법으로 쓰였다.

(2) 마음챙김 기반 인지치료(Mindfulness-Based Cognitive Therapy, MBCT)

MBCT는 처음에는 진델 시걸(Zindel Segal), 마크 윌리엄스(Mark Williams) 및 존 티스데일(John Teasdale)이 자주 재발하는 우울증을 치료하는데 적용하기 위해 전통적인 인지치료와 카밧진의 MBSR 프로그램을 통합하여 개발했다. MBSR처럼 8주 프로그램으로 되어 있지만 MBSR과는 달리 집단의 규모를 12명 이내로 하여 교육적 방식보다는 심리치료적 방식으로 진행되며 교육을 할 때도 스트레스 일반보다는 우울에 초점을 둔다. MBCT 역시 실증적 연구에서 그 효과가 증명되고 있으며 요즘은 우울 이외의 심리적 장애에도 성공적으로 적용되고 있다.

(3) 수용전념치료(Acceptance and Commitment Therapy, ACT)

ACT는 스티븐 헤이즈(Steven Hayes) 등에 의해 개발된 치료방법으로 MBSR, MBCT, DBT 등과 마찬가지로 마음챙김을 통해 부정적인 내적 경험을 회피하거나 억압하지 않고 있는 그대로 경험하는 것을 강조한다. 아울러 ACT에서는 가치를 분명하게 하고 인생의 목표와 그 추구에 필요한 행동전략을 가르친다. ACT는 원래 개인 치료로 발달하였지만 집단치료로 적용되기도 한다. ACT는 마음챙김뿐만 아니라 우화와 같이 다양한 기법을 적용하여 마음의 유연성을 기르도록 도와준다. ACT는 만성통증, 우울, 불안, 중독, 금연, 직장 스트레스, 당뇨조절, 체중조절, 섭식장애 등 다양한 문제에 효과적인 것으로 나타났다.

(4) 변증법적 행동치료(Dialectical Behavior Therapy, DBT)

DBT는 마샤 린네한(Marsha Linehan)이 경계선 성격장애의 치료를 위해 표준적인 인지행동치료에 마음챙김을 비롯해서 효과적인 정서조절기법 등 몇 가지 기법을 통합하여 개발했다. DBT에서는 대립되는 사상들의 균형, 통합 또는 종합을 강조한다. DBT는 경계선 성격장애 환자들이 장시간의 공식적인 명상훈련에 참여하기가 어렵다고 보고 MBSR이나 MBCT에 비해 덜 공식적인 마음챙김 훈련을 광범위하게 선택하여 사용한다. 또 DBT는 MBSR이나 MBCT처럼 집단으로 진행할 수도 있지만 개인치료로 적용되기도 한다. 최근에는 DBT가 경계선적 성격장애 이외에도 기분장애, 불안장애, 섭식장애, 충동조절장애, 약물의존 등 다양한 증상에도 효과적으로 적용되고 있다.

4) 인지행동치료(CBT)의 장단점

정신분석 치료자들은 인지치료가 내담자에게 지성화 또는 합리화라는 방어기제를 제공해 주는 것일 뿐 내담자의 근본적인 원인을 치료하지 못한다고 비판한다. 인지치료의 효과는 입증되었지만, 자동적 사고와 역기능적 신념의 변화가 부적응적 감정과 행동의 변화를 유발하는지에 대한 증거는 부족한 상태다. 또한 지능, 학별이 낮고 심리 내성 능력이 부족한 내담자는 인지치료에 적절치 않은 것으로 알려져 있다. 이러한 한계에도 불구하고 인지치료가 오늘날 인기 있는 치료방법인 이유는 심리치료 중에서 가장 체계적인 이론과 실증적인 지지 근거를 가지고 치료 효과가 잘 입증돼 있으며, 비용, 시간 면에서도 경제적이라는 점이다. 또한 인지치료는 명쾌한 이론과 구체적 치료방법으로 치료자 양성 훈련이 수월하다.

Part 03

체계이론

인간은 사회적 존재로서 사회를 벗어나 홀로 살아갈 수 없는 존재이다. 하여 우리는 흔히 인간을 사회적 동물이라고 명명한다. 사회복지관점에서 환경 속에 인간(person in environment)을 이해하기 위해 인간이 속한 체계를 이해하는 것은 중요하다. 일반적으로 체계 이론에는 사회체계이론, 일반체계이론, 생태체계이론이 있다. 사회체계이론에서는 개인, 가족과 조직을 포함하는 소집단, 지역사회와 같이 보다 넓은 사회체계에 관점을 두고 있다. 일반체계이론은 유기체와 환경 간의 체계적인 상호작용에 대해 전체성, 상호성, 개방성의 개념으로 분석하고 있다. 생태체계이론은 유기체가 환경 속에서 어떻게 역학적 평형상태 유지하고 성장해 가는지 관심을 두고 있으며 특정 이론이기보다 사회현상 사정, 평가 돕는 관점을 주요 개념으로 구성하고 있다. 이를 표로 정리하면 다음과 같다.

	사회체계이론 (social system theory)	일반체계이론 (general system theory)	생태체계이론 (ecological system theory)
대표 학자	Parsons	Bertalanffy	Bronfenbrenner(1979) Meyer(1983) Germain & Gitterman(1979)
시기	1950년대	1960년대	1970년대 생태학과 체계이론 결합
주요 개념	• 사회적 단위 강조 • 인간행동에 영향을 미치는 다양한 체계수준, 즉 개인, 가족, 조직을 포함하는 소집단, 지역사회 같은 복잡하고 넓은 사회체계에 관심을 둠	• 유기체와 환경 간의 체계적인 상호작용 혹은 상호관련성에 대해서 전체성(wholeness), 상호성(reciprocity), 개방성(openness) 개념으로 설명하고 분석하려는 일반 과학임	• 유기체가 환경 속에서 어떻게 역학적 평형상태 유지하고 성장해 가는지에 관심을 둠 • 특정 이론이기보다 사회현상 사정, 평가 돕는 관점임
공통점	• 모두 다양한 체계 수준에 관심이 있으며, 인간과 환경 사이의 상호작용 강조 • 체계를 하나의 전체로 바라보며, 체계 내에서 혹은 체계들 사이에 발생하는 스트레스와 이에 대처하는 인간의 균형에 관심 둠		

Chapter 09

사회체계이론: 파슨즈(Parsons)

파슨즈

탈콧 파슨즈(Talcott Parsons, 1902-1979)는 자신의 사회이론을 '행위의 일반이론'(general theory of action)이라고 불렀다. 그것은 그가 궁극적으로 관심을 가지고 분석하고 이론화하려고 했던 것이 인간의 행위였음을 뜻한다. 그는 사회학이론이란 인간의 행위에 대한 분석 틀, 곧 행위의 준거 틀이라고 규정하면서, 행위 자체가 어떤 의미를 가지는 것이 아니라 행위를 해석하는 개념들이 의미를 가지기 때문에 이론의 구성이 사회학적 작업의 기초가 됨을 주장한다. 즉 사실들은 '스스로 말할' 수 없기 때문에 그 사실들을 의미 있게 구성하고 해석하는 일반화된 개념들의 체계가 필요하다는 것이다. 여기에서 사실들이 구체화된 것은 자료들이며, 이 자료들은 아무것도 설명하지 못하므로 이것들을 의미 있게 해주는 이론이 필요하다는 것이다. 파슨즈의 행위이론은 여기에서 체계이론(system theory)으로 정교화된다. 파슨즈에게 '사회체계(social theory)'란 행위자들 사이의 비교적 안정된 상호 교섭유형들을 가리키는 '제도화(institutionalization)'를 추상화하여 개념화한 것이다. 여기에서 제도화는 과정이며 또한 구조이다. 즉 행위자들 사이의 상호 교섭들을 유형화시키는 과정으로 보기도 하며, 안정된 상호교섭 유형들을 의미하기도 한다. 이러한 논리를 따르면, 제도화된 상호 교섭유형들이 사회체계를 구성하는 셈이다(위키피디아 백과사전, 2025; 윤원근 옮김, 1999).

1. 사회체계이론의 정의

가족, 소집단, 조직, 지역사회 및 사회 등의 여러 사회체계가 구성된 방법과 그 체계들의 유지와 변화과정을 대상으로 하는 이론으로 사회체계 간의 상호작용과 상호의존성, 각 체계 내의 조직을 전제로 한다. 따라서 사회체계의 한 부분에서 일어난 변화는 다른 체계의 다른 부분에까지 영향을 미치게 된다는 것이 기본 전제이며, 이를 통해 사회사업실천에 개념적 틀을 제공한 이론이다(윤원근 옮김, 1999).

2. 사회체계이론의 주요 개념

1) 기본가정

① 사회체계는 하나의 단위 또는 전체를 형성하는 상호 관련된 성원들로 구성된다.
② 사회체계의 조직적 한계는 임시적 또는 정립된 경계나 성원에 의해 설정된다.
③ 경계는 사회체계에 하나의 체계로서의 정체감을 부여한다.
④ 체계 환경을 체계경계선 외부의 것으로 규정된다.
⑤ 사회체계의 생활은 그 참여자의 활동을 단순히 합산한 것 이상이다. 오히려 사회체계는 독특한 구조와 의사소통유형을 지닌 독특하고 상호관련된 관계망으로 볼 수 있다.
⑥ 사회체계의 성원들 사이에는 높은 정도의 상호의존성과 내적 조직이 있다.
⑦ 모든 체계는 다른 체계의 하위체계와 상위체계일 수 있다.
⑧ 사회체계의 한 성원의 변화는 전체 사회체계의 속성에 영향을 미친다.
⑨ 사회체계와 외부환경과의 상호작용은 사회체계의 기능적 능력과 내적 구성에 영향을 미친다.

⑩ 사회체계 내 · 외부의 변화로 인하여 체계의 구조적 불균형 상태가 야기될 경우에 체계는 균형상태를 회복하기 위해 노력한다(윤원근 옮김, 1999).

2) 주요 개념

(1) 체계 및 사회체계의 개념

① 체계(System): 각 구성성분이 특정한 기간동안 다소의 안정성을 가지고 적어도 다른 어떤 것들에 연결되는 인과망(Causal Network) 속에 직접 또는 간접으로 연결되어 있는 요소나 성분들의 복합체

② 사회체계(Social System): 상호작용하고 서로의 행동에 영향을 주는 개인, 개인의 집합으로서의 가족, 소집단, 조직, 지역사회, 문화, 대륙 등을 의미함

(2) 사회체계의 에너지

① 에너지는 사회체계 활동의 기본 원동력

② 사회체계의 에너지는 물질의 원자의 에너지에 비유할 수 있음

③ 사회체계는 살아있는 개방체계로서 그것들의 부분이며 전체인 홀론(Holon) 간의 상호작용에 의하여 에너지를 만들어 내고 존속, 분화, 진화, 질서화, 발전하게 됨

④ 체계는 생존하고 목적을 수행하기 위하여 에너지를 필요로 하고 에너지는 4가지의 기본적인 체계기능을 통해서 획득되고 상호 이전되어야 함

(3) 사회체계의 행동적 양상

짧은 시간 동안 빠른 속도로 체계 간에 에너지가 교환되는 것

① 사회통제와 사회화

- 사회통제(Social Control): 체계의 생존과 목표달성을 위해 하위체계로부터 에너지를 확보하거나 증대하는 것

- 사회화(Socialization): 체계의 생존과 목표달성을 위해 수립된 규범과 규칙을 익히고 적절한 역할을 배우는데 에너지를 동원하는 것

② 의사소통(Communication)

- 의사소통은 체계의 목표달성을 위해 정보전달 면으로 에너지를 이전하는 것
- 의사소통은 체계조직의 필수적이고, 체계의 생존과 목표달성은 의사소통에 의해서 좌우될 수 있음
- 의사소통에 대한 반응인 환류(Feedback)는 자기관리, 통제 및 목표 추구의 제1차적 수단임

(4) 적응(Adaptation)

① 적응은 환류의 과정 및 결과로서 이루어짐

② 적응은 체계와 환경 양쪽에 대하여 이루어져야 함

③ 적응의 두 가지 형태

- 동화(Assimilation): 종전 경험에 비추어 유사한 새로운 경험을 수용하는 것
- 순응(Accommodation): 새로운 경험의 수용을 위해 준거 틀을 수정하는 것

Chapter 10

일반체계이론: 버트란피(Bertalanffy)

1. 버트란피의 생애와 이론의 발전

버트란피

루드뷔히 폰 버트란피(Ludwig von Bertalanffy(LvB), 1901~1972)는 20세기 중요한 이론 생물학자로 1901년 9월 19일에 오스트리아의 비엔나에서 태어났다. 버트란피의 가족사를 살펴보면, 'ffy'의 의미는 '아들의(son of)'라는 의미이고, 'von'의 의미는 '고귀함'을 의미하는 것으로 그의 선조는 4백 년 전 헝가리의 귀족으로 추정된다. 버트란피는 1937년에 미국의 록펠러재단에서 러시아 생물학자와 함께 연구하면서 처음으로 '일반체계이론(general system theory)'에 대해서 모든 학문에 적용 가능한 방법으로 강의하게 되었다. 1939년부터 비엔나 대학에서 동물학과 식물학을 통합하여 가르치는 교수가 되었고, 이곳에서 "organism as physical system(1940)"이라는 아티클을 발표하였다. 1949년 버트란피는 캐나다로 이주하여 대사론, 성장, 생물리학, 암 조직에 관한 연구를 하였고, 1950년부터 그의 연구의 방향을 생물학에서 과학적 방법론인 일반체계이론(GST)과 인지심리학으로 전환하였다. 1960년에 캐나다의 앨버타 대학에서 생물학 및 심리학 교수로 재직하였고 그는 현대 기계론적 세계가 인간성을 던져버리고 상호 간 고립성을 발현시킴에 관심을 두고 이를 체계이론으로 접근하였다. 일반체계이론은 '단선적 사고', '원인-결과론적 사고'가 아닌 모든 구성은 부분 간 상호관련성을 인식하는 '체계적 사고', '순환적이며 상호 원인적 사고'의 관점으로 변환시켰다(위키피디아 백과사전, 2024; 현승일 옮김, 1990).

2. 일반체계이론의 구조적 특성

① **경계**(boundary): 체계의 내부와 외부를 구분하는 테두리(예 나무의 껍질, 사람의 피부, 사회조직의 다른 규범[가족은 사회적 · 법적 정의, 집단은 참여하는 구성원들이 규정하는 개념적 방법, 지역은 민족적, 문화적, 지리적 구획 및 규정])

② **개방체계**(open system): 다른 체계와 관계 및 교류를 가지고 서로 영향을 주고받는 체계(사회사업에서 기능적 체계)

③ **폐쇄체계**(closed system): 환경으로부터 분리된, 고립된 체계(사회사업에서 역기능적 체계)

④ **위계**(heirarchy): 에너지가 배분되어 있는 정도. 체계는 상위체계(supra-system)와 하위체계(subsystem)가 구분되며, 반복적인 상호교환 과정에서 체계 내 역할이 분화되고 위계질서가 형성됨

⑤ **비총합성**(non-summativity): '전체는 부분의 총합 그 이상이다'라는 가정으로 전체로서의 체계는 부분간의 관계체계와는 다른 관계특성을 지닌다는 의미

3. 일반체계이론의 역동적-진화적 특성

체계는 지속적으로 변화를 추구함과 동시에 역동적 균형상태를 유지하려고 하는데, 이러한 체계의 속성을 역동적 속성이라고 한다.

① **형태변화 속성**(morphogenesis): 체계의 성장 · 개혁 · 변화를 창출해 내려는 자기 지향적 과정

② **형태유지 속성**(morphostasis): 체계 내부의 규칙과 가치를 보존하고 안정성을 유지하려는 자기 규제적 과정

③ **안정상태**(steady state): 체계와 환경과의 역동적(dynamic) 균형상태를 유지하기 위해 환경과 융통성 있는 에너지 교환관계를 통해 성장하는 상태임. 넥엔트로피와 관련됨

- 엔트로피(Entropy): 열역학 제2법칙에서 모든 물질은 분화, 질서가 소멸되는 방향으로 진전한다는 것임. 그러나 살아있는 체계들은 엔트로피의 반대 방향인 분화, 진화, 및 질서화의 방향으로 나감. 이를 넥엔트로피(Negentropy)의 방향으로 나간다고 함.

④ **균형**(equilibrium): 외부체계의 에너지, 정보 등의 투입 없이 균형이 유지되는 상태, 폐쇄체계의 균형상태

⑤ **항상성**(homostasis): 체계가 균형을 위협받았을 때 이를 회복하려는 경향, 개방체계의 균형상태, 지속적인 변화의 상태에 놓여 있는 동시에 역동적인 균형상태

표 10-1 안정상태, 균형 및 항상성의 비교

비교기준	균형(equilibrium)	항상성(homostasis)	안정상태(steady state)
스트레스	가능성이 가장 적음	최소 정도	최적 수준이고 필요함
구 조	변화 없음	변화 없음	변화의 범위가 큼
환경과의 상호작용	가능성이 가장 낮음	최소 정도	최적수준이고 필요함
개방성	폐쇄적	최소 정도	개방적

4. 행동적-과정적 특성

체계가 생존하고 성장 · 변화하기 위해서 정보교환과 에너지 교환이 이뤄지는 속성으로 '투입-전환-산출과정', '피드백과정'으로 설명된다.

1) 투입-전환-산출

체계가 외부로부터 정보나 에너지를 받아들여 필요로 하는 자원을 만들어내는 과정을 투입-전환-산출이라 한다.

① **투입**(input): 체계가 환경으로부터 에너지, 사물, 정보 등을 받아들이는 과정

② **전환**(through-put): 체계가 자신에게 적절하게 투입된 에너지를 변형시키게 되는 재조직화 과정

③ **산출**(out-put): 체계 내에서 변형된 에너지를 환경으로 방출하는 것, 산출과 관련된 개념으로 동종결성, 다종결성이 있음

- 호혜성: 한 체계 내에서 그 일부가 변화하면, 그 변화가 모든 다른 부분들과 상호작용하여, 나머지 부분들도 변화하게 된다는 개념
- 동종결성(Equifinality): 처음 조건과 수단이 달라도 그 결과는 동일하게 나타나는 개념
- 다종결성(Multifinality): 처음의 조건과 수단이 같더라도 다른 결과가 야기된다는 개념

2) 환류

체계를 통해 만들어진 산출은 환류(feedback)을 통해 자기체계 내부로 투입된다.

① **환류**: 체계의 작동을 점검하고, 적응적 행동이 필요한지를 판단 · 수정하는 능력

② **정적 환류**(positive feedback): 체계 전체를 변화시키는 환류

③ **부적 환류**(negative feedback): 체계의 항상성을 유지시키고, 변화를 극소화시키면서 체계자체를 유지시키는 환류

정적 환류를 긍정적 강화(칭찬 등)로, 부적 환류를 부정적 강화(체벌, 비난 등)로 사용되는 경우가 있으나, 체계론적 관점에서는 다른 개념이다. 상황에 따라 칭찬과 체벌은 정적 환류에도 부적 환류에도 사용된다. 구분의 초점은 '변화'와 '유지'이다.

- 1차 수준의 변화: 부적 환류에 의해 일어나는 변화
- 2차 수준의 변화: 정적 환류에 의해 일어나는 변화

3) 의사소통

의사소통은 정보를 전달하는 체계이며, 개인들 간의 관계를 형성하는 기반이 되는 축적적인 상호교환이다. 의사소통은 디지털 형태의 언어적 의사소통과 아날로그 형태의 비언어적 의사소통, 맥락으로 구분된다.

① **언어적 의사소통**(verbal communication): 명백한 언어로 이뤄지는 정보를 교환

② **비언어적 의사소통**(non-verbal communication): 목소리 톤, 제스추어, 얼굴표정, 자세

③ **맥락**(context): 언제, 어디서, 누구와 등의 의사소통이 이뤄지는 상황적 측면

5. 일반체계이론의 인간관

일반체계이론에서는 인간을 신체, 심리, 사회적 부분으로 분리된 존재가 아니라 통합된 하나의 체계로 간주하는 총체적 인간관을 갖고 있다. 이러한 인간의 기능수준은 신체, 심리, 사회라는 각 부분의 기능 정도를 단순히 합한 것 이상이며, 한 영역의 변화는 전체 인간의 사회적 기능에 영향을 준다고 보고 있다. 체계이론의 인간본성에 대한 또 다른 관점은 환경 속의 인간이라는 관점이다. 총체적 인간은 외부 체계와 끊임없이 상호작용하며 상호 의존하는 존재로 보고 있다. 즉, 인간은 자신의 욕구에 맞게 환경을 수정할 수 있을 뿐만 아니라 환경의 요구에 맞게 자신의

행동을 수정할 수 있는 능력을 지니고 있다. 즉 체계적 관점에서 인간의 행동은 전체적인 사회적 상황의 결과로 본다. 따라서 한 개인의 부적응적 행동은 한 개인에게 원인이 있는 것이 아니라 사회체계와의 역기능적 상호작용에 있다고 할 수 있다 (현승일 옮김, 1990).

일하는 아버지(의학 학위와 동물학 박사학위 취득)와 함께 정규교육을 받기 전까지 연구소 구내에서 자랐다. 3천 에이커 가량의 기관은 환자들이 일하는 농장이나 기관의 상점이 있고, 자유롭게 일을 하고, 이동할 수 있었던 시설로 일종의 기능적 지역사회였고 이곳에서의 초기 경험을 통해 Kurt Lewin과 같은 이론가들의 이론을 결합하였고, 인간에 대한 긍정적 관점 갖게 되었다. 어린 시절 시설에 입소한 여성입소자들이 브론펜브레너 가족의 일원이 되어 집안일과 요리, 양육을 담당하였고, 어머니가 가사 일에 대한 적극적 훈련을 통해 기능적 역할이 가능하도록 도움을 주었다.

그는 1938년 Cornell University에서 심리학과 음악을 복수 전공하였으며, 그 후 Michigan 대학에서 발달심리학을 전공. 서부와 동부유럽, 소련, 이스라엘, 중공 등 각지에서 비교문화연구 실시하였고 이를 통해 종으로서의 인간을 생활하고 성장하며 환경에 적응하고 참아내며, 특히 환경 속에서 환경을 창조해나가는 능력을 가졌다고 믿게 하여 인간의 탄력성, 능력, 가능성 등에 대한 인식을 확장시켰다.

또한 국가정책이 인간의 생활 여건을 결정함으로써 인간의 복지와 발달에 영향을 미친다는 교훈을 통해 아동과 가족에 관한 정책 개발과 이행에 깊이 관여함. Head Start 계획위원회, 대통령 주재 조사단, 국가 차원과 주, 지방 차원의 과학고문단에 참여하면서 적극적 활동을 하였다. 그는 코넬 대학의 인간발달과 가족학을 연구하는 심리학 교수로 있으면서, 발달장애 발생요인의 예측과 장애아동 가족의 복지모형연구 등을 활발히 하였다. 우리나라에는 1994년 11월에 발달심리학회와 한국아동학회 공동주체로 한국에 다녀간 적이 있다(Bronfenbrenner, 1991; Bronfenbrenner & Cole, 2006).

Chapter 11

생 태 체 계 이 론

유리 브론펜브레너(Urie Bronfenbrenner, 1917~2005)는 러시아계 미국인 발달심리학자로서 아동발달의 생태학적 심리이론으로 유명하다. 그의 연구와 이론은 아동 발달에 있어서 지대한 환경적 사회적 영향에 주목하게 함으로써 발달심리학의 관점을 바꾸는 핵심이 되었다(위키피디아 백과사전, 2025).

1. 생태체계 관점의 이해

생태체계 관점은 어떤 사건들을 설명하는 다른 이론들을 조직화하기 위한 구조적 틀(framework)을 제공하므로 하나의 이론이라기보다는 관점 또는 paradigm으로 이해하는 것이 더욱 유용하다.

1) 생태체계 관점의 특성

생태체계 관점의 특성은 다음과 같다.

① 상황 속에서 인간의 다양한 변화 가능성을 제시한다.

② 클라이언트체계의 강점을 강조한다.

③ 현재 행동을 '상황 속의 개인'의 편안한 적합성으로 설명한다.

④ 역기능을 상황 속에서 적응적이거나 합리적인 것으로 개념화한다.

사회학에서 생태학적 접근(ecological approach)은 인간의 발달과정을 개인과 환경과의 상호 작용 속에서 이해하고자 하는 접근 방식이다. 생태체계모형은 일반체계이론의 주요 개념들과 생태이론으로부터 일반체계이론이 간과했던 체계 간 공유영역과 적응, 상호교류라는 개념을 도입했다. 체계의 변화 속성과 똑같이 유지기능도 중요하다는 점을 강조하며 인간적 관심과 실천적인 경향을 도입한 통합모델이다(Bronfenbrenner & Cole, 2006).

2) 생태체계이론

생태체계이론은 일반체계이론(Bertalanffy, 1967)에 Bronfenbrenner(1979)의 생태학적 관점을 결합시킨 것으로 Germain과 Gitterman(1980)이 생활모델이라는 사회복지실천 모델을 제시하는 가운데 생태체계 관점을 도입하면서 사회복지실천에 자리잡게 되었다(Koller, de Morais, & Paludo, 2020).

3) 브론펜브레너의 인간발달의 기본전제

발달이란 인간이 자신의 환경을 지각하고 다루는 방식에서의 지속적 변화이다.

① 발달하는 개인을 단순히 환경의 영향을 받는 백지상태로 간주하는 것 아니라 환경을 재구성하는 존재이면서 성장하는 역동적 실체로 간주한다.

② 환경도 상호조절과정을 요구하면서 영향력을 발휘하기 때문에 개인과 환경 간의 상호작용은 상호호혜성의 특성을 가진다.

③ 생태학적 환경의 개념은 개인이 직접 참여하는 장면에 국한되는 것 아니라 개인이 직접 참여하는 장면들 간의 상호연결과 개인이 속해있지 않은 외부환경으로부터 오는 영향까지 포함한다.

2. 생태체계 관점에서의 행동 및 부적응

생태체계 관점에서 현재의 행동은 인간과 환경 모두의 상호 이익(mutual benefits)을 찾는 과정에서 나타나는 것이다. 따라서 생태체계 관점에서 부적응이란 존재하지 않고, 모든 인간행동은 내적인 욕구와 환경적인 욕구 사이의 조화를 찾기 위한 적응과정으로 보고 있기 때문에, 어떤 행동도 부적응 행동으로 규정할 수 없다. 그러므로 부적응적인 결과 혹은 수용되기 어려운 행동이 나타난다고 할지라도, 적어도 그 환경 안에서는 적응적인 것이며, 모든 행동은 그 상황 안에서는 의미가 있다는 것이다.

생태체계 관점에서 '문제'란 환경적인 자원의 유무와 관련된 것으로서, 부적응적인 행동은 환경 안에서의 체계와 자원 조정을 통하여 변화될 수 있다고 본다. 따라서 이 관점에서 부적응에 대한 클라이언트 낙인 혹은 비난은 없으며, 문제 행동은 물리적, 사회적 환경과 클라이언트간의 상호작용의 산물이기 때문에 변화 가능한 것으로 간주한다(Bronfenbrenner · Cole, 2006).

3. 생태체계에서 변화에 대한 관점

① 생태체계 관점은 변화에 대해 매우 개방적이다.

② 클라이언트의 문제행동이 환경과의 상호작용 특히 클라이언트의 내적 욕구와 환경의 자원 간의 불일치에서 비롯된다고 보고 있으므로, 변화를 위한 다양한 가능성이 존재하는 것으로 본다. 따라서 클라이언트가 가진 어떠한 문제도 클라이언트 자신의 책임으로 보지 않고 클라이언트를 둘러싸고 있는 환경과의 상호작용의 산물로서 본다.

③ 사회복지사는 모든 체계에 동시에 개입을 시도할 필요는 없으며 인간체계 혹은 환경의 어느 일부분에 대한 개입 혹은 변화의 시작이 다른 부분의 상호교류

에 영향을 미침으로써 전체 체계의 변화를 초래할 수 있다.

④ 생태체계 관점을 가진 사회복지사는 병리보다는 강점에 초점을 두고 클라이언트와 파트너십을 형성하여 개인과 환경 간의 상호작용에 개입함으로써 변화를 위한 가능성을 확대하고자 하게 된다.

4. 생태체계 관점에서 사회에 대한 이해

생태체계 관점에서는 다양한 체계 수준에서 이루어지는 개인들과의 관련성을 강조. 이러한 다양한 체계의 수준을 Urie Bronfenbrenner, Cole과 Michael(2006)은 생태학적 환경이라고 규정하고, 이러한 체계들 사이에는 위계질서가 존재한다고 본다. 이들 체계는 다양한 형태로 존재하며, 각각의 경계를 가진 자율성을 가지면서도 다른 체계와의 긴밀한 상호작용을 전제로 하는 위계를 갖게 된다.

5. 생태체계 관점에서의 사회복지실천을 위한 준거틀

생태체계 관점은 인간의 다양성과 환경사이의 관계를 이해하는 개념적 준거틀을 제시할 뿐 아니라 이해를 돕기 위한 구체적인 방법을 제공한다.

6. 생태체계 관점의 주요 구성 개념

해당 주요 구성개념을 적합성, 적응, 유능성, 스트레스, 대처, 사회적 지지, 인지·행동적 특성에서의 매개요인들을 중심으로 정리하면 다음과 같다(Bronfenbrenner & Cole, 2006).

1) 적합성(goodness of fit)

① 인간의 적응욕구와 환경자원이 부합되는 정도(Germain & Gitterman, 1987)를 말하며, 전 생애에 걸쳐 성취된다.

② 스트레스, 욕구(need), 문제는 중립적 개념으로서 부정적인 것으로 보지 않는다. 인간은 스트레스, 욕구, 문제를 경험하면서 적응적 반응을 나타내거나 부정적 반응을 나타내기도 한다. 이때 중요한 것은 개인 욕구와 자원 사이의 조화이다. 인간과 환경 사이의 상호교류에서 서로에게 유익한 결과를 가져올 때 적합성 이루어진다. 단 어느 한쪽의 희생을 기반으로 생존과 발달이 이루어진 경우는 부적합성을 나타내게 된다.

③ 적합성을 고려할 때 매개 요인의 존재를 고려해야 한다. 개인 욕구와 지지 간의 조화는 개인의 신념, 유능감에 따라 달라질 수 있기 때문이다. 그리고 물리적, 사회적, 문화적 환경, 시간성 포함하는 맥락(context)을 고려해야 한다.

2) 적응성(adaptiveness)

① 환경의 기회나 욕구를 충족시키기 위해 우리 자신을 변화시키거나 환경을 변화시켜서 물리적, 사회적 세팅을 더욱 인간의 욕구, 권리, 목적, 능력에 반응적이도록 만드는 것이다(Germain, 1991).

② 인간과 환경 사이의 활발한 상호교환을 포함하는 인간-환경이라는 하나의 단위 안에서 상호 반응하며 이루어지는 과정이다.

③ 생태학적 관점에서 적응상의 문제를 병리적으로 보지 않는다. 대신 내담자의 부적응은 개인의 욕구와 대처능력, 환경적 자원이나 지지 사이에 일치가 이루어지지 않은 상태로 본다.

3) 유능성(competence)

개인이 환경과 효과적으로 상호작용할 수 있는 능력이며, 환경과 성공적인 상호작용을 경험하는 과정에서 형성되는 것으로서 일생에 걸쳐 확대되는 능력이다.

4) 스트레스(distress)

① 사회적 혹은 발달적 변화, 충격적 사건, 다양한 생활문제 등의 요구가 개인이 활용할 수 있는 인적 자원 혹은 환경 자원을 초과하는 상황에서 발생된다. 개인과 환경 간의 상호교류에서의 불균형에서 발생되는 것이다(Germain & Gitterman, 1986).

② 체계가 적응을 유지하려는 욕구와 항상성을 성취하려는 욕구는 스트레스의 근원이 된다. 생활스트레스는 외부적 욕구와 내부적 경험(의식적, 무의식적)을 포함하며, 스트레스에 대한 인식은 나이, 성, 문화, 신체적, 감정적 상태, 과거 경험 등에 따라 달라질 수 있다. 따라서 스트레스가 항상 문제라고 할 수는 없다. 개인이 긍정적 자존감이 가지고 있고 유능감을 인식할 때 개인은 자신의 성장과 발전을 스스로 도울 수 있다는 것이다.

5) 대처능력(coping ability)

문제해결 능력과 부정적 감정을 조절하는 능력이다. 그리고 스트레스를 경험할 때 자연스럽게 발생하며 정서적 고통을 통제하기 위해 개인이 수행하는 행동이다. 이때 내적자원(자존감과 문제해결 기술 등)과 외적 자원(가족, 사회적 관계망, 지원 등)이 필요하다. 따라서 성공적 대처는 인간 환경의 질을 향상시키고 보다 높은 수준의 사회적 관계, 능력, 자긍심, 자율성의 획득으로 적응수준 향상시킨다.

6) 사회적 지지(social support)

다양한 자원으로부터 개인에게 제공되는 사회적 행위 또는 태도로 개인의 기능을 강화하고, 대인관계를 향상시키려는 의도 가진다. 적합성을 높이기 위해 자원을 강화하고, 스트레스를 주는 욕구를 줄여야 한다.

사회적 지지의 종류는 다음과 같다(Cameron & Rothery, 1985; Rothery, 1999).

① 도구적 지지(instrumental support): 생활의 욕구에 대처하기 위한 서비스와 물질적 재화를 제공하는 것이다.

② 정보적 지지(information support): 욕구에 대처하도록 돕는 지식과 기술이다.

③ 정서적 지지(emotional support): 이해와 안전감, 존경, 애정, 신뢰, 관심, 경험 등 포함한다.

④ 동맹적 지지(support of affiliation): 의미 있는 사회적 역할을 수행하고 지지받음으로써 자신의 충분한 능력을 발휘할 수 있다. 이는 개인이 자신의 욕구를 조절하고, 적절한 지지가 주어졌을 때 가장 효과적인 대처가 가능하다는 의미이다.

7) 인지-행동적 특성: 매개요인

① 환경에 의해 영향 받는 신념이 그대로 환경에 영향을 미친다. 이때 적합성은 욕구와 자원의 조화만이 아니라 상황에 대한 개개인의 해석에 따라 달라지며, 유능성은 인지적 능력(예: 신념, 상황에 대한 이해)과 행동기술(예: 효과적 행동)의 조화로움으로 나타난다.

② 환경체계의 상호교류

8) 생태학적 환경의 구조

생태학적 환경은 러시아 인형세트처럼 한 구조가 그 다음 구조 속에 끼워지게 되어 있는 일련의 겹구조(nested structure)들로 상상될 수 있다(Bronfenbrenner, 1979).

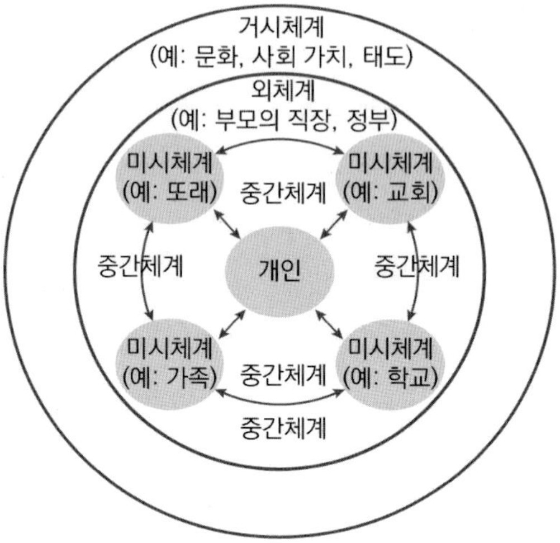

그림 11-1 생태체계 관점에서의 환경체계 수준

(1) **미시체계**(micro-system)

미시체계는 개인에게 가장 인접한 수준(proximal level)의 환경이다. 발달하는 개인이 독특한 물리적, 물질적인 특성을 가진 환경 내에서 경험하는 활동, 역할 및 대인관계의 유형을 나타낸다(Bronfenbrenner, 1979). 이때 활동이란 사람의 행동이며, 역할은 사회가 그 개인의 위치에 근거하여 요구하는 행동을 의미한다. 또한 대인적 관계란 언어, 비언어적으로 사람끼리 서로 반응하는 것을 의미한다. 미시체계는 개인의 특성과 성장 시기에 따라 달라지며, 성장과정에서 경험하는 미시체계는 집과 가족, 놀이터, 학교, 동아리, 운동팀, 또래 친구, 교회친구, 형제자매, 학교 선생님, 교회나 다른 사회집단에서 만나는 사람들, 이웃 사람 등을 포함한다. 개인이 발달하고 변화하는 것처럼 미시체계의 환경도 매일 매순간 변화한다. 따라서 항상 변화하고 유동하는 존재로 파악된다. 건강한 미시체계는 상호호혜성에 기반으로 한다. 예를 들면 부모는 자녀의 합리적 요청을 들어주고, 자녀는 부모의 합리적 요청을 존중하는 것이다.

(2) 중간체계(meso-system)

중간체계란 발달하는 개인이 적극적으로 참여하는 둘 이상의 환경들 간의 상호관계(interaction)로 이루어진다. 예로 아동의 경우 가정, 학교와 이웃, 동료집단 사이의 관계들이며, 성인의 경우 가족, 직장, 사회생활 사이의 관계이다(Bronfenbrenner & Cole, 2006). 상호작용 중에 있는 여러 개의 미시체계들을 연결시켜주며 미시체계들이 중복되어서 생기는 대인관계를 의미한다. 가정과 학교 간의 관계, 학교와 직장 간의 관계와 같이 개인을 둘러싸고 있는 두 가지 이상의 환경에서 일어나는 과정과 연결성이다.

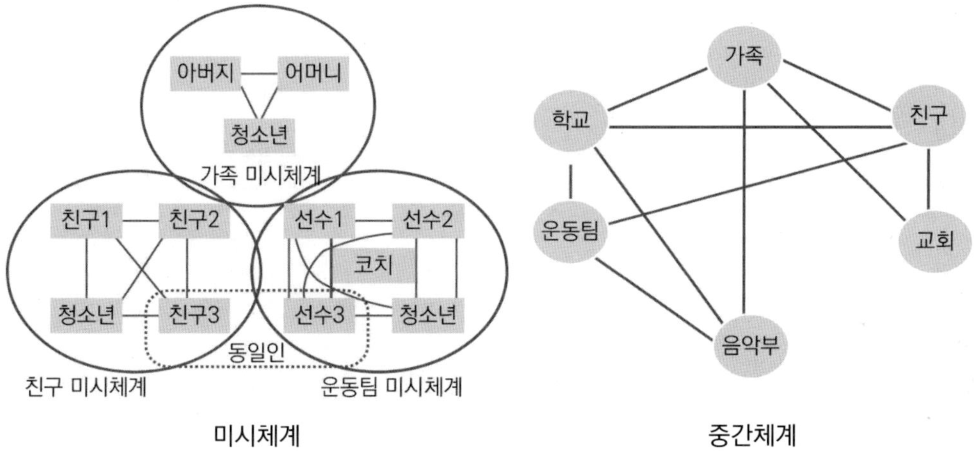

그림 11-2 미시체계와 중간체계

이렇게 중간체계는 한 개의 미시체계와 다른 한 개의 미시체계 사이의 연결 관계를 말하기 때문에 어떤 하나의 미시체제에서 일어나는 사건들은 다른 미시체제에서 일어나는 아동의 행동과 발달에 영향을 끼친다. 따라서 가정, 학교, 동료집단에서 각각 경험한 것들이 아동에게 통합적으로 맥락을 가지면서 경험된다. 그래서 한 개인이 여러 가지 역할을 수행하는 데 그 역할 사이에 적절한 조정이나 비율이 발생하고 각각의 미시체계의 구성원들 사이에도 조화와 통일이 발생하게 된다.

(3) 외체계(exosystem)

개인이 직접 참여하고 있지는 않지만 그 개인의 발달에 영향을 주는 환경체계로서 결국 개인이 속한 환경에서 일어나는 일에 영향을 주거나 영향을 받는 사건이 발생되는 하나 또는 그 이상의 환경을 의미한다(Bronfenbrenner & Cole, 2006). 예를 들어 부모의 직업은 그들의 사고와 행동에 영향을 미치고, 자녀의 양육방식에 영향을 미쳐 마침내 자녀의 성격발달에 영향을 미치게 된다. 그 외에도 개인 가정 내 형제가 다니는 학교, 형제의 교우들, 이웃의 특징, 학교와 지역사회 간의 관계 등이 이에 해당한다.

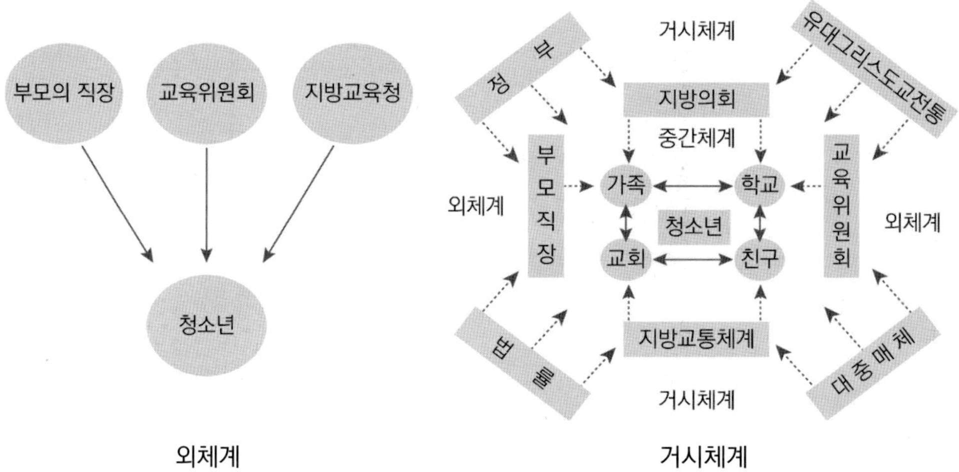

그림 11-3 외체계와 거시체계

(4) 거시체계(macro-system)

기본적 신념체계가 이념과 함께 하위체계들(미시체계, 중간체계, 외체계)의 형태와 내용에서 일관되게 나타나는 하위문화 수준이나 문화 전반의 수준에 존재한다(Bronfenbrenner & Cole, 2006). 개인이 속한 사회나 하위문화의 이념 및 제도의 유형으로 사회문화적 규범과 같은 커다란 체계를 말하며 개인에게 간접적 영향을 준다.

위의 세 가지 체계를 포섭하는 신념체계 또는 이데올로기라고 할 수 있다. 규칙, 규범, 기대, 가치, 역사 등이 여기에 속한다. 한 사회가 다른 사회가 다른 이유는 바로 이 거시체계가 다르기 때문이다. 남녀가 사회적으로 용인되는 방식으로 행동해야 하는 방법, 남에게 존경을 표현하는 방법 등이 각 사회마다 다른 경우가 이에 속한다. 그리고 문화적, 정치적, 사회적, 법률적, 종교적, 경제적, 교육적 가치와 공공정책의 핵심을 구성하며, 개인과 직접적인 관련이 거의 없지만 기장 근본적이고 중대한 변화를 초래한다. 거시체계가 가지는 시대정신이나 풍토는 청소년의 신념과 구체적인 행동에 영향을 미친다. 예를 들어, 외모 중심, 성적 매력에 대한 사회 전반의 거시 체계적 가치는 거식증, 폭식증과 같은 청소년의 섭식장애를 유발하는 요인이 되기도 한다. 시간에 걸쳐 일어나는 변화와 사회, 역사적인 환경을 시간체계라고 한다. 예를 들면 가족 제도의 변화, 결혼관의 변화, 직업관의 변화 등을 들 수 있다. 그래서 인간은 처음에는 일차적인 양육자를 이해하고 그 다음으로 가정, 학교 환경을 이해하며 사회, 문화 등 더 큰 측면들을 이해하고 그 속에서 발달해 가는 것이다.

7. 생태체계와 일반체계이론의 차이 비교

생태체계와 일반체계이론의 차이를 비교하면 다음과 같다(Germain, 1988; Zastrow, 2023).

① 일반체계이론에서 충분한 설명이 없었던 체계 간의 공유 영역에 대하여 적응과 상호교류라는 개념으로 보충하였다.

② 체계의 변화 속성만을 강조한 일반체계이론에 반해 변화와 동시에 체계의 유지 기능을 동등하게 중시하였다.

③ 일반체계이론보다 실제 생활세계 속에서 살아가는 인간의 문제에 관심을 가져 이론에 인간적 관심과 실천적 경향을 보였다.

8. 사회복지실천에서의 적용

생태체계 접근은 행동 변화 절차를 개념화하고 사람과 그들의 물리적, 사회적 환경 사이의 역기능적 교환을 강조함으로써 치료와 변화를 통합한다. 인간의 내적, 외적 요소들 모두에 관심을 가지며, 인간을 환경에 대한 수동적 반응자로 보기보다 오히려 환경에 역동적이고 상호작용적으로 개입하고 있다고 본다.

생태체계이론의 사회사업실천 적용에 있어서 초점이 되는 영역은 인간에 초점을 두고 자신의 문제해결, 대처, 발달 능력 개발을 추구하며, 인간과 그 자신이 상호작용하는 체계 사이의 관계에 초점을 두고 인간을 필요한 자원, 서비스, 기회와 연결시키는 데 관심을 두고 있다. 따라서 체계에 초점을 두면서 그 체계가 개인의 욕구를 보다 효과적으로 충족하도록 변화를 추구한다(Zastrow, 2023).

생태체계를 임상도구로 적용하는 방법은 다음과 같다.

① **가계도**(genogram): 가족체계를 사정하는 것이다. 이는 2~3세대 이상에 걸친 가족 성원에 관한 정보와 그들 간의 관계를 도표로 나타낸다. 그리고 복잡한 가족 내 유형들이 어떻게 세대를 거쳐 전달되며, 가족 내 과거 사건들이 현재의 가족유형과 가족 내 2인 관계 혹은 삼각관계에 어떤 영향을 주는지 보여준다.

② **생태도**(Ecomap): 개인이나 가족을 포함하는 클라이언트체계가 외부 환경체계와 어떻게 관련되어 있는지 나타내는 그림이다. 자원체계의 수나 크기 등 구조적 측면과 외부체계들의 작용에 관한 기능적 면(관계의 질과 내용)이 파악 가능하며, 가족에 대한 전체적인 조망과 체계들 간의 관계를 원활하게 하기 위해 어떻게 변화시켜야 할지를 결정하도록 도움을 준다.

③ **사회적 관계망 지도**(social network map): 구성원들 간의 연결이 개인행동에 영향을 미치는 하나의 관계체계다. 이는 현실생활에서 관심과 유대의 결과로 가족의 생활공간에서 발생하는 가족, 친구, 이웃, 자조집단 등을 포함하는 개념을 제시해 준다.

Human Behavior and the Social Environment

Part 04

생태체계의 구성체계

Chapter 12

가족체계의 이해

체계란 낱낱이 다른 것을 통일한 조직을 의미한다. 따라서 가족체계란 가족 구성원들의 개별적인 특성이나 일대일의 특정한 관계보다는, 가족 전체가 서로 영향을 주고받는 하나의 사회체계로 보는 것이다. 가족체계의 상위체계로는 사회체계가 있고, 가족체계의 하위체계로는 부부체계, 부모체계 등이 있다(김성은 외 옮김, 2024; 정혜정 외 옮김, 2016; 나눔의집, 2024).

1. 가족의 개념

가족이란 혈연, 입양, 혼인을 기반으로 하는 1차적 집단이다. 가족은 혈연과 혼인 관계를 통해 구성되는 집단으로, 경제적인 공동체로서의 의미가 강한 집단이며, 동거동재 집단이라는 특성을 가지며, 다양한 심리적 정감으로 결합된 집단이다. 현대적 가족 개념은 상호 간에 헌신하고 친밀감, 자원, 의사결정 책임감과 가치를 공유하는 두 명 이상의 사람들로 본다(위키피디아백과사전, 2025).

2. 체계로서의 가족

① 가족은 가족구성원 개개인으로 구성된 전체이며, 지역사회를 구성하고 이에 적응하는 부분으로서의 체계(system)이며 가족은 사회체계의 한 유형이다.

② 전체로서의 가족은 각 부분의 합 이상이다(비총합성의 원리).

③ 가족은 보다 큰 사회체계에 속하며 많은 하위체계를 포함한다. 가족의 상위체계로는 지역사회, 확대가족이 있고, 하위체계는 부부체계, 부모-자녀체계, 형제체계 등이 있다. 이 모든 체계들은 서로 상호작용하면서 에너지를 교환한다.

④ 가족은 가족 규칙에 따라 움직인다.

⑤ 가족 내 한 구성원의 변화는 모든 가족구성원에게 영향을 미친다.

3. 가족체계의 역동성

① 가족구성원 모두는 가족 내에서 다른 가족원에게 일어나는 일의 영향을 받는다.

② 가족구성원 각자와 전체로서의 가족은 가족을 둘러싼 다른 많은 환경체계의 영향을 받는다.

4. 가족항상성

가족은 변화에 대한 안정성 및 균형을 맞추기 위해 노력한다.

① 가족이 안정된 상태로 돌아가려는 경향

② 가족의 구조와 기능에 균형을 유지하려는 속성

5. 경계

체계의 내부와 외부 혹은 한 체계와 다른 체계를 구분하는 보이지 않는 선이다.

① 경직된 경계: 체계 간 상호작용이 이루어지기 어렵기 때문에 의사소통에 융통성이 없고 다른 체계에 관심을 보이지 않음

② 혼돈된(밀착된) 경계: 체계 간에 독립심과 자율성이 결여되어 있어 지나친 밀착 상태에 있으며 체계 간 구분이 어려움

③ 명확한 경계: 너무 경직되지도 않고 너무 혼돈되지도 않은 경계이며, 유연하고 융통성이 있음

6. 순환적 인과관계

① 모든 행위는 다른 행위의 한 원인이 되면서 동시에 결과가 된다고 봄

② 문제의 원인이나 근원보다는 문제를 유지하는 가족의 상호작용에 초점을 두게 함

③ 순환적 인과성에 따라 가족문제를 해결하기 위해서는 "왜?"보다는 "무엇"을 하느냐에 초점을 두어야 함. 문제의 원인(왜?)보다는 문제를 유지시키는 가족의 상호작용(무엇을)에 초점을 둠

7. 가족의 구조 및 기능상의 변화

① 다양한 형태의 가족 유형 증가: 전통적 확대가족이 분화되면서 수정확대가족, 핵가족, 비혼가족, 1인가족 등이 증가하고 있으며, 이혼율 증가와 함께 한부모가족, 재혼가족, 국제결혼 증가에 따라 다문화가족도 증가하고 있다.

② 가족구조의 단순화 및 가족규모의 축소

③ 가족생활주기[1]의 변화

④ 가족의 전통적 기능 축소

⑤ 기혼여성의 사회활동 참여 증가에 따른 가사노동 분업

8. 가족의 수직적 스트레스

가족형태, 가풍, 가문, 가족발전과정(생활사, 경험, 태도, 금기, 편견) 등을 의미한다. 즉, 가족의 패턴, 신화, 문제 등이다. 결혼, 자녀출산, 자녀의 사춘기 등과 같은 사건들이나, 가족생활주기에서 오는 스트레스와 위기를 말한다.

9. 역기능 가족체계(dysfunctional family system)

부모의 갈등, 부정, 자녀 방임, 방관이나 학대가 지속적이고 정기적으로 일어나며, 다른 가족 구성원들에게 이러한 행동들을 수용하게 만드는 가족을 말한다.

10. 가족생활주기

카터와 맥골드릭은 3세대 이상 가족 중심으로 6단계로 설명하면서 단계별 전환기에 필요한 정서적 과제와 발달을 위한 가족체계 변화를 구분하고 있다(Carter &

1) 성인 남녀의 결혼으로 가족이 성립되면서 자녀 출산, 성장, 결혼, 분가 등의 연속적 과정에 의해 가족의 기능, 형태, 과업 등이 변화한다. 이와 같이 시간이 경과함에 따라 변화하는 가족생활의 연속적 과정을 가족생활주기라고 한다.

MaGoldrick, 1980, 김혜숙, 2022).

1) 결혼 전기

① 정서적 과제: 자신의 정서적, 재정적 책임 수용하고 부모-자녀관계 분리 수용
② 가족체계 변화: 원가족 관계에서 분화, 친밀한 이성관계 발달, 일과 재정적 독립 확립

2) 결혼 적응기

① 정서적 과제: 새로운 체계 역할을 받아들임
② 가족체계 변화: 부부체계 형성, 배우자를 포함한 확대가족 형성, 친구관계 재정비

3) 자녀 아동기

① 정서적 과제: 새로운 가족성원을 수용함
② 가족체계 변화: 부부체계에 자녀의 공간 만들기, 부모역할을 받아들이기(양육, 재정, 가사일 등), 부모, 조부모 역할이 포함된 확대가족관계를 형성함

4) 자녀 청소년기

① 정서적 과제: 자녀 독립과 조부모 허약함 고려 가족경계의 융통성
② 가족체계 변화: 청소년 자녀가 가족체계 출입이 자유롭도록 부모-자녀관계 변화, 중년기 부부 결혼 및 진로문제 재초점, 노인세대 돌보기 준비

5) 자녀독립기

① 정서적 과제: 가족성원 수의 증감을 수용함

② 가족체계 변화: 부부체계를 재조정, 부모-자녀 관계를 성인 대 성인 관계, 사돈과 며느리, 사위, 손자녀를 포함한 관계로 재정비, 부모 또는 조부모의 무력함과 죽음에 대처함

6) 노년기

① 정서적 과제: 역할 변화를 수용함

② 가족체계 변화: 신체적 쇠퇴에 직면한 부부의 기능과 관심사를 유지함, 다음 세대의 중추적 역할을 지원함, 자신의 지혜와 경험이 활용되도록 여지를 마련, 배우자, 형제, 친구 등의 죽음에 대처, 자신의 죽음을 대비함

Chapter 13

집 단 체 계

사회복지실천의 대상인 집단체계를 이해함에 있어서 집단의 정의 및 구성, 집단의 유형, 집단의 발달단계를 설명하면 다음과 같다(나눔의집, 2024; 조학래, 2023; 노충래 옮김, 2006).

1. 집단의 정의 및 구성

집단은 서로 같은 집단에 소속하고 있다는 집단의식과 공동의 목적이나 관심사가 있으며, 이들 목적을 성취함에 있어서 상호의존적인 특성과 의사소통, 인지 및 반응을 통한 상호작용, 단일한 행동을 할 수 있는 2인(혹은 3인) 이상의 사회적 집합체라고 정의할 수 있다.

① 1차 집단: 혈연과 지연을 바탕으로 자연발생적으로 이루어지는 집단이다.

② 2차 집단: 목적달성을 위해 인위적으로 계약에 의해 만들어진 집단이다.

2. 집단의 유형

① 지지집단: 성원들이 스트레스를 주는 생활상의 사건을 잘 대처하고 효과적으

로 적응할 수 있도록 원조하는 집단이다.

② 교육집단: 성원들의 지식, 정보 또는 기술의 향상이 목적인 집단이다. 학습에 대한 공통의 관심사를 가진 사람들로 구성된다.

③ 성장집단: 능력과 자의식을 넓히고 개인적인 변화들을 이끌어낼 수 있는 기회들을 성원들에게 제공하면서 자아향상을 강조하는 집단이다.

④ 치유집단(therapy group): 성원들 스스로 자신의 행동을 바꾸고 개인적 문제들을 완화하거나 거기에 대처하고, 혹은 사회적 외상이나 건강상의 외상 이후에 스스로 원상복귀시킬 수 있도록 돕는 집단이다.

⑤ 사회화집단: 사회관계에 어려움이 있는 집단성원들이 사회생활에 필요한 사회적 기술을 배우거나 증진시키기 위한 집단이다.

⑥ 과업집단: 과업의 달성을 위해서, 성과물을 산출해 내기 위해서 또는 명령을 수행하기 위해서 만들어진다.

⑦ 자조집단: 통된 관심사에 대해 개인 또는 환경에 바람직한 변화를 가져오기 위해 뜻을 함께 하는 사람들로 구성된다.

3. 집단의 발달단계 모델

집단의 발달단계는 집단을 구성하는 성원들의 행동양식에 초점을 둔 구분과 집단에 개입하는 사회복지사를 중심으로 한 구분이 있다. 이 두 가지 접근은 본질적으로 같은 내용을 담고 있으나, 여기에서는 두 가지 발달단계가 제시된다.

1) 집단 성원의 행동양식을 초점으로 한 발달단계 모델

집단 성원의 행동양식을 초점으로 한 발달단계 모델은 갈랜드 등(Garland, Jones, & Kolodny, 1965)의 5단계로 설명할 수 있다.

(1) 1단계: 친밀 전 단계-접근과 회피행동

① 성원들이 접근하고 회피하는 행동을 설명한다.

② 책임지기와 타인과의 상호작용, 프로그램 활동에 대해 망설인다.

(2) 2단계: 권력과 통제단계-변화의 시간

① 성원들은 집단경험을 안정적인 것으로 생각하며, 초기감정의 투입을 보상받았다고 느끼며 가치 있었다고 생각한다. 또한, 자율, 권력, 통제의 문제에 관심을 갖게 된다.

② 이 단계의 준거틀은 '변화(transition)'이다. 성원들은 상황을 이해하고 예상할 수 있게 되면서 관계의 틀을 구성하려고 노력한다.

(3) 3단계: 친밀단계-친밀한 관계 발전

① 개인적인 자율성, 동기, 권력의 문제들을 정리하고 해결하면서 '친밀 전 단계'인 권력과 통제단계에서 '친밀단계'로 변한다.

② 갈등은 사라지고 개인적 소속감은 강해지며, 집단경험을 중요하게 인식한다.

③ 성원 각자의 독특성을 인지하기 시작하면서 상호 신뢰하기 시작한다.

(4) 4단계: 분화단계(차별화 단계)-집단정체성 발달과 내적 준거틀 형성

① 4단계는 집단 응집력과 조화로 표현되기도 한다.

② 친밀감이라는 단어를 사용하며 다른 사람을 자신 옆에 앉히기도 한다.

③ 집단 중심의 기능이 이뤄지며, 개인과 집단의 욕구는 조화를 이룬다.

④ 자유와 친밀감을 경험하면서 성원들은 집단경험을 독특한 것으로 인지하기 시작한다.

(5) 5단계: 종결단계-헤어짐의 시간

① 이 단계에서 성원들은 이별하기 시작한다.

② 다른 성원이나 지도자와 맺었던 관계를 풀고, 욕구를 충족할 새로운 자원을 찾는다.

③ 성원들은 집단을 떠나는 것에 대해 다양한 감정을 경험한다.

④ 성원들은 다시 호기심을 느낄 것이며 성원 관계는 점점 분리되며 긴밀함은 깨진다.

⑤ 집단에서 배운 것을 다른 상황에 어떻게 적용할 것인지, 집단을 재조직하거나 추후 모임을 어떻게 할 것인지 이야기하게 된다.

2) 사회복지사의 개입과정을 중심으로 하는 집단의 발달단계

사회복지사는 집단 발달을 위한 안내자의 역할을 수행하며, 주요 개입 과정은 구성, 평가, 목표 설정 및 역할 담당, 계획, 그리고 평가 및 종결 항목으로 구성한다.

(1) 집단의 형성

① 집단의 구성원 자격기준을 결정하거나 수정하는 과정이다.

② 구성원 선택에 있어서, 집단의 구성 상태에 영향을 줄 수 있느냐의 문제와는 상관없이 집단의 규모, 구성원의 특성(인종이나 성별), 그리고 역할 유지 및 수행능력에 관한 부분을 조사하여야 한다.

(2) 사정

① 사정작업을 하기 위해 집단의 전개 방식, 개인 및 집단목표를 향한 진보 상태, 구성원의 직무수행 능력 및 집단 외 지원 부분에 대한 지속적 관심이 요구된다.

② 전문화된 실천 분야뿐만 아니라 개인, 가족, 조직, 지역사회 대상 실천의 작업구조 역시 사정 작업 기준을 세우는 데 도움이 된다.

(3) 목표설정 및 계약(세부사항 결정)

① 개입의 역할은 목표설정과 계약에 따라 결정된다.

② 목표란 구성원들이 개인 및 집단으로서 추구하는 것으로, 구성원과 기관, 그리고 사회복지사들의 다양한 기대의 공통점을 찾는 과정을 통해 체계적으로 설정된다.

③ 집단이 추구할 목표, 집단사업 통합에 필요한 절차, 각자의 역할, 그리고 사업계획(시간, 장소, 비용 등)에 관해 논의한다.

(4) 계획

① 토론 방식 외에도 게임, 놀이, 규칙적인 운동, 역할극, 예술 활동, 드라마, 요리, 취미, 그 밖의 창조적 자기표현 등의 방법이 집단 결속력을 강화시키며, 집단과업 성취와 개인

② 사회적 변화를 성취하는 데 커다란 도움을 준다.

(5) 평가 및 종결

① 사회복지사는 집단기능의 작용과 결과를 평가할 수 있도록 집단을 이끌며, 구성원들도 공동의 평가 책임을 맡는다.

② 집단이 해산될 시기에 이르면 실천가는 구성원이 자신의 성과와 경험을 검토하고, 미래를 준비할 수 있도록 도와주는 역할을 맡는다.

Chapter 14

조직체계

1. 조직의 개념

조직은 일정한 형태를 가지고 있으면서 특정한 목적을 달성하기 위해 설립된 집합체이다. 따라서 조직이란 목적을 달성하기 위해 여러 사람들이 유기적으로 구조화된 협동체계를 말한다. 집단 혹은 공동체가 일정한 목적 또는 의사를 달성하기 위해서, 지휘 관리와 역할 분담이 정해져 지속적인 유기적 결합이 유지되고 있을 때, 그 집단은 조직 혹은 단체로 불린다. 따라서 조직이란 "일정한 목표를 달성하기 위해 형성된 분업과 통합의 유기적 · 의도적 활동 체계를 갖춘 사회적 단위"라고 할 수 있다(위키피디아 백과사전, 2024).

2. 조직의 특성

조직은 다음과 같은 특성을 갖는다(고수일, 2023; 장석류, 2025; 신준섭, 2023).

① 조직은 목표 지향적이다.

② 조직의 분업과 통합의 활동체계로서 업무를 기능별로 구분하고 통제와 지도력을 바탕으로 개인은 할당받은 과업에 대해 각자의 책임을 수행하고 공동 목표를 위해 업무를 통합하고 조정한다.

③ 조직은 인간관계에 의해서보다는 업무관계를 통하여 책임성을 바탕으로 상호작용하는 장소이다. 책임성은 구성원들에게 조직에서 무엇을 해야 하는가를 인식하도록 하며 조직 발전에 기여할 수 있는 기초가 된다.

④ 조직, 인사, 재무, 기술관리 등 구조와 과정을 포함한다. 조직은 특정한 목적을 달성하기 위해서 체계적인 구조를 가지고 있다. 조직이 업무를 기획하고 수행하며 통제하기 위한 일정한 구조가 있어야 한다. 구조는 조직을 체계적으로 운영할 수 있도록 하는 기반이며, 구성원들에게 전문적으로 업무를 분화하고 조직의 질서를 유지하기 위해서 필요하다.

⑤ 조직은 환경과 경계를 가지고 상호작용을 한다.

⑥ 조직은 특정 목적을 명확하게 정해야 구체적인 활동에 대한 계획을 세울 수 있으며, 조직을 편성하거나 관리할 수 있게 된다. 조직에서 목표가 명확할수록 구성원들이 조직을 위해 행동할 수 있다.

⑦ 조직은 구성원들이 목적을 달성할 수 있도록 업무에 대해 합리적인 조정을 해야 하며 구성원은 업무수행에 대한 권한이 적절히 위임되었을 때 그들에게 안정감과 만족감을 제공할 수 있다.

⑧ 조직의 권력은 조직 질서를 유지하는데 필요하다. 권력이 없으면 조직이 구성될 수 없으며 질서도 부재하게 된다. 조직이 다른 사회체계와 다른 특성 중 하나는 권력을 명시한다는 것이다. 즉, 조직은 권력을 가시적으로 나타내고 제도화시킨다.

⑨ 조직 구성원들에 대한 적절한 통제가 유지되어야 조직을 성공적으로 이끌 수 있다. 이때 통제는 계획적이며 신중하게 이루어져야 한다. 통제는 신체적 통제, 물질적 통제, 상징적 통제가 있으며 이것은 조직 환경에 맞게 적절하게 활용되어야 한다.

⑩ 조직에서의 지도력은 조직의 목적 달성하기 위해서 구성원들을 조정하여 활동하게 하는 기술이나 영향력을 의미한다. 즉, 이것은 조직목표를 달성하고 수단

을 효과적으로 활용하기 위해서 사용되는 권력과 통제를 포함하는 개념으로 조직의 목적을 달성하기 위해서는 구성원들의 활동에 영향을 미치는 과정이다. 지도력은 조직 환경에 맞게 발휘해야 한다.

⑪ 조직특성에 맞는 일정한 규범과 규율을 갖는다.

⑫ 조직은 독특한 조직 문화를 갖는다.

⑬ 조직의 유형으로는 영리조직(기업 등), 비공식조직(법적 단체가 아닌 주부 동아리 등)

⑭ 공공조직(정부 및 공공기관 등), 상조조직(조합, 정당 등), 사회봉사조직 등이 있다.

3. 조직체계에 대한 사회복지실천의 시사점

① 사회복지실천가는 조직체계에 대한 정확한 이해를 위해 내담자가 속한 조직을 이해할 필요가 있다. 예를 들면, 군사회복지실천을 위해서는 군사조직에 대한 이해가 전제되어야 한다.

② 사회복지실천가는 '조직화 기술' 능력을 필수적으로 습득해야 한다. 이유는 사회복지실천과정에서 조직은 주요 '자원'으로 활용되기 때문이다. 예를 들면, 조직체계에 속한 개인, 단체, 기관 등에 의한 봉사, 근로, 물품, 현금 등 같은 자원 제공과 연계된다.

Chapter 15

지 역 사 회 체 계

지역사회는 일정한 지리적 구역을 전제조건으로 일정한 지역에 사는 사람들의 집합체를 말한다. 이에 비해 공동체는 공동의 관심과 이해관계를 전제조건으로 기능적 기준에 의해 형성되며, 그 구성원이 공동의 이익을 추구하고, 이해관계를 같이 하는 개인이나 집단 조직체를 의미한다. 일반적으로 지역사회(community)는 내부적인 사회적 관계, 연대감을 가지고 있으면서 다른 지역과 구분되는 지리적 영역을 구성하는 하나의 사회를 의미한다(오정수, 류진석, 2024; 우수명 외, 2023; 나눔의집, 2024).

1. 지역사회의 구분방법

1) Ross의 지역사회 구분

Ross는 지역사회를 첫째, 지리적 의미, 둘째, 기능적 의미를 고려하는 경우로 구분하였다. 이때 지리적인 의미의 지역사회는 그를 구성하는 주민들과 조직의 지리적 활동 범위에 초점을 맞춘 것으로, 함께 생활하는 장소(시 · 도 · 군 등 행정단위 기반)를 기반으로 정의된다. 지리적인 지역사회는 이러한 특성을 기반으로 다른 지역사회와 구별되는 특수성을 지니게 된다. 기능적 의미의 지역사회는 지리적 장소 개념을 배제하고, 행정적 분할에 의해 서로 같은 공동이익을 추구하고 동질성을 가지는 공동체의 특성(공동종교, 공동생활양식, 민족, 직업, 이념 등)을 강조한다. 따라서 지리적 한계를 벗어나려 하였다. 이러한 기능적 지역사회는 집단 구성원이 가지는 공통의 욕구를 충족시키는 기능을 수행하며, 집단 구성원 사이의 상호의존성에 의해 고유의 특성을 나타내게 된다(최옥채, 2023).

2) 퇴니스의 지역사회 구분

독일의 사회학자 페르디난트 퇴니스는 지역사회를 크게 2가지로 구분하였다. 첫째, 공동사회(Gemeinschaft, 게마인샤프트 Community)와 둘째, 이익사회(Gesellschaft, 게젤샤프트, Society)이다(곽노완 · 황기우 옮김, 2017). '공동사회'는 가족과 친족, 민족, 마을처럼 혈연이나 지연 등 애정을 기초로 하여 이루어지며, 비타산적이라는 특징을 갖는다. 반면, 이익사회는 회사, 협회, 도시, 국가, 조합, 정당 등과 같이 계약이나 조약, 협정에 의해 인위적이고 타산적 이해에 얽혀 이루어진 집단을 뜻한다. 공동사회에서 이익사회로의 발전을 주장한 퇴니에스는 이익사회로서의 자본주의 사회를 그대로 긍정한 것이 아니라 오히려 자본주의 사회의 피안에 개인원리에 입각한 공동사회가 부흥할 것을 예상하였다. 분석 방법은 얼핏 보아 형식주의이지만 홉스로부터 마르크스에 이르는 사회과학의 고전에 의거하여 확립된 공동사회와 이익사회라는 개념은 사회과학에서 널리 이용되고 있다. 이익 사회(혹은 연합적 유대)는 공동체적 유대를 대체하고 공동사회에 비해 단기적, 도구적 성격이 강하다.

산업화와 도시화가 진행되면서 근대 이후 사회적 유대의 균형은 공동사회가 아닌 이익사회로 변모하게 되며, 퇴니스는 이것이 시대의 흐름이라고 보았다. 구성원의 의지와 선택에 의해 형성된 집단으로, 각 개인의 이해관계를 바탕으로 목적 달성을 위해 움직이는 수단적 집단이다. 현대에 존재하는 대부분의 사회유형은 이익사회다. 각 구성원이 친목을 다지는 동아리나 비공식 조직 등을 공동사회라고 할 수 있는데, 공동사회와 이익사회를 구분하는 기준은 구성원끼리의 친목 정도라기보다는 그 집단의 형성이 의도적인지 자연발생적인지를 따지는 것이 옳다. 따라서 앞에서 예를 든 동아리도 구성원의 '친목'이라는 목적을 달성하기 위한 '수단적 집단'이므로 이익사회로 보는 것이 옳다.

실제로 구성원 간의 관계가 얼마나 친밀한지를 통한 사회집단의 분류는 미국의 사회학자 찰스 쿨리가 주장한 1차 집단과 2차 집단의 개념을 통해 생각하는 것이 더 정확하다. 과거에는 국가와 가정을 공동사회로 보는 경향이 일반적이었으나, 현대에 들어서는 국적 선택의 기회가 늘어나고 가정을 의무적으로 꾸려야 한다기보다는 개인의 가치관과 현실에 맞게 선택하는 것으로 보는 사고방식이 널리 퍼지면서 점차 이익사회로 취급하고 있다.

2. 지역사회의 특성 및 기능

일정 규모의 지리적 공간 안에서 지역사회 주민의 상호작용이 활발히 이루어지고 지역사회의 욕구나 문제해결을 위해 사회복지실천이 가능한 일정 규모의 장(field)이라고 본다. 지역사회는 변화를 도모하는 역동성이 있으며, 다양성과 변화를 위한 최적의 단위라고 본다. 지역에 맞는 다양한 서비스를 요구하며 지역 연대와 공동성을 갖고 문제를 해결하려고 한다. 그리고 지역사회는 다양한 기능을 갖는데 사회통제기능, 생산 · 분배 · 소비기능, 사회통합기능, 사회화 기능, 상호부조 기능을 발현한다(김수정 외, 2023).

3. 사회복지실천의 핵심이 되는 지역사회 문제

지역사회복지 영역에서 사회적 이슈가 되는 중요한 문제들 중 빈부격차에 따른 지역사회 빈곤 문제, 재개발지역사회문제, 신시가 지역사회문제, 유흥가 지역사회 문제, 영구임대아파트 밀집 지역사회문제, 농촌지역사회문제, 산업단지 지역사회문제 등은 사회복지실천 영역에서 관심을 두고 해결해야 할 주요 과제이다.

Chapter 16

문 화 체 계

1. 국내 이주배경 주민의 구성

경제협력개발기구(OECD)는 총인구의 5% 이상이 외국인이면 다인종 · 다문화 국가로 분류한다. 2024년 4월 기준으로 대한민국은 아시아 국가 중 최초로 '다인종 · 다문화 국가'가 되었다. 전체 인구 중 5.07%인 260만 2,669명이 외국인으로 집계된 것이다. 아시아뿐만 아니라 일찍부터 이민을 받아들인 북미 · 유럽 등 일부 선진국을 제외하고 전 세계적으로 외국인 비중이 5%를 초과하는 나라는 흔치 않다(국민통합위원회, 2023.11).[1] 국내 거주 외국인이 250만 명에 이르는 다인종 시대를 맞아 '다문화 가족' 등의 용어 대신 '이주 배경 주민'(약칭 '이주민')을 사용할 것을 제안했다. '다문화'라는 말이 주로 부모 중 한쪽이 한국인으로 구성된 국내에 거주하는 국제결혼 가정을 뜻하는 말로 쓰여, 다양한 이주 배경을 지닌 외국인 및 이주 자녀 등을 포괄하기 어렵다는 판단에 따른 것이다. 국민통합위원회는 이주민을 '한국으로 이주한 외국인 또는 귀화자와 부모 세대가 한국으로 이주한 경험이 있는 사람'으로 정의하였다. 이에 다문화가족, 이주근로자, 난민가족, 무국적가족, 북한이탈주민가족 및 기타 이주민가족을 포함한다.

1) 국민통합위원회(2023.11)는 다문화 · 이주민 국가로 전환하는 과정에서 생길 수 있는 문제점을 미리 살펴보고 이주민 정책을 마련하기 위해 특위를 출범시켰다고 밝혔다. 특위에는 위원장인 이우영 서울대학교 법학전문대학원 교수를 비롯해 전문가 14명이 참여한다. 이주민인 수베디(네팔) 한남대 교수, 팜튀퀸화(베트남) 서울시 가족 다문화 담당 주무관, 폴카버(영국) 회계사 등도 위원으로 위촉됐다.

2. 문화의 어원과 개념

문화(Culture)라는 말은 라틴어 'Cultus'에서 유래된 것으로 '밭을 갈아서 경작한다'는 의미로 쓰였다. 이후 이것이 자연적인 행동과 반대되는 문명화된 행동이라는 의미로 바뀌었고, 나아가 상류 계급의 행동을 의미하게 되었다. 이어서 19세기에는 가장 훌륭한 예술, 음악, 사상을 가리키는 '고급문화'의 개념으로 등장하였고, 20세기에 들어와서 대중문화가 발달하면서 문화의 개념이 '세련된, 교양 있는, 고급스러운'의 의미뿐만 아니라 인간의 모든 생활양식을 넓은 의미로 가리키는 것으로 사회학자들에 의해 정립되었다.

흔히 '문화'와 '문명'을 혼동하는 경우가 있으나 차이점이 있다. 문화란 '한 사회의 구성원들이 후천적으로 학습된 공통적인 생활양식'을 의미한다. 허나 문명이란 '지식과 기술의 발전 단계를 말하며 평가적인 의미'를 가지고 있다. 따라서 문명은 물질적이고 사회적인 발전이 이루어진 발달된 사회에서만 존재하지만, 문화는 미개하고 야만적인 사회에서도 존재하는 것이다. 따라서 문화는 인간이 사는 곳이라면 어느 곳에나 존재한다고 볼 수 있다(위키피디아 백과사전, 2024). 그러나 인간의 모든 행동을 문화라고 하지는 않는다. 그렇다면 문화인 것과 문화가 아닌 것은 어떻게 구별할 수 있을까? 문화적인 것은 인간이 후천적으로 학습된 행위나 공통된 생활양식, 반복적이고 지속적인 생활양식을 의미한다. 식사 시간에 숟가락과 젓가락을 사용하는 것이나 웃어른을 보고 인사하는 것 등은 문화적인 행동이다. 하지만 문화가 아닌 것은 선천적인 특성이나 생물학적 본능이나 욕구에 의한 행동, 자연 현상, 개인적인 취향이나 습관 또는 버릇에 의한 행동, 일시적이고 우발적인 행동 등을 일컫는다. 즉, 인간이 선천적으로 타고난 특성이나 생물적인 본능에 의한 것은 문화라고 하지 않으며, 한 사회의 구성원들이 살아오면서 후천적으로 학습한 생활양식을 문화라고 한다.

한 사회의 개인이나 인간 집단이 자연을 변화시켜 온 물질적 · 정신적 과정의 산물, 정치와 경제, 법과 제도, 문학과 예술, 도덕, 종교, 풍속 등 인간의 모든 산물이 문화에 포함되며, 인간 집단의 생활양식과 상징체계를 의미한다.

사회학이나 인류학에서는 흔히 문화를 인간의 상징체계, 혹은 생활양식으로 정의한다. 인간은 상징체계를 통해 사회를 경험하고 인식하며 다른 인간과 상호작용과 의사소통을 한다. 인간이 한 사회의 구성원이 된다는 것은 그 사회에 이미 존재하는 상징체계를 습득하여 사용할 수 있게 된다는 의미이며, 그 상징체계가 반영하고 있는 사회의 질서와 규범, 즉 생활양식을 따르게 된다는 것을 의미한다. 그러한 양상이 가장 전형적으로 드러나는 것이 인간의 언어생활이다. 예컨대 한국어에서는 지위, 연령에 따라 사용하는 언어가 다르다. 우리가 그러한 언어 규범에 따라 말을 할 때 한국어의 언어 체계가 담고 있는 사회적 의미질서를 의사소통이라는 문화를 통해 학습하게 된다. 문화를 상호작용과 의사소통, 혹은 그것의 기반이 되는 상징체계라 할 때, 그것은 단순히 정신적 작용의 산물이 아니라 한 사회의 관습, 가치, 규범, 제도, 전통 등을 포괄하는 총체적인 생활양식을 의미하는 것이다.

문화는 담론에 따라 교양으로서의 문화, 진보로서의 문화, 예술 및 정신적 산물로서의 문화, 상징체계 혹은 생활양식으로서의 문화 등으로 다양하게 정의된다. 이는 인간이 속한 집단에 의해 공유된다. 문화를 인간 집단의 생활양식이라고 정의하는 인류학의 관점이 이런 문화의 본래 의미를 가장 폭넓게 담은 것이라 할 수 있다. 문화의 본질적 기능은 사회의 재생산이며 긴 기간을 통해 변동해 가는 특징이 있다. 문화를 개인, 집단, 종족의 총체적인 생활양식으로 정의할 때 집단 사이의 문화적인 차이는 위계의 문제가 아니라 '차이'의 문제로 인식된다. 그런 의미에서 이러한 문화 개념은 앞에서 설명한 문화 개념의 정의 방식들에 비해 좀 더 다원주의적인 개념이라 할 수 있다(문화체육관광부 · 한국문화예술위원회, 2023).

3. 문화의 기능과 변용

사회 구성원들을 사회체제에 편입시키면서 사회를 재생산하는 문화의 기능은 문화가 이데올로기와 밀접한 관계가 있다는 점을 보여준다. 다양한 문화적 기제들이 사람들로 하여금 주어진 문화에 순응하게 함으로써 기존의 사회체제를 유지하고 재생산하는 기능을 한다.

오랜 역사 동안 오로지 자신들만의 문화를 고수하며 유지하는 경우는 거의 없다. 역사 속에서 인간 집단은 끊임없이 이동하며 이질적 집단과 접촉하고 충돌, 갈등, 융화해 왔다. 그렇게 서로 다른 문화들이 접촉하여 서로 간의 문화 요소가 전파되고 새로운 문화로 변화해 가는 과정을 문화변용(acculturation)이라 한다. 이러한 문화변용을 통해 문화변동이 이루어지고 다양한 혼종문화(hybrid culture)가 탄생하게 된다. 문화 간의 동등한 상호 교류를 통해 문화접변이 일어나기도 하지만, 많은 경우 문화변용은 강한 문화가 약한 문화를 침탈하고 지배하는 과정을 통해 이루어진다. 서구 제국주의 국가들이 아메리카나 아프리카를 침략하면서 서구 문화가 제3세계의 문화를 변화시킨 것이 그런 예이다. 문화 변동은 한 순간에 급속도로 일어나는 것이 아니라 장기 지속적 과정이다. 따라서 문화 변동 과정에서 기존 문화와 새롭게 출현한 문화 간의 모순과 갈등이 발생할 수 있다. 또한, 물질 문화나 새로운 기술의 도입에 문화가 충분히 적응하지 못하는 문화지체(cultural lag) 현상이 일어날 수 있다. 예를 들어, 컴퓨터 기술이 급속도로 발전하면서 새로운 미디어들이 등장하지만 이에 조응하는 제도와 의식은 미처 형성되지 못 하는 경우가 있다. 이런 문화지체 현상이 있을 때 심각한 사회적 부조화 현상이 발생하기도 한다(최명민 외, 2022).

4. 문화상대주의의 등장과 이해

문화상대주의(Cultural relativism)는 타문화를 접할 때 자문화의 틀을 내려놓고 가치중립적인 자세로 해당 문화를 관찰하고 이해해야 한다는 인류학의 방법론적 상대주의에 입각한 개념이다. 그 반대 개념은 자기 문화의 기준에서 모든 것을 재단하고 평가하거나, 그러한 판단 하에 자신의 문화가 가장 우월하다고 생각하는 '자문화중심주의'이다. 또한, 자신의 문화가 다른 집단의 문화보다 열등하다고 생각하고 다른 문화를 무조건 추종하는 '문화 사대주의'도 경계해야 한다. 문화상대주의를 도덕의 부재나 보편적 가치를 무시하는 것과 혼동하지 않도록 유의해야 한다. 즉, 인권을 침해하거나 인간에게 고통을 주는 관습과 제도까지도 용인하자는 극단적 문화상대주의는 경계해야 한다(최명민 외, 2022).

5. 사회문화적 시스템

사회문화적 시스템(sociocultural system)은 생태학적 맥락에서 그리고 더 큰 생태계에 속한 많은 하위 시스템 중 하나로 간주된다. 사회문화적 체계의 개념적 모델로서 1979년 마빈 해리스는 사회문화적 체계의 보편적인 구조를 설명했다. 그는 인프라(생산 및 인구), 구조(기업, 정치 조직, 계층, 계급과 같은 행동적) 및 상부 구조(신념, 가치, 규범과 같은 정신적)를 언급했다. 사회문화 시스템이라는 용어는 사회, 문화 및 체계의 세 가지 개념을 포함한다. 사회는 같은 종의 상호의존적인 유기체이다. 문화는 사회 구성원들이 공유하는 학습된 행동과 그러한 행동의 물질적 산물이다. 사회와 문화라는 단어가 결합되어 사회·문화적이라는 단어를 형성한다. 이때 시스템은 전체로서 기능하기 위해 서로 상호작용하는 부분들의 모음이다. 사회문화적 체계라는 용어는 생태인류학을 전문으로 하는 인류학자들의 작품 속에서 가장 흔히 볼 수 있다. 예술,

과학, 종교, 이념, 철학과 같은 문화는 최상위 구조에 있으며 생태체계시스템을 토대로 결혼, 생산, 농업, 광업, 토목 등의 인프라구조, 그리고 친족, 사회조직, 사회적 위계, 노동 분화, 정치제도 등의 구조와 지속가능한 상호작용을 통해 최상위 체계에 존재한다(Kauffman & Morgan, 2021; Elwell, 2013).

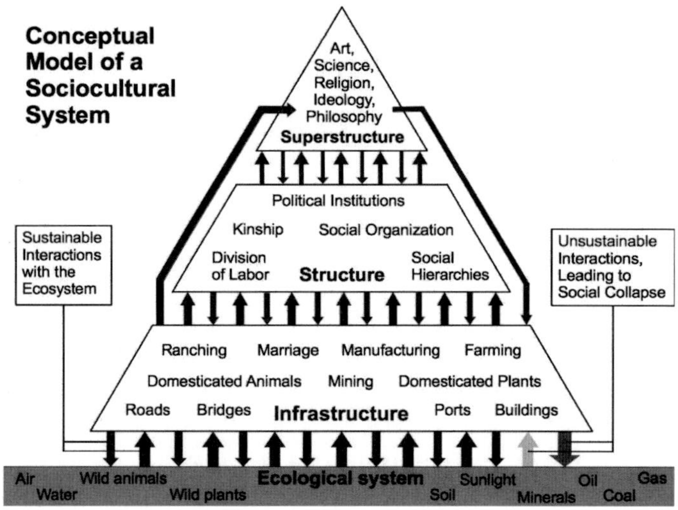

출처: 위키피디아 백과사전(2024)

그림 16-1 사회문화적 체계의 개념적 모델

6. 이주배경에 따른 다문화교육의 대두와 필요성

다문화교육(Multicultural Education)은 다양한 문화집단들이 사회 내에서 공존하기 위해 어떠한 교육이 필요한가에 대한 논의를 출발점으로 한다. 다문화교육은 시대와 지역에 따라 다른 방식으로 발전되어 왔으나, 다양한 문화적 배경을 가진 모든 학생의 교육적 형평성을 증진하기 위한 총체적인 교육 개혁과 변화를 의미하는 것으로 인식되고 있다. 또한 한 사회 내에서 인종, 민족, 문화, 성적지향, 계층, 종교, 언어,

장애 등의 배경과 관계없이 모든 학생이 평등한 교육기회를 가지는 것을 다문화교육의 목표로 삼고 있다. 이를 실현하기 위해서 학교 체계와 교육 구조 전반에 걸친 개혁과 변화가 이루어져야 한다는 것을 강조하고 있다.

최근의 다문화교육은 세계화가 심화되고 초국가적 이주가 증가하면서 한 사회 내에서 구성원으로 함께 거주하고 있는 이주민의 교육경험, 국가 경계를 오가며 교육을 경험하는 세계 시민들의 상호 문화적 역량까지 관심 범위 안에 포섭하고 있다. 우리나라의 경우, 2000년대 후반 이주민의 유입이 급증하면서 국가적 수준에서 다문화교육 정책이 계획 · 실행되었다. 초기 국내 다문화교육은 주로 결혼이민자가정 자녀, 외국인 근로자 가정 자녀 등을 포함하는 다문화가정 학생들의 한국 생활, 학교생활 적응을 돕는 교육으로서 제한적인 의미로 이해되었으나 최근에는 여러 차원의 다양성을 포괄하는 광의의 개념으로 확장되고 있다. 이외에도 다양한 문화집단 구성원 간 이해와 존중, 주류집단 및 소수집단 구성원 간 형평성 제고를 위한 교육을 포괄하고 있다.

다문화교육은 다양한 문화 및 난민 이주자를 포함한 소수집단의 고유성을 인정하며, 다양한 문화가 공존하는 사회를 지향하므로 문화다양성을 전제로 하는 문화다양성 교육과 그 전제를 공유하고 있다고 생각할 수 있다. 그러나 '다문화교육'은 대내적 사회통합을 위한 다양한 교육구성원들의 교육적 평등 실현을 목적으로 하는 데에 비해서 '문화다양성 교육'은 국가의 범위를 넘어 글로벌 차원이라는 점에서, 또한 문화의 다양성 자체에 의미를 다룬다는 점에서 차이를 갖는다(이주배경청소년지원재단, 2024).

7. 국제이해교육의 대두와 필요성

국제이해교육(Education for International Understanding)은 1974년 유네스코가 채택한 '국제이해교육권고'에 기반한 것으로 국가 간 우호주의와 인권 및 기본적 자유에 기초해 국제이해와 협력을 위해 이루어지는 모든 평화교육을 통칭한다. 국제이해교육의 목적은 개인적 차원에서는 개인의 의사소통 역량을 배양 및 강화하고, 문화적 다양성을 신장시키는 것이며, 집단 간, 국가 간 및 글로벌 차원에서는 지역적, 국가적, 세계적 문제의 해결 역량을 강화함과 동시에 글로벌 상호 의존성을 인식하고 이에 대한 교육을 모든 수준에 반영하는 것을 지향하는 것이다. 즉, 국제이해교육을 통해 세계적 차원의 이슈를 망라하는 복합적인 시민성을 양성하는 것을 목적으로 하고 있다. 우리나라에서의 국제이해교육의 도입은 1995년 정부가 유네스코한국위원회를 한국에 '국제이해교육센터'로 지정하면서 시작되었다. 1990년대 중반 국제화라는 새로운 정책 의제를 제시한 김영삼 정부는 한국사회의 미래를 글로벌 차원의 문제에서 고민해야 함을 강조하였다. 이러한 상황에서 유네스코가 평화의 문화를 구축하기 위해 도입하고 강조한 국제이해교육이 한국의 교육과정에서 관심을 받게 되었다. 2002년에는 유네스코 파리 본부와의 협의를 통해 유네스코 카테고리 II 기구로서 아시아태평양 지역의 국제이해교육을 증진하는 지역본부인 유네스코 아시아태평양 국제이해교육원(APCEIU)을 한국에 유치함으로써 한국의 국제이해교육이 발전하는 전기를 마련하게 되었다.

유네스코 APCEIU는 아시아태평양 지역의 유네스코 회원국에 국제이해교육을 보급하고 증진하기 위한 연구 및 교육 활동을 활발하게 전개하고 있다. 국제이해교육은 국제화 시대에 출발하여 국가 간의 이해를 도모하고 문화다양성의 이해를 토대로 국제이해를 실현하고자 하였다. 현재는 국제이해교육에 세계시민교육이 더해져 불평등, 차별, 혐오, 폭력, 생태파괴 등의 근본 원인을 비판적으로 분석하고, 개인적, 사회적, 생태적 공감력을 키우며, 이들 문제와 씨름하기 위한 연대와 협력 행동에 나설 수 있게 해주는 데에 목표를 두고 있다(문화체육관광부 · 한국문화예술위원회, 2023; 서울특별시교육청, 2025; 유네스코한국위원회, 2024).

8. 세계시민교육의 대두와 필요성

세계화와 함께 세계시민의 개념이 등장하였다. 현대의 사회구성원은 지역주민으로서, 국민으로서, 세계시민으로서의 지위와 역할을 동시에 부여받은 다중시민성(multi dimension citizenship)을 갖게 됨에 따라 '세계시민교육(Global Citizenship Education)'의 필요성이 제기되었다. 세계시민교육은 현재와 미래 시민들이 자신들의 문화 공동체, 국민국가, 지구공동체에 대해 균형 있고 사려 깊은 애착심과 일체감을 의미하는 세계 시민성을 함양하도록 돕기 위한 교육을 의미한다. 국제이해교육이 국민국가 간의 상호 연관성을 탐구하고, 다문화교육이 자국 내 존재하는 다양한 집단 간 이해와 관용, 교육적 평등을 강조한다면 세계시민교육은 변화하는 세계에 적합한 시민을 양성하는 데 관심을 두고 있다. 세계시민교육은 1990년대에 들어서 본격적으로 연구되기 시작하였으며, 우리나라의 경우 2015년 인천 송도에서 개최한 세계교육포럼에서 세계시민교육의 필요와 중요성을 강조한다. 세계시민교육의 주제로서 정체성과 다양성, 다양한 관점의 지각, 비교 문화적 인식과 상호 의존 등은 문화다양성교육에서도 다룰 수 있는 주제로서 문화다양성교육과 세계시민교육은 밀접한 관련성을 지닌다(유네스코한국위원회, 2024).

9. 국내 양성평등교육

한국사회의 젠더 이슈는 단순히 여성차별의 극복을 넘어서 양성평등으로 발전해왔으며, 양성평등교육은 한국사회의 가부장적 질서를 넘어서기 위한 중요한 교육 의제로 수용되고 있다. 양성평등교육은 성별 고정관념이나 성별 분업의 문제를 극복해 나가는 것을 목표로 하며, 소극적 양성평등교육, 적극적 양성평등교육, 비판적 양성평등교육으로 제시되고 있다. 소극적 양성평등교육은 남녀 양성에게 동일한 교육기회를 제공하는 것이며, 적극적 양성평등교육은 각 성의 특성을 고려하여 적합한 교육내용과 방법을 활용하는 교육을 제공하며, 비판적 양성평등교육은 우리 사회를 양성 평등한 사회로 만들기 위해 비판적·실천적인 인간을 교육하는 것으로 이해된다. 국내에서는 양성평등교육을 특정 성(gender)에 대해 부정적인 감정이나 고정관념, 차별적 태도를 가지지 않고, 생물학적 차이를 사회문화적 차이로 직결시키기 않으며, 남녀 모두에게 잠재된 특성을 발휘하여 자유 의지로 삶을 계획하여 세상을 볼 수 있도록 촉진하는 교육이라고 보고 있다. 이러한 교육 수요와 문제의식은 문화다양성 교육과 소통할 수 있는 영역이다(양성평등교육진흥원, 2024).

10. 지속가능발전교육

지속가능발전교육(Education for Sustainable Development, ESD)은 지속가능발전의 개념과 내용, 절차 등에 대한 학습 과정이며, 동시에 지속가능발전을 달성하는 데 필요한 능력, 태도 등을 길러주는 과정으로서의 교육을 의미한다. 그리고 지속가능발전이란 자연과 공존하면서도 인구 증가, 경제성장 속에 파생되는 전 지구적 문제를 해결하여 풍요로운 삶을 누리고자 하는 발전 방향을 의미한다. 지속가능발전교육은 모든 사람이 질 높은 교육 혜택을 받을 수 있으며, 이를 통해 지속 가능한 미래와 사회변혁을 위해 필요한 가치, 행동, 삶의 방식을 배울 수 있는 사회를 지향하는 교육이다.

환경문제와 기후변화에 대한 전 지구적 우려는 지속 가능한 발전이라는 새로운 가치를 만들어 냈으며 이와 관련된 교육 운동이 유네스코를 중심으로 확산되었고, 우리나라 정부도 지속가능발전위원회를 비롯한 다양한 정부 기관과 프로그램을 운영하고 있다. 지속가능발전교육은 단순한 환경 의식을 넘어서 사회 전 영역의 지속가능성을 강조하게 되었으며 그 결과 교육프로그램 내에 문화다양성 가치가 반영되는 프로그램이 증가하고 있다. 경제 중심의 급속한 세계화 과정의 부작용에 대한 대안이며 지속 가능한 발전의 동인으로서 문화다양성의 실현 등 문화의 역할을 강조해야 한다는 주장이 대두되었다. 지속가능발전교육을 통해 학습자들은 문화다양성 존중과 지속가능발전을 위한 문화의 기여에 대해 학습하고 이와 관련된 지식과 기술을 습득해야 한다(유네스코한국위원회, 2024).

11. 문화다양성 관련 개념

1) 주류문화와 하위문화

사회 전반에 걸쳐 대다수 사람이 문화를 주류문화 또는 전체문화라고 부르며, 그 문화 내부에서 독자적 특성을 나타내는 소집단의 문화를 하위문화 또는 부분문화라고 일컫는다. 하위문화들은 각각 공유하는 가치, 상징, 사고체계가 있음. 전체문화 내의 다양한 하위문화 집단들은 주류문화의 지배적인 가치와 규범과 긴장 관계를 형성하며 나름의 조절, 해석을 수행한다. 문화다양성이 존중됨에 따라 하위문화들이 더욱 다양하게 표현되고 있으며 활발한 교류를 통해 활성화되고 있으며 주류문화와 하위문화의 구별의 의미가 약화되고 있다(최명민, 2023).

2) 세계화(Globalization)의 문화화

세계화(글로벌화, 전 지구화)는 교통과 통신의 비약적 발전으로 이전과는 비교도 할 수 없는 빠른 속도로 사람, 자본, 기술, 상품, 사상의 교류를 이끌어 내었으며 문화의 세 계화로 세계시민을 형성하게 하였다. 세계에서의 문화 교류는 점점 더 복잡하고 빠르게 진행되고 있으며 상호 간 영향을 미치는 디지털 환경 속에서 쌍방향 과정의 성격이 더 강해지고 있다. 이에 따라 문화의 보편화와 특수화가 동시에 진행되고 있음. 특히 알려지지 않았던 작은 단위의 문화들이 드러나기도 하고, 보편화에 따라 소멸되기도 하는 양면성을 보인다. 특히 디지털 시대에서는 아무리 작은 단위의 문화도 대중의 호응에 따른 교류의 속도와 파급력은 가늠하거나 측정하기 어려울 정도이다(최명민, 2023).

3) 탈영토화(Deterritorialization)

탈영토화는 문화적 사건 및 경험과 지리적 위치 사이의 전통적인 연관성이 약화되는 현상으로, 세계화가 가져온 두드러진 효과의 하나라고 할 수 있다. 즉, 글로벌화는 먼 곳의 사건과 경험, 영향들이 시청각 미디어를 통해 옮겨오고, 국제이주의 흐름에 따라 다른 문화적 전통과 다른 영토로 사람들을 옮긴다. 문화적 경험과 지리적 위치 간의 연관성이 약화되면서 새로운 영향과 경험이 사람들의 일상생활 속에 들어오게 되는 것이다. 어떤 경우에는 이와 같은 지역 연결성의 약화는 새로운 연결망을 형성할 기회를 만들어 내기도 하지만, 다른 경우에는 정체성의 약화 문제로 이어지기도 한다(유네스코, 한국문화관광연구원, 2023).

12. 문화다양성에 대한 이해와 요구

모든 인류 집단은 각각의 고유한 문화를 형성해 왔으며, 이러한 문화는 인류가 자신이 처한 자연환경 및 사회·역사적 배경 속에서 다양하게 발전시켜 온 결과로서 존중하고 보호해야 할 가치가 있다. 유네스코는 문화다양성을 인류의 집단적 경험의 총체로서 미적·도덕적·도구적 가치를 지닌 인류 창의성의 표현이자 인류 노력의 결실(UNESCO, 2010)로 정의한다.

또한 민족, 인종, 종교, 언어, 지역, 성, 세대 등 집단과 사회의 특성에 따라 문화가 표현되는 다양한 방식으로 정의된다(모경환, 전영은, 정수진, 2022). 문화의 중요성이 강조되면서 개인에서 인류 전체에 이르기까지 문화 개념의 깊이와 폭에서 그 의미가 확장되고 있다. 이에 각국은 문화다양성 증진을 위한 노력을 하고 있으며 우리나라는 문화적 정체성(국적, 세대, 성별 등)을 인정하고 이해하며, 문화적 표현의 다양성(문화예술, 지역문화 등 소수 문화 보호 및 보존)을 공유하는 정책을 추진하고 있다(유네스코, 한국문화관광연구원, 2023).

13. 문화다양성의 차원

1) 문화 간 다양성과 문화 내 다양성

문화다양성은 보통 이질적이고 고유한 문화들이 보여주는 다양성으로 이해되는 경향이 있다. 즉, 문화다양성은 국가나 민족들이 각기 공유하는 문화 간 다양성으로 이해된다. 문화다양성의 또 다른 차원은 하나의 전체문화 내에 존재하는 다양한 하위문화가 나타내는 문화의 내적 다양성임. 이러한 문화 내 다양성은 세대, 지역, 계층 등에 따라 나타내는 것이다.

2) 문화 간 다양성의 보호와 증진

세계화의 과정에서 각국의 고유한 문화가 퇴조하고 서구화되는 위험성이 존재함. 이러한 획일화 추세에 대응하여 자국 문화의 정체성을 유지하면서 외래문화를 능동적으로 수용하는 자세가 필요하다. 각 문화가 지니는 고유성은 창의성이 원천이며 이를 보호하고 증진할 필요성이 있다. 이러한 문화는 주어진 독특한 환경에서 오랜 기간 터득한 창의적인 삶의 방식이므로 인류가 경험으로 얻은 삶의 지혜이기 때문에 보존하고 활용할 필요가 있기 때문이다.

3) 문화 내 다양성의 인정과 존중

한 민족, 국가의 문화는 개별 집단에 속한 구성원들이 내적으로 통일되고 일관된 문화를 공유하는 것이 아니라 다양하고 이질적인 문화 요소들을 갖고 있다. 그러나 국가적 · 민족적 일체감의 강조는 이러한 다양성을 충분히 고려하지 않기 때문에 갈등과 억압을 유발할 수 있다. 문화다양성이 유익하다면 사회구성원들이 다양한 집단이나 개인들이 다수의 문화를 갖거나 복수의 정체성을 가질 수 있다는 관념을 형성함으로써 문화 내적 다양성을 인정하고 존중하는 것이 필요하다. 이러한 논리는 세계적 차원, 국가적 차원, 지역적 차원 모두에 해당된다.

4) 문화적 표현의 다양성의 보호와 증진

문화적 표현이란 좁게는 예술과 같은 창작 활동, 넓게는 사회구성원들의 생활양식, 가치관과 믿음이 등이 드러나는 건축 양식, 디자인, 언어, 풍습 등을 포함한다. 한복 · 한식 · 한옥 · 한지와 같은 유 · 무형적 전통문화뿐만 아니라 연극 · 무용 · 회화 등 예술작품, 표현, 음악 · 영화 · 만화 · 게임 등 문화콘텐츠의 창작 · 표현까지 포괄하는 개념이다. 그리고 다양한 인류문화의 고유한 삶과 가치관 등이 담겨 있는 인류 공동의 문화유산으로써 보호 및 증진의 대상이 된다. 비주류(소수) 문화의 보호와 증진 관점에서 소수 장르의 문화예술작품 및 콘텐츠의 창작 · 향유 환경을 조성의 필요성을 이해하는 것 역시 문화다양성 교육의 목표라 할 수 있다(유네스코, 한국문화관광연구원, 2023).

14. 문화다양성 차원에 따른 실천가의 교육목표

우선 문화다양성에 대한 교육목표를 세 가지 영역 ① 인지적(cognitive) 영역 ② 정의적(affective) 영역 ③ 행동적(behavioral) 영역으로 구분할 수 있다. 이때 문화다양성 교육은 '인지적 영역 → 정의적 영역 → 행동적 영역' 순으로 심화되어 나아가는 것이 바람직하며, 문화 창조와 표현 영역은 행동적 영역에 포함시킨다(정문성 · 전영은 · 김태진, 2020).

1) 인지적 영역

문화의 다양성을 배우는 자의 지식과 정보 습득에 관한 영역이다.

① 문화다양성 교육을 통한 인지적 측면의 변화는 학습자로 하여금 자신이 어떤 문화적 속성을 지니고 있으며 그것이 타인의 문화적 환경과 어떤 공통점 및 차이점을 가지는지를 깨닫게 함으로써 가능하다.

② 또한 개인을 이루는 문화적 속성들을 객관화시켜 봄으로써 자신과 다른 문화적 특성을 가진 사람들을 이해할 수 있도록 돕는다.

③ 한국 사회 내에 다양한 문화적 배경을 가진 구성원들이 공존하고 있음을 인지하게 한다.

④ 교수자는 여러 거시적인 사회적 요소가 문화다양성에 미치는 영향을 제시할 수 있다.

⑤ 문화다양성 교육은 현대 사회에서 다양한 문화를 생산 및 재생산하고 전달하는 미디어의 작용을 이해할 수 있도록 한다.

⑥ 문화다양성 교육은 한 사회에 공존하는 다양한 문화적 특성에 대한 지식을 제공할 뿐 아니라, 문화다양성 개념이 무엇을 의미하는지와 문화다양성을 둘러싼 여러 개념이 발생한 맥락을 이해할 수 있게 돕는다.

2) 정의적 영역

문화를 배우는 자의 관점과 태도, 감정의 변화를 추구하는 영역이다.

① 문화다양성 교육을 통해 알게 된 지식과 정보를 토대로 사회 및 여타 구성원들

을 바라보는 자신의 관점과 태도, 감정의 변화를 경험하는 차원에까지 교육의 효과를 기대할 수 있다.

② 문화다양성 교육은 다른 문화적 배경을 가진 사회구성원에 대한 공감의 폭을 넓힐 수 있도록 하며, 문화적 배경의 차이에서 기인한 상대방에 대한 편견과 혐오를 줄일 수 있는 환경을 제공한다.

③ 이를 통해 사회적 갈등이 발생했을 때도 특정 집단을 문화적 특성으로 환원하여 매도하거나 특정한 문화적 특성을 잣대로 삼아 편협하게 타인을 재단하는 태도를 지양할 수 있게 한다.

④ 문화다양성 교육은 동화주의나 배제주의, 혹은 흑백논리에서 벗어나 개개인의 문화적 배경을 있는 그대로 존중하는 자세를 기르고, 이러한 자세를 바탕으로 한 사회의 구성원으로서 모두가 건강하게 공존할 수 있는 사회 질서를 확립하게 한다.

④ 다양한 문화적 특성이 발현된 배경에 대한 이해를 도움으로써 교수자는 개인들이 가지고 있는 문화적 특성이 절대적인 것이 아니며 문화란 상대적인 구성물이라는 인식을 제시한다.

3) 행동적 영역

문화적 다양성을 배우는 자의 행동 변화를 추구하는 영역이다.

① 행동적 영역에서의 교육 효과는 언어와 의사소통을 포함하는 일상적인 실천 및 행동 영역에서의 변화로 나타낼 것을 기대한다.

② 학습자의 실생활에서 문화의 다른 특성으로 인하여 충돌과 갈등이 발생했을 경우 문제를 극복하기 위해 현실적이고 상호존중에 기반을 둔 해결 방식을 찾을 수 있도록 제시한다.

③ 문화다양성 교육은 한 사회 안에서 다양한 구성원들의 건강한 공존에 필요한 원활한 소통 능력을 길러준다.

④ 나아가 문화다양성 교육 커리큘럼의 개발자 또는 교수자는 학습자로 하여금 문화적 특성의 차이로 인한 사회적 차별을 극복하고, 인권 보호와 현 상황의 문제점 개선을 위한 행동의 변화를 유도할 수 있다.

⑤ 문화다양성 교육은 문화 창조와 표현 영역에서의 변화를 끌어낸다. 즉, 개발자(교수자)는 학 습자의 지식(인지적 영역)과 가치(정의적 영역)의 영향이 행동(실천적 영역)에서 특히, 창의적인 문화적 창작물의 생산으로 발현될 수 있도록 도울 수 있다.

⑥ 문화적 소수자를 비롯한 사회구성원이 자신이 가지고 있는 문화적 특성에 대해 자신감을 가지고 긍정적 정체성을 드러냄으로써 창의적인 생산활동을 할 수 있다.

⑦ 생산의 주체뿐 아니라, 문화예술 영역에서의 소비자, 매개자, 해석자, 전달자 모두가 다양한 문화의 표현이 만개하는 창작물들을 공유 · 발전하는 것까지도 이 영역에서 추구할 수 있는 사회상이다.

⑧ 문화다양성 교육은 거대 자본과 주류 미디어에 기초하여 나타나는 창작 활동뿐만 아니라 독립적이고 상업 자본에 대한 의존도가 낮은 작품들도 지속해서 창작되고, 나아가 이들이 고루 향유될 수 있는 환경을 조성하고자 하는 인식도 함양할 수 있다.

15. 문화의 정체성(identity) 영역 요인들

1) 지역 환경

문화는 지역을 중심으로 공동생활을 하면서 축적해온 생활양식이기 때문에 지역 환경의 영향을 많이 받을 수밖에 없다. 인간은 자연에 순응하면서도 동일지역의 구성원들이 함께 자연에 대응하면서 동일한 문화를 형성하게 된다. 예를 들어 농업환경이 좋은 곳에는 농경문화가 발달하고, 유목 환경이 좋은 곳에는 유목 문화가 발달하며 이는 문화다양성을 가져온다. 앵글로아메리카문화지역, 라틴아메리카문화지역, 유럽문화지역, 이슬람문화지역, 아프리카문화지역, 슬라브 · 러시아문화지역, 동양문화지역, 오스트레일리아 · 뉴질랜드문화지역, 태평양문화지역 등의 구분은 지역 중심으로 형성된 문화의 다양성을 보여준다. 또한 오랫동안 동일한 언어를 사용하면서 문화는 더욱 범주화되어 전승되어 정착하게 된다.

교통 요충지를 중심으로 무역이 발달하거나 지리적 환경 때문에 정복의 대상이 되어 전쟁 등을 치르면서 문화 교류가 일어나지만 그렇지 않은 지역은 독자적인 문화가 형성되기도 하였다. 기후 역시 그 지역에 사는 사람들의 의식주에 큰 영향을 미치고 이 또한 지역문화로 정착하는 데 영향을 미쳤다. 오늘날 교통통신의 급격한 발달이 서로 다른 지역의 문화 교류를 활성화하였지만, 오랜 역사 동안 지역을 배경으로 발달해 온 문화는 범주화되어 동일 문화로 인식되고 있다. 산업화는 도시를 탄생시켰고, 도시 문화가 형성되어 농 · 산 · 어촌문화는 따른 정체성을 가진 문화로 발달하는 데 기여하였다. 이처럼 지역 환경에 적응하는 과정에서 문화정체성이 형성되고 이는 삶으로 표현될 수밖에 없으며 이것이 문화다양성의 요인이자 영역이 된다(한국교육개발원, 2025; 위키피디아 백과사전, 2025).

2) 언어

언어는 전 지구적인 관점에서뿐만 아니라 국지적인 관점에서도 언어는 문화다양성 논의의 중심에 있는 중요한 주제 중 하나이다. 일반적으로 언어다양성 교육은 외국어 학습으로 이해되고 있으나 그와 동시에 내적 언어 다양성에 대한 이해 역시 중요하게 다루어야 할 필요가 있다. 특히 한국은 한국어라는 단일 언어를 사용해 왔기 때문에 문화다양성의 이해와 증진과 관련된 교육이 외국어 교육과 직결된다고 보기는 어려운 환경이며, 문화다양성에 대한 이해를 도모하기 위해서는 외국어 교육보다 언어 사용의 내적 다양성과 변화에 관심을 가질 필요가 있다. 한국 사회의 내적 언어다양성은 교통통신의 혁신적 발전과 소통의 도구인 미디어 발달로 다른 문화와의 교류와 소통의 양은 획기적으로 많아졌고 소통의 질에도 큰 변화가 있다.

세계화와 인터넷의 발달 등으로 세계 공용어로서 영어의 사용범위가 확대되었으며 디지털 기술의 발달로 번역과 통역이 용이해 다른 문화인들과의 소통이 더욱 자유로워졌다. 이는 언어로 인해 발생한 문화다양성을 체험할 기회도 많아졌지만, 소통의 기회도 동시에 많아져서 문화의 이질성이나 문화 갈등을 약화시키는 기능도 하게 되었다. 반면 한국사회의 언어 사용의 내적 다양성은 여러 영역에서 발견되고 있다. 한국 사회는 한국어라는 단일 언어를 사용하고 있다는 점에서 언어적 단일성이 문화의 보편성을 가능하게 했으나 급속한 사회 변화는 언어 사용의 차별화를 가져와서 문화다양성에 영향을 미쳤다. 그러나 인터넷, SNS, 손안의 작은 컴퓨터라고 불리는 스마트폰의 보급은 디지털미디어의 발달과 함께 언어 습관을 크게 변화시켰다. 개인의 일상을 포함한 많은 주제를 중심으로 디지털 소통을 하며, 언어의 영역이 단순히 말과 글을 넘어 이모티콘이나 영상으로까지 확대되어 그야말로 소통의 시대가 된 것이다. 빠른 소통을 위해 축약어가 끊임없이 생산-유통되고 있으며, 이는 같은 문화를 공유하는 공동체 중심의 '그들만의 리그'가 정치, 경제, 사회, 문화 모든 분야에 발달하면서 소통은 많이 하지만 동시에 제한된 구성원 간의 소통을 중심으로 하면서 넓은 의미의 개방적 소통은 다소 제한되는 현상을 보이고 있다. 이는 세대 간 단절을 가져오기도 하여 세대 간 문화 교류가 부족해지기도 하면서도 같은 문화를 공유하고자 하는 구성원 간의 자유로운 온라인 소통이 가능해지면서 오히려 세대차가 극복되는 현상도 보인다.

선진국에서는 급속한 정보통신기술의 발달과 사회 변화가 고령화 사회와 맞물려 기성세대가 새로운 문물을 외면하기보다는 자신의 삶에 받아들일 수밖에 없다는 것을 인식하고 사회에서도 각종 평생교육 기회를 확대하여 그러한 기술을 배워서 일상에 활용하는 현상들이 나타나고 있다. 즉, 정보통신기술의 혁명은 언어가 과거처럼 문화다양성의 중요한 요인으로 작용하기보다는 오히려 이를 극복하는 계기가 되는 현상도 나타난 것이다. 그러나 이는 일부의 경우이고, 일반적으로는 여전히 언어는 문화다양성의 중요한 요인으로 작용하고 있다. 인간은 언어를 통해 사고하고, 표현하며, 소통함. 지역의 언어는 그 지역사회의 전통문화를 배태(gestation)하고 있으며 이는 언어로 표현된다. 소수민족의 언어, 지방의 방언 등이 사라지는 것은 곧 문화가 사라지는 것과 다름없기에 UNESCO가 기록유산을 중시하는 것도 이 때문이다(유네스코, 한국문화관광연구원, 2023; 유네스코, 세계 교육 현황 보고서팀, 2023).

3) 종교

인간이 생존했던 곳에서는 종교적 상징과 의례의 흔적을 발견할 수 있을 정도 인간사회에서 종교는 보편적으로 존재하였다. 종교는 인간의 삶과 죽음의 문제를 다루기 때문에 공동체의 가치관과 삶의 방향에 큰 영향을 미쳤다. 종교는 경외나 두려움의 감정을 불러일으키는 상징이 있으며, 공동체가 참여하는 의례나 의식을 중요시함. 이를 통해 강한 결속력을 요구하기 때문에 구체적 삶의 방식에도 큰 영향을 미친다.

종교에는 일신교와 다신교가 있으며 특히 후자에는 토테미즘과 애니미즘이 있다. 토테미즘은 초자연적 힘을 가졌다고 믿는 동물이나 식물을 말하는데 다양한 의례적 활동에 토템을 숭배하는 것이 포함되어 있다. 애니미즘은 귀신이나 영혼의 존재를 강조하는데, 이들이 병을 일으키기도 하고 때로는 이들의 힘을 빌려서 현실 문제를 해결하려고도 한다. 현재 세계 종교의 분포는 기독교가 25억 명으로 가장 많고, 이슬람이 18억 명, 힌두교가 11억 명, 불교가 5억 명 순이다. 종교는 사회적 차별과 배제, 갈등을 조장하는 주요 원인 중 하나이며, 실제 세계 각지에서는 종교적 갈등에서 비롯된 전쟁이나 학살과 같은 반인륜적 행위가 심심치 않게 벌어지고 있다. 종교는 그 자체가 결속력이 강한 문화적 공동체이므로 서로 다른 종교와 교류하기는 쉽지 않다. 그러나 종교가 전파하는 과정에서 변용되는 경우도 많다. 종교는 문화예술의 발달에 큰 역할을 하였는데 특히 음악, 미술, 문학 등에 큰 기여를 하였다. 내면 신앙의 정체성을 표현하는 방식으로 예술과 문학을 많이 활용했기 때문이다.

한국은 종교적 다양성과 수용성이 상당히 높은 사회인 것으로 여겨지지만, 실제로는 종교적 차이로 인한 갈등과 차별이 사회 내에 암재(暗在)[2)]하여 있다. 종교적 차이에 기인한 갈등은 교리적 차원에서의 관용을 요구하는 것만으로는 해결할 수 없으며, 배경이 되는 사회 · 문화적 맥락에 대한 이해가 선행되어야 한다. 문화다양성 교육의 주제로서 종교를 다룰 때는 종교가 개인의 가치관, 정체성과 강력하게 결부되어 있다는 사실을 유념하고 조심스러운 접근을 할 필요가 있다(한국교육개발원, 2025; 위키피디아 백과사전, 2025).

4) 성역할

성(sex)은 선천적인 생물학적 차이지만 그 사회가 기대하는 성역할(gender role)에 따라 남성화, 여성화되어 간다는 의미에서 문화와 밀접한 관계가 있다. 인류의 역사를 보면 대체로 남성은 집 밖에서 전쟁과 사냥의 삶을, 여성은 집안에서 출산과 육아 및 가사일 주로 하면서 성역할이 정착되었으며, 이러한 삶의 환경이 남성을 거친 결과 지향적, 여성을 섬세한 과정 지향적 문화를 형성했다고 본다. 문화에 따라 남성다움과 여성다움의 사회적 압력의 차이가 존재하며 이것이 지나칠 때 성차별이 심한 문화가 형성되기도 하며 종교와 결부되면 더욱 심한 차별이 존재한다. 이러한 역할의 차이가 남성과 여성에 대한 강한 고정관념으로 존재하며 이에 따라 강고한 성사회화가 이루어지고 이것이 사회적 불평등의 원인이 될 수도 있다.

우리나라 사회 역시 남성과 여성에 대한 강한 고정관념이 존재하며 이에 따라 강고한 남녀 역할 차별의식이 존재한다. 이러한 역할분업은 동등한 분업이 아니라 불평등한 분업이어서 남녀 차별의 토대가 되고 있다. 특히 가부장적 이데올로기는 여성이 어떤 역할을 하고 어떠한 태도를 지녀야 하고 어떻게 행동해야 하는지에 대한 억압적인 의식을 고착화시키는 데에 심대한 영향을 끼쳤다. 최근 들어 가부장

2) 예를 들면, 취업시장에서 기독교, 불교, 가톨릭 등 특정 종파 신앙인이라는 추천서 및 세례증명 등을 요구하는 경우도 있다.

적 이데올로기의 약화와 더불어 민법이 개정되고, 강고한 남녀분업의 틀이 조금씩 약화하고 있지만 일상생활에서는 아직도 여성의 문화권이나 자유로운 표현권이 제약되고 있다. 다른 한편 최근 여성 차별에 대한 비판적 성찰과 더불어 양성평등에 관한 논의가 진전됨에 따라 남성 사이에서 그로 인한 역차별의 불안이 확산하는 현상도 발견되고 있다. 문화다양성 교육은 여성과 남성 사이의 상호 인정과 긍정을 바탕으로 남성과 여성이 더욱 능동적인 사회 주체로서 양성성을 활용한 창조적인 문화 역량을 갖도록 도와주어야 한다(한국양성평등교육진흥회, 2024).

5) 계층

한 사회에서 동일한 어떤 특성(경험, 수준)을 지닌 개인들끼리 모여 집합체를 형성하고, 이 집합체들이 모여 위계를 형성하여 구분하는 것을 사회 계층이라고 한다. 계층은 권력, 재산, 종교, 군대 계급, 그리고 타고난 성별이나 연령 등의 영향을 받아 결정되며, 이는 노예제도, 카스트제도, 계급제도 등 신분제도 등에 의해 오래전부터 존재해 왔다. 근대에는 경제적으로 자본주의와 정치적으로 민주주의가 발전하면서 전통적인 계층보다는 새로운 기준이 계층이 형성되었다. 계층마다 사는 지역, 입고 먹는 것들, 직업군이 다르고 이로 인한 문화생활도 다르므로 문화다양성의 요인이 되고 있다.

세계는 물론 우리나라 사회에서도 경제적 격차에 따른 중산층의 축소와 양극화는 점차 가속화되는 추세다. 세대를 넘어 계층이 전승되고 고착되는 경향이 커지면서 계층 간 문화적 차이가 상대적 박탈감을 가져와서 문화적으로도 계층적 단절이 나타나고 있다. 그 결과로 취약계층에서 문화향유와 문화 창조에서 소외되는 이들이 발생하고, 이는 한국 문화가 지니는 창조적 잠재력이 그만큼 축소되는 것으로 볼 수 있다. 그러나 사회복지제도가 점차 확대되고, 사회적 안전망이 자리를 잡으면서 단순히 의식주의 해결이 아니라 문화적 혜택도 복지의 영역으로 포함하면서, 계층의 문화적 불평등을 해소하고자 노력하고 있다. 계층적 문화단절이 계층 간의 갈등을 심화시켜 한국의 사회적 활력을 떨어뜨릴 수 있으므로 이를 해소하기 위한 문화 다양성의 관점이 필요하다. 즉, 취약계층의 문화도 다양성의 일부로 인정하고 그들의 문화가 중상층의 문화와 다르지만 상호 이해와 치유 그리고 상생에 도움이 된다는 것을 인식해야 한다(유네스코, 한국문화관광연구원, 2023).

6) 세대

현대 사회는 급속한 발전 속도로 세대에 따라 경험과 환경이 크게 다르며 다른 경험과 환경에 영향을 받아 사고, 취향, 행동에서 상당한 차이가 나타나고 있는데, 이것이 세대 간 문화 차이를 가져온다. 기성세대는 새로운 사회 변화를 따라잡기 힘들고, 신세대에게 도움이 될 만한 문화를 전수하기도 힘든 상황이 되었다. 선진국을 중심으로 노령화사회에서는 정년 연장 등 은퇴 시기가 늦어지고, 청년 세대는 취업난을 겪는 등 고용시장에서 세대 간에 갈등이 나타나기도 한다. 우리나라는 다른 나라에 비하여 고도의 압축 성장으로 인해 생활환경이 급속하게 변하여 세대 간의 사회 경험의 차이가 큰 나라 중 하나이다. 우리나라 세대를 역사적으로 보면 산업화 세대(1940~1954), 베이비붐 세대(1955~1963), 386 민주화 세대(1960~1969), X세대(1970~1980), 밀레니엄 세대(1981~1996), MZ세대(1997~?)로 특징적 문화를 형성해 왔다. 각 세대의 등장은 감성을 중시하는 포스트모더니즘의 시대적 조류와 관계가 깊으며, 기성 문화에 대한 비판과 함께 문화의 변화를 이끌어왔다. 그 과정에서 세대 간 문화적 갈등도 있었으나 다양한 문화의 공유와 긍정적 변화를 만들어 왔다.

최근 우리 사회에서 나타나고 있는 경제성장의 정체는 고용불안 문제를 가져왔고, 2025년 2월을 기점으로 초고령화 사회로 진입하게 되면서 노부모의 부양문제 및 노년기 자기부양 문제로 세대 간 갈등을 안고 있다. 경제성장과 정치적 민주화가 진행되던 시대 성장한 기성세대는 미래에 대한 희망을 가지고 청년시절을 보냈지만, 경제성장의 정체가 오래 동안 지속되고 있는 이 시대의 청년들은 실업문제와 미래에 대한 불안감을 갖고 있다. 베이비붐 세대가 대거 은퇴하는 시기가 오면 취업

문제는 어느 정도 해결되겠지만 글로벌사회와 디지털사회의 급속한 변화 속에서 삶의 취향과 라이프스타일 등에 있어서 세대 간 문화 차이가 두드러지게 나타나게 될 것이다. 그러나 AI 등 정보통신기술의 발달과 과학의 발달로 기성세대들이 쉽게 새로운 첨단기술 문화에 접근할 수 있게 되고, 평균수명이 연장되고 과거에 비해 건강도 개선되면서 사 회에 재적응하는 문화도 형성되면서 오히려 세대차를 줄여주는 모습도 나타날 것으로 본다. 문화다양성 교육은 세대 간에 존재하는 부정적인 인식을 없애거나 축소하고 서로의 문화가 가진 다양성과 창조성을 긍정적이고 우호적인 시선으로 볼 수 있는 계기를 마련해줌으로써 세대 간 문화적 차이를 극복할 수 있게 할 수 있다(문화체육관광부, 유네스코한국위원회, 문화예술위원회, 2020; 위키피디아 백과사전, 2025).

7) 사회적 소수자

사회적 소수자는 수적인 열세에 있는 집단을 지칭하는 것이 아니다. 사회적으로 불리한 입장에 있는 취약 집단으로서 신체 또는 문화적으로 다른 집단과 구별되는 뚜렷한 차이가 있어야 하며, 동원할 사회적 힘이 약하고, 그 집단의 성원이라는 이유로 차별의 대상이 되고, 스스로 차별받는 집단의 구성원이라고 느껴야 한다. 소수자를 결정짓는 요인은 후천적 요인에 근거한 경우가 많고 이는 고정적인 지위가 아니라 얼마든지 변화할 수 있다는 뜻이다. 인종의 경우도 선천적으로는 인종이 타고난 것이지만, 특정 인종이 대부분인 나라에서 살아갈 때와 소수 인종으로 살아갈 때 받는 대우가 다르듯이 사회적 소수자는 후천적인 문화적 차별의 일종이므로 이는 문화다양성 교육으로 해결할 수 있다.

사회적 소수자의 하위계층 문화와 마찬가지로 주류문화에서 소외되고 있으며 대체로 가치가 작고 일탈적인 문화로 인식되고 있다. 이러한 맥락에서 사회적 소수자들에게는 직접적, 암묵적으로 주류문화로의 동화가 강요되고 있는 것이 현실이다. 그러나 최근 우리 사회가 개인의 인권을 강화하고, 사회적 소수자도 기본적 인권을 존중해주어야 한다는 인식이 팽배해지면서 사회적 소수자의 문화도 존중해주어야 한다는 의견이 적극 제시되고 있다. 사회적 소수자 문화는 제거해야 할 대상이 아닌 사회 전체 문화에 기여할 수 있는 소중한 문화임을 인정할 필요가 있다(한국다문화교육학회, 2024; 한국국제이해교육학회, 2024).

참고문헌

가톨릭대학교 서울성모병원 평생건강증진센터, 헬스르네상스 레터 통권 제22호, 2017. 6.

건강관리공단 안티에이징과 웰에이징 홍보자료집, 2024.

건강보험심사평가원, 도박중독 통계자료, 2024.

건강보험심사평가원, 우울증과 불안장애 통계자료, 2024.

경찰청, 청소년도박범죄 통계자료, 2024.

고수일, 『쉽게 이해하는 조직행동』, 박영사, 2023.

고은진 옮김, 『정신분석이라는 이름의 인간드라마』, 후쿠시마 아키라 외 저, 이손출판사, 2003.

과학기술정보통신부, 한국지능정보사회진흥원, 청소년스마트폰 과의존실태조사, 2023.

곽노완 · 황기우 옮김, 『공동사회와 이익사회(Gemeinschaft und Gesellschaft)』, 페르디난트 퇴니스 저, 라움, 2017.

구혜경, 『인간행동과 사회환경』, 신정, 2022.

국가건강정보포탈 질병관리청(KDCA), 2024.

국가법령정보센터, 청소년기본법, 2024.

국가생명윤리정책원 홈페이지, 무의미한 연명치료의 중단에 대한 진료권고안(2013) 국내 연령별 자살률, 통계청 자료, 2022.

국립연명의료기관 홈페이지, 사전연명의료의향서 등 통계보고, 2025.3.20.

국립정신건강센터 홈페이지, 정신건강실태조사, 2021

그림책심리성장연구소, 『그림책으로 배우는 에릭슨의 전 생애 발달』, 사우, 2023.

김동배 외, 『인간행동이론과 사회복지실천』, 학지사, 1999.

김성민, 『융의 심리학과 종교』, 동명사, 1998.

김성은 · 민주홍 · 이규호 · 천연미 · 최연실 옮김, 『부부 · 가족치료를 위한 체계이론』, Michael D. Reiter 저, 학지사, 2024.

김수정 · 장수미 · 오창순, 『인간행동과 사회환경』, 학지사, 2023.

김용식, 『장 피아제의 심리학 인지발달이론 토파보기』, 루미너리북스, 2024

김은정, 대상관계이론의 관점에서 본 자녀양육과 자아발달, 『한국생애학회』, 제12권 제3호, 2022.

김정민 옮김, 『피아제의 인지발달이론』, Herbert P. Ginsburg 저, 학지사, 2006.

김한중, 『Carl Rogers의 공감과 수용』, 북팟, 2021.

김혜숙, 『가족치료 이론과 기법』, 학지사, 2022.
나눔의집, 『인간행동과 사회환경』, 2024.
네이버 백과사전, 검색어: 정신분석, 프로이트, http://naver.com
노안영 · 강만철 · 오익수 역, 『아들러의 상담이론과 실제』, THOMAS J.SWEENEY 저, 학지사, 2005.
노충래 옮김, 『집단사회복지실천』, Helen Northen · Roselle Kurland 저, 학지사, 2006.
대법원, '무의미한 연명치료장치 제거 등', 2009. 5. 21. 선고 2009다17417 전원합의체 판결.
대한소아청소년학회 홈페이지, 청소년기 정보, 2024.
대한소아청소년학회 홈페이지, 육아정보, 2024.
대한청소년과학회 홈페이지, 청소년기 발달, 2025
데일리포스트, '조건반사를 입증한 '파블로프의 개', 이에 따른 희생은?', 2019.09.19.
문화체육관광부, 유네스코한국위원회, 문화예술위원회, 문화다양성협약 국내 이행을 위한 논의: 유튜브에서 AI까지, 21세기 한국에서의 문화다양성, 2020.
문화체육관광부 · 한국문화예술위원회, 문화다양성 교육을 위한 안내서(교원용), 2023.5.
민병배 옮김, 『인지치료와 정서장애』, Aaron T. Beck 저, 학지사, 2017.
민병배, 유성진 옮김, 『성격장애의 인지치료』, AARON T. BECK · Arthur Freeman · Denise D. Davis 저, 학지사, 2009.
박나리 · 김교성, 청년 불안정성의 궤적과 유형: 20대 청년의 고용, 소득, 부채를 중심으로, 『한국사회정책』, 28(3), 45-74, 2021.
방송통신위원회, 한국지능정보사회진흥원, 청소년사이버폭력, 2024.
백상창 옮김, 『프로이트 심리학』, 캘빈 S. 홀 저, 문예출판사, 2000.
법제처, 보건복지부 아동보호자립과, 아동복지법 시행령 일부개정령(안) 입법예고, 2024.4.26.
법제처, 청년기본법 규정 및 서울시관악구청 기본조례집
법제처, 청소년보호법, 청소년성보호법, 청년고용촉진특별법 관련규정, 2024
서울시50플러스재단, 중장년 1인가구의 사회적 관계망 형성을 위한 지원방안, 50+리포트, 2022.7. Vol. 33.
서울여성병원 홈페이지 임산부 교육자료, 2025
서울특별시교육청, 세계시민교육 기본 계획, 2025.
설영환 옮김, 『프로이트 심리학 해설』, S. 프로이트 · C. S. 홀, R · 오스본 저, 선영사, 2018.
손명은, 청소년의 희망직업 부재에 대한 유형화:계층-젠더의 교차성을 중심으로, 『사회과학연구』, 35(4), 109-129, 2024.

송제훈 옮김, 『인생의 아홉단계』, 에릭 에릭슨 · 조앤 에릭슨 저, 2019.
시사경제용어사전, 인구고령화, 2020.
신준섭, 『사회복지 조직관리』, 양서원, 2023.
아이사랑보육포탈, http://www.childcare.go.kr
야후 백과사전, 검색어: 융, 분석심리학, 연금술, http://yahoo.co.kr
오영란 · 강대선, 가족구조 변화와 지역공동체의 대안적 친밀성의 가능성에 관한 탐색적 연구. 『NGO 연구』, 16(3), 61-105, 2021.
오정수 · 류진석, 『지역사회복지론』, 학지사, 2024.
우수명 외, 『지역사회복지론』, 지식터, 2023.
우종화, 『인간심리의 이해』, 교육과학사, 2000.
원호택 옮김, 『우울증의 인지치료』, AARON T. BECK 저, 학지사, 2005.
위키피디아 백과사전, 청년기, 2024.
위키피디아 백과사전, '어린 앨버트 실험'으로 시작된 행동주의 심리학, G. Paul Bishop. at Psychology's Feminist Voices, 2024.
위키피디아 백과사전, 검색어 대상관계이론, 2025.
위키피디아 백과사전, 검색어 매슬로우, 2025.
위키피디아 백과사전, 검색어 반두라, 사회학습이론, 보보인형실험, 2025.
위키피디아 백과사전, 검색어 심리학자 벡, 2024.
위키피디아 백과사전, 메리코버 존스, 2025.
위키피디아 백과사전, 멜라니 클라인, 2025
위키피디아 백과사전, 문화, 2024.
위키피디아 백과사전, 문화의 정체성, 2025.
위키피디아 백과사전, 비온, 2025.
위키피디아 백과사전, 알버트 반두라, 2025.
위키피디아 백과사전, 알버트 엘리스, REBT, ABC인지행동모델, 2024.
위키피디아 백과사전, 알프레드 아들러, 2025.
위키피디아 백과사전, 영아기, 2024.
위키피디아 백과사전, 왓슨의 실험실, 2025
위키피디아 백과사전, 위니콧, 2025.
위키피디아 백과사전, 유아기, 2024.
위키피디아 백과사전, 청소년기, 2024.

위키피디아 백과사전, 파블로프, 2025
위키피디아 백과사전, 페어베언, 2025.
위키피디아 백과사전, 프로이트, 2024.
유네스코, 세계교육현황 보고서팀, 2023 세계 교육 현황 보고서 요약본: 교육 분야에서의 기술: 누구를 위한 도구인가?, 2023.
유네스코, 한국문화관광연구원, 문화정책의 (재)구성: 전지구적 공공재로서의 문화를 바라보다, 2022
유네스코한국위원회, 유네스코 이슈 브리프 2024년 제2호: 유네스코 '1974 권고' 개정과 '2023 권고' 채택 이후 한국의 세계시민교육 추진에 대한 시사점, 2024.
유리 브론펜브레너, 『미국과 소련의 아이들(샘터 유아교육신서 44)』, 샘터사, 1991
유진상 옮김, 『삶이 흔들릴 때 아들러 심리학』, 알프레드 아들러 저, 스타북스, 2024.
윤운성 외 옮김, 『변화하는 사회 속에서의 자기효능감』, 알베르트 반두라 저, 2004, 학지사
윤원근 옮김, 『현대 사회들의 체계』, 탈콧트 파슨스 저, 새물결출판사, 1999.
이경규 저, 『매슬로우의 성장수업, 키메이커, 2024.
이동귀 옮김, 『앨버트 엘리스 합리적 정서행동치료의 창시자(상담과 심리치료 주요인물 시리즈7)』, Joseph Yankura · Windy Dryden 저, 학지사, 2011.
이무석 편저, 『정신분석의 이해』, 전남대학교 출판부, 1995.
이민연 옮김, 『아들러와 프로이트의 대결』, 와다 히데키 저, 에쎄출판사, 2016.
이부영, 『분석심리학 C.G. Jung의 인간심성론』, 일조각, 1998.
이성직 · 조난숙 옮김, 『인지적 관점에서 보는 불안장애와 공포증』, Aaron T. Beck · Gary Emery · Ruth L. Greenberg 저, 학지사, 2022.
이신영 옮김, 『스키너행동심리학』, B. F. 스키너 저, 교양인출판사, 2017.
이인정, 최해경, 『인간행동과 사회환경』, 나남출판사, 2020
이주배경청소년지원재단 홈페이지, 2024.
이죽내, 분석심리학의 학문적 성격과 분석심리학적 정신치료, 『圓光精神學會』, 제10권 제2호, 1994.
이진호, 『앨버트 반두라의 심리학 사회학습이론 토파보기』, 루미너리북스, 2024
이현정 옮김, 『파블로프의 개, 시그마북스』, 애덤 하트데이비스 저, 2016.
장석류, 『좋은 조직문화란 무엇인가』, 사과나무미디어, 2025.
정문성 · 전영은 · 김태진, 『다문화사회 교수방법론』, 교육과학사, 2020.
정옥분, 『아동발달의 이해』, 학지사, 2023.

정유선 옮김, 『위대한 심리학자 앨버트 엘리스의 인생수업』, 앨버트 엘리스 저, 초록북스, 2024.

정태연 · 이민희 옮김, 『비로소 나를 사랑하는 방법: REBT 이용한 자존감향상법』, 앨버트 엘리스 저, 솔과학, 2016.

정혜정 · 이형실 · 윤경자 · 이동훈 옮김, 『가족치료』, 시그마프레스, Dorothy Stroh Becvar · Raphael J. Becvar 저, 2016.

조학래 저, 『집단사회복지실천의 이해』, 신정, 2023.

주은선 옮김, 『진정한 사람되기: 칼 로저스 상담의 원리와 실제』, 칼 로저스 저, 학지사, 2009.

질병관리청 보도자료, 2022년 청소년 정신건강행태조사결과발표. 2023. 4.14.

질병관리청(KDCA) 국가건강정보포털, 정상청소년의 성장과 발달, 2024.

차병원 홈페이지, 임산부 교육자료. 2025.

청년의사(http://www.docdocdoc.co.kr), '조력존엄사법'보다 '존엄한 죽음'이 먼저 논의돼야 하는 이유, 2022.11.22.

청년의사(http://www.docdocdoc.co.kr), '존엄한 죽음을 위해선 조력자살 논의 아닌 완화의료 강화 필요', 2022.9.26.

최명민 · 이기영 · 김정진 · 최현미, 『다문화사회복지론, 학지사, 2022.

최민재, 『아브라함 매슬로의 심리학 욕구위계이론 토파보기, 루미너스, 2024.

최연석 옮김, 『청년 루터』, 에릭 에릭슨 저, 크리스챤 서적, 2013.

최옥채 외, 『인간행동과 사회환경』, 양서원, 2023.

최혁순 옮김, 『프로이트와 정신분석』, 에리히 프롬 저, 홍신사상신서, 1994

최호영 옮김, 『아들러 삶의 의미』, 알프레드 아들러 저, 을유문화사, 2019,

통계청, 1인가구 현황조사, 2020.

하지연, 어린 앨버트 실험'으로 시작된 행동주의 심리학, 정신의학의 결정적 순간, 2016.

하지현, 『청소년을 위한 정신의학 에세이』, 해냄출판사, 2012.

한국건강관리협회 홈페이지, 건강정보, 2024.

한국교육개발원, OECD 교육정보, 2025.

한국국제이해교육학회, '평화, 인권, 국제이해, 협력, 기본적 자유, 세계시민성, 지속가능발전을 위한 교육 권고'에서 제시한 지속가능발전교육 내용과 향후 실천 과제, 『국제이해교육연구』, Vol.19, No.2. pp.1-33, 2024.

한국다문화교육학회, 한국 다문화 사회 구성원의 정체성 인식에 대한 교육적 전환: 다큐멘터리 "10년 후 동창생" 방송 콘텐츠 분석 사례, pp.85-106, 2024.

한국양성평등교육진흥원 홈페이지, 2024.

한국청소년상담복지개발원 홈페이지, 청소년정신건강 자료집, 2023.

한국청소년상담복지개발원, 청소년상담이슈페이퍼, 2024. 11. 4호.

현승일 옮김, 『일반체계이론(대우학술총서번역 32)』, 루드비히 폰 버트란피 저, 민음사, 1990.

홍혜경 옮김, 『아들러의 인간이해, 알프레드 아들러 저, 을유문화사, 2016.

Bae, N. R., & Park, C. S. (2009). Study on eco-systematic factors affecting the life of people in their old age. *The Korean Gerontological Society, 29*(2), 761-779

Bronfenbrenner, U. & Cole, M., *The Ecology of Human Development*, Harvard University Press, 2006.

Early and Middle Adulthood | Boundless Psychology. courses. lumenlearning.com., colleage sidekick, 2025.

Elwell, F. W., Harris on the Universal Structure of Society, 2013, Retrieved 2015-02-15, http://www.faculty.rsu.edu/~felwell/Theorists/Essays/Harris1.htm. Sociocultural Systems.: Principles of Structure and Change, Frank W. Elwell, CC BY-NC-ND 2.5 CA.

EPN, 교육정책뉴스, '왓슨'(Watson)이 '아기앨버트'를 죽음에 이르게 한 것일까?, 2019.5.14. https://www.edupolnews.com/news/articleView.html?idxno=11678.

EPN, 교육정책뉴스, 정신분석학의 아버지 '프로이드(Freud)'의 이론에 대한 고찰, 2019, https://www.edupolnews.com/news/articleView.html?idxno=11525.

Erikson, E, 'Gandhi's Truth'. w.w. Norton & Company, Inc. New York, 1993.

Erikson, E., 'Childhood and Society'. w.w. Norton & Company, Inc. New York, 2014.

Ewen, R. B., *An introduction to Theories of Personality*(6th ed.), Lawrence Erlbaum Associates, Publishers, London, 2003.

Green, M., *Theories of Human Development*, N.J.: Princton-Hall, Inc, 2009.

Jung, C., http://carljung.hihome.com/jungmain.htm.

Kauffman, L. D., Kauffman, M., *Systems One: An Introduction to Systems Thinking*. Minneapolis, MN: Future Systems Inc., 2021.

KBS뉴스, '죽음의 법제화' 고심하는 서구사회…논란의 '조력사망 캡슐'까지, 2025.02.25.

Koller, S. H., de Morais, N. A., & Paludo, S. D., *Ecological Engagement: Urie Bronfenbrenner's Method to Study Human Development*, Springer, 2020.

Miller, F. P., Vandome, A. F., McBrewster, J., *Kohlberg's 'Stages of Moral Development*, Alphascript Publishing, 2010.

Rogers, C. R. & Yalom, I. D., *A Way of Being*, Harper One, 1995.

Ryckman, R. M., *Theories of Personality*, Brooks/Cole Publishing Company, 2013.

Sigelman, C. K. & Shaffer, D. R., *Life Span Human Development*, CA: Brooks/Cole Publishing Co., 2012.

Slater, C. L., Generativity versus stagnation: An elaboration of erikson's adult stage of human development, *Journal of Adult Development, 10*(1), 53-65, 2003.

Thomas, A. & Chess, S., Temperament Type Longitudinal Study And Findings, Medically reviewed by Melissa Guarnaccia, LCSW, Updated March 3rd, 2025. by Better Help Editorial Team.

Zastrow, C., Hessenauer, S. L., *Introduction to Social Work and Social Welfare: Empowering People*(13rd ed.), Cengage Learning, 2023.

저/자/약/력

김 현 경

연세대학교 영문학과 학사
숭실대학교 일반대학원 사회복지학과 석사
이화여자대학교 일반대학원 사회복지학과 박사 졸업
전, 호원대학교 사회복지학과 부교수
현, 한국사이버평생교육원 운영교수

'이주난민의 외상 이후 심리적 성장'으로 박사학위를 취득하였으며, 이후 '이주 난민의 정신건강과 상담', '이주민의 정책과 서비스', '통일실험 그 7년', '가족치료사례집', '사람의 통일, 땅의 통일', '청년기에 시작된 거리 노숙인의 고통체험', '국내 대리모의 고통체험' 등 이주민 그리고 사회적으로 고통 받는 소수자를 대상으로 한 도서와 논문들이 있다.

인간행동과 사회환경

1판 1쇄 인쇄　2025년 5월 25일
1판 1쇄 발행　2025년 5월 30일

지 은 이 | 김현경
발 행 인 | 박철용
발 행 처 | 양서원
주　　소 | 경기도 파주시 직지길 522 파주출판도시
전　　화 | 031-955-8000(代)
팩　　스 | 031-955-8005
홈페이지 | www.yswpub.co.kr
이 메 일 | yswgroup@naver.com
출판등록 | 1987년 11월 24일 제406-2003-037호

ISBN 978-89-994-1542-5

정가　22,000원